WELTER BENICIO

NOVENTA DIAS

Copyright© 2024 by Literare Books International
Todos os direitos desta edição são reservados à Literare Books International.

Presidente do conselho:
Mauricio Sita

Presidente:
Alessandra Ksenhuck

Vice-presidentes:
Claudia Pires e Julyana Rosa

Diretora de projetos:
Gleide Santos

Capa, diagramação e projeto gráfico:
Gabriel Uchima

Ilustrações:
Welter Benicio

Revisão:
Ivani Rezende

Impressão:
Gráfica Paym

Dados Internacionais de Catalogação na Publicação (CIP)
(eDOC BRASIL, Belo Horizonte/MG)

B467n   Benicio, Welter.
    Noventa dias: uma arrebatadora viagem pelos mundos que habitam em nós / Welter Benicio. – São Paulo, SP: Literare Books International, 2024.
    392 p. : il. ; 16 x 23 cm

    ISBN 978-65-5922-802-7

    1. Autoconhecimento. 2. Espiritualidade. 3. Técnicas de autoajuda. I. Título.
                                                                CDD 158.1

Elaborado por Maurício Amormino Júnior – CRB6/2422

Literare Books International.
Alameda dos Guatás, 102 – Saúde– São Paulo, SP.
CEP 04053-040
Fone: +55 (0**11) 2659-0968
site: www.literarebooks.com.br
e-mail: literare@literarebooks.com.br

Para Raquel, Carolina e Laura.

PREFÁCIO

Durante muitos anos, eu quis registrar e compartilhar os pensamentos que ocorrem em meus muitos momentos de reflexão. Em várias ocasiões, *insights* surgiram em lampejos deliciosos, principalmente nas longas corridas de rua e no despertar matutino, para serem, logo em seguida, colocados na gaveta dos assuntos importantes, mas não prioritários.

Talvez eu seja viciado nos momentos que passo comigo mesmo porque cada conclusão, que não encaro como a verdade (isso existe?), mas apenas o desfecho particular, algumas vezes temporário e incorreto, para qualquer tema, gera uma descarga de dopamina no cérebro, o que me tornou um "*junkie*" e um ser não muito sociável. Talvez seja por isso que eu tenha ojeriza a consumir o que reduz a clareza do pensamento e que minha esposa me presenteou com uma cópia minúscula de *O Pensador* de Rodin. Seu gesto representou carinho, admiração e, principalmente e mais importante, um convite implícito para "sair da toca".

Pois bem, em 2022, finalmente criei coragem, me enchi de disposição e lá fui eu me aventurar a relatar os pensamentos acumulados por décadas e que já vazavam por todos os lados, uma tarefa que, logo percebi, não seria nada fácil: era preciso colocar tudo da maneira mais clara e simples possível, que tornasse a obra algo bem distante dos complexos textos filosóficos, científicos e religiosos que envaidecem o autor, mas que são compreendidos por poucos. Eu juro que tentei.

Porém, antes que você se aventure a ler o que tem em mãos, gostaria de fazer algumas declarações que julgo serem importantes. A primeira delas é que a história do protagonista é apenas uma ficção que serve de pano de fundo para minhas reflexões. Nada mais do que isso. A segunda é que as páginas a seguir não tratam de religião, mas daquilo que acredito ser natural, parte da vida, do Universo, e que foi afastado do ser humano pelas inúmeras religiões por ele criadas. A terceira é que alguns trechos da leitura são densos e longos, mas, dados o contexto da narrativa e minha pouca experiência na arte de escrever, não vislumbrei maneira mais apropriada de colocar as ideias no papel (ou na memória do dispositivo eletrônico).

Seguindo com as declarações, tenho minha própria crença e entendimento a respeito da inspiração que visita o ser humano nos seus ofícios. Penso que nenhuma construção pertence somente ao autor, mas também acredito que nenhuma obra de valor é realizada sem o devido preparo de quem a realiza. No caso em questão, você se deparará com um amálgama de conhecimentos adquiridos por décadas de estudos e leituras com os quais trabalhei para tentar construir algo que possa fazer sentido e preencher um vazio existencial de muitos. Então, parodiando Isaac Newton, só consegui realizar a minha pequena obra porque me encontro amparado por gigantes que me antecederam.

Finalmente, ao longo do texto, você se deparará com algumas gravuras simples de personagens e passagens marcantes feitas por mim. Ilustrar um livro é um trabalho cativante, mas sei que corro o risco de contrariar a imaginação do leitor ao confrontá-lo com minha visão particular de fatos e pessoas. Mesmo diante do risco, decidi fazê-lo como uma maneira de trazer leveza ao texto, de encorajá-lo a concluir a leitura e, mais importante para mim, de motivá-lo a compartilhar comigo seus comentários enriquecedores.

Feitas as declarações, desejo-lhe uma boa leitura.

Night Flight

Fly high free spirit
Fly away
Fly high toward the black sky
Where to no one can say

Fly high free spirit
The cool wind in the face
Keep the senses sharp
Stay put and quicken the pace

Fly high free spirit
Meet who broadcasted the call
Just take your time now
And deliver the message to all

Now the good deed is done
Leave all in peace tonight
It's time to say goodbye
Be ready for another flight

Voo Noturno

Voe, espírito livre
Voe para longe
Voe em direção ao céu escuro
Para onde, ninguém pode dizer

Voe, espírito livre
O vento fresco na face
Mantenha os sentidos afiados
Fique de prontidão, apresse-se

Voe, espírito livre
Encontre quem enviou o chamado
Tranquilize-se agora e
Entregue a mensagem a todos

Agora, a boa ação está feita
Deixe todos em paz nesta noite
É hora de se despedir
Esteja pronto para outro voo

SUMÁRIO

DANÚBIO AZUL 11

A PRAIA 27

A NOVA ATENAS 59

O INTERCÂMBIO 75

PARA FORA 103

A VISITA... 193

TODO MEU PASSADO AGORA 211

REFLEXÕES SOBRE O PASSADO 281

PARA DENTRO 299

O DESFECHO DO PROGRAMA................................327

O RETORNO AO FUTURO..339

O COMEÇO 381

DANÚBIO AZUL

Quarta-feira, 16 de novembro de 2022. Abri os olhos às 6h30 em ponto, exatamente no horário desejado. Sempre me orgulhei de despertar na hora programada mentalmente, mesmo no meio da noite, sem qualquer tipo de auxílio. Naqueles dias, porém, a confiança no meu despertador interno tinha estado abalada por alguns atrasos desconcertantes, frutos do cansaço extremo.

Naquela quarta-feira, porém, a programação mental funcionara perfeitamente, talvez por causa da noite relativamente tranquila. Ao despertar, senti-me descansado e só conseguia me lembrar com clareza de duas idas trôpegas ao banheiro.

A noite tinha sido marcada por sonhos difusos, fragmentados e curtos, bem diferente das minhas noites usuais, nas quais eram comuns sonhar sonhos claros e despertar no meio da noite para resolver problemas que, na sua maioria, eram insolúveis ou nem eram problemas reais.

Quando sonhava os sonhos claros, os quais, para espanto da minha esposa, eu conseguia descrever nos mínimos detalhes no dia seguinte, ruminava-os por semanas, tentando encontrar significados e mensagens cifradas oriundas do inconsciente nas cenas e diálogos intrincados, só para me frustrar em seguida. No entanto, aquela noite transcorrera de maneira tranquila e não conseguia me lembrar claramente das fantasias oníricas.

O dia anterior havia sido desgastante, corrido, cheio de reuniões e preocupações com os resultados da empresa na qual eu trabalhava. Faltava pouco mais de um mês para soar o gongo que marca o fim do ano fiscal e estávamos aquém do planejado no orçamento anual e da última projeção realizada em fins de setembro. Considerando meu nível de preocupação e irritação ao chegar em casa, aquela noite tinha tudo para ser mais um daqueles turnos noturnos nos quais o cansaço se torna exaustão ao raiar do dia.

Ainda deitado, exclamei baixinho:

— Chega de enrolação! É hora de ir à luta.

Se a noite havia sido diferente do usual, tudo indicava que não haveria mudanças no ritual de preparo para a labuta diária. Considerando que costumava planejar meu traje de trabalho do dia na noite anterior, minha agilidade matutina para me aprontar sempre fora péssima.

— Trinta minutos, do momento em que desperto até que esteja pronto para o teatro corporativo, é ridículo! – murmurei, tomando o cuidado para não incomodar Cris, que parecia dormir.

Observei-me no espelho, imaginei um campeonato entre todos os membros da minha equipe de trabalho e ri ao pensar que, talvez, só duas colegas minhas, sempre muito bem produzidas e elegantes, deviam gastar mais tempo se arrumando do que eu.

Embora tenha achado engraçada a ideia do campeonato, não me agradava a possibilidade de meus colegas de trabalho tomarem conhecimento do meu ritual e do tempo que normalmente levava escolhendo uma simples camisa, uma calça e um par de meias, e me ocorreu que talvez devesse adotar um só padrão de cores para melhorar definitivamente minha performance, evitando assim o embaraço causado pela descoberta do meu segredo. Concluí que minhas digressões não só eram tolas, como estavam me fazendo perder tempo precioso em frente ao espelho.

Antes de sair do quarto, percebi que Cris murmurara algo. Às quartas, ela nunca me deixava sair sem dizer algumas palavras, na maioria das vezes ainda com os olhos fechados e de maneira preguiçosa. Contemplei seu rosto de linhas suaves e olhos semicerrados, que sempre me remetiam às figuras femininas de Gustav Klimt com seus olhares lascivos, embora Cris não intencionasse me provocar naquele momento.

Observando-a, perguntei-me como ela conseguia se manter tão bonita, mesmo depois de uma longa noite de sono. Talvez fosse a maneira como encara a vida, sempre serena e positiva, e as noites bem dormidas, pensei. É que Cris raramente perdia o sono no meio da noite e quase nunca acordava para esvaziar a bexiga mais de uma vez. Talvez tivesse uma bexiga gigante, maior do que o normal ou o metabolismo noturno feminino fosse diferente, concluí sem me preocupar com o rigor científico, tentando desviar o pensamento e me engajar de vez na rotina diária.

Cris tinha um senso de responsabilidade hipertrofiado e nunca media esforços para atender seus pacientes, seja em que horário fosse, mas vinha gradualmente se poupando cada vez mais e, acertadamente, já se dava ao luxo de não marcar sessões às quartas de manhã e às sextas à tarde, mesmo quando os pacientes solicitavam.

Não tendo entendido o que ela balbuciou e me esforçando para não despertá-la, contornei a cama e me inclinei de tal maneira que meu rosto ficou quase colado ao dela.

— O que disse, minha linda? – perguntei.

— Não deixe as crianças perderem o horário do transporte, tenha um bom-dia e coma nos horários certos, meu rebelde preferido!

As quartas haviam se tornado dias especiais para ela, mas todo dia era dia de recomendar a mesma coisa: não deixar que as crianças, que não eram mais tão crianças assim, perdessem o transporte escolar e coisa e tal... Ana Cristina, nossa criança mais velha, completara 14 anos no mês passado, e Pedro, o meigo Pepa, faria 11 no dia 15 de dezembro.

Ambos eram muito organizados, disciplinados e sempre tiveram um excelente desempenho escolar. Frequência às aulas, dedicação aos estudos e cumprimento das tarefas familiares nunca foram uma fonte de preocupação para nós.

No princípio de suas jornadas escolares, eu e Cris éramos muito participativos e atentos aos sinais de alerta sobre dificuldades no aprendizado ou desajustes de qualquer ordem, que teimavam em não aparecer. Como os dois sempre tiravam boas notas e nunca reclamavam da escola, chegamos a pensar que estávamos desatentos ou negligenciando alguma coisa, embora acompanhássemos os recados e os boletins e frequentássemos as reuniões de pais e alunos com muito afinco, aguardando o dia em que teríamos que promover correções de rumo como em qualquer família.

Com o passar do tempo, começamos a faltar a uma ou outra reunião uma vez que o enredo dos encontros se repetia: recebíamos as boas notas, as parabenizações, os elogios e saíamos de fininho depois de respondermos a alguns questionamentos e quando outros pais começavam a desfiar o rosário de preocupações e reclamações para os professores.

A partir do momento em que nos certificamos de que ambos gostavam da escola, dos colegas e dos professores, que não demonstravam ter dificuldades e possuíam uma curiosidade insaciável que os levava a devorar livros com avidez, tivemos a certeza de que a preocupação com uma possível negligência de nossa parte era infundada e nosso envolvimento nas reuniões se tornou apenas uma formalidade.

Nas sessões escolares de acompanhamento, quando interpelados por outros pais, não nos esforçávamos para evitar respostas repletas de orgulho e falsa modéstia "Não, a Ana Cristina não está tendo dificuldades e gosta muito da escola e dos professores" ou "O Pedro? Ah, sim, ganhou novamente a bolsa pelo ótimo desempenho".

Com o passar do tempo, passamos a achar nosso exibicionismo nas reuniões uma tolice e procuramos ser mais empáticos com os pais aflitos com o comportamento e o desempenho de seus filhos. Decidimos, então, não consumir o precioso tempo da reunião com nossos assuntos, passamos a nos esquivar das perguntas sobre nossos prodígios e, quando isto era inevitável, respondíamos aos questionamentos de maneira bem objetiva e oferecíamos palavras de otimismo apenas, procurando evitar receitas para uma educação de alta performance, evitando assim colocar mais lastro na autoestima de pais ansiosos e angustiados.

— Pode deixar, se perderem o transporte sempre podem ir de bicicleta ou a pé – brinquei... Ela sorriu levemente se tornando de vez minha Judit de carne e osso. Beijei sua testa e me despedi.

Ao chegar à sala de almoço para preparar e tomar o café da manhã, sempre frugal, Pepa e Aninha já estavam saindo para pegar o transporte escolar. Só consegui ouvir dois gritos abafados de despedida e, antes que eu respondesse, o barulho alto da porta sendo fechada sem o devido cuidado... Por que será que eles não conseguem fechar portas com cuidado? – perguntei-me.

Abri a porta da frente gentilmente, como se tentasse compensá-la por ser tão maltratada, fui até a garagem e recolhi o jornal; inteirar-me dos acontecimentos recentes pelos jornais é um costume que mantenho e que os mais jovens com quem convivo nunca conseguiram compreender.

— Como você consegue manter a assinatura da versão em papel de um jornal, quando se pode ter a mesma versão digital da edição a partir do momento de sua publicação? – perguntavam-me sempre que me viam com uma edição impressa nas mãos e eu, me sentindo acima das críticas veladas, nunca me dava ao trabalho de responder.

Não que eu não concordasse plenamente com todos os argumentos que justificariam o pronto cancelamento da versão em papel, pois a leitura de jornais impressos é um hábito nada sustentável e pouco eficiente: o papel se desmancha nos dias de chuva, o meio físico dificulta o compartilhamento da informação, é impossível ampliar suas imagens e textos, algo importante para quem já passou dos quarenta, polui o ambiente, consome árvores, entre outras razões.

No entanto, sempre me permiti ser indulgente neste assunto por conta de uma memória que me é muito cara: a leitura das notícias no papel é um ritual herdado de meu falecido pai, que lia as edições diárias de cabo a rabo e nos obrigava, eu e meus irmãos, a mantermos a edição organizada, com a sequência correta dos cadernos, sempre que a lêssemos. Uma das cláusulas pétreas de sua constituição nos proibia terminantemente de esquartejar o jornal, dividir os cadernos, o que tornava a leitura das seções, uma por vez, assim que liberadas por quem estava lendo, lenta e irritante.

Voltando minha atenção para a edição em mãos, percorri em poucos minutos algumas manchetes e editoriais do dia, detendo-me em alguns temas específicos: um míssil explodiu na Polônia vindo não se sabe ainda de onde, se da Ucrânia ou da Rússia, o governo recém-eleito no país prepara a equipe de transição enquanto muitos ainda questionam os resultados das urnas, e o cobertor está curto novamente para o orçamento do ano seguinte.

Ao ler a manchete sobre o orçamento, não pude evitar um grunhido de impaciência e imaginei que deveriam iniciar todo processo de orçamentação com uma declaração formal de que não há receita suficiente para as despesas, sem mesmo fazer contas, pois é sempre assim nas administrações pública e privada: o processo requer várias rodadas de discussão até que se atinja um ponto aceitável. A declaração antecipada nos livraria da perda de tempo com manchetes, editoriais e debates sobre um tema cujo desfecho já é conhecido.

Aproveitei o restante do tempo disponível antes de partir para o escritório para ouvir as chamadas dos programas de notícias matutinas sobre assuntos que seriam repetidos à exaustão ao longo do dia: debates acerca da responsabilidade fiscal versus a responsabilidade social, discussões sobre a contenção dos danos ambientais do planeta no Egito, a preparação da seleção brasileira para mais uma copa do mundo e todo o ufanismo insuportável que caracteriza o evento, entre outros.

Enquanto as manchetes pipocavam na televisão, preparei e comi minha tapioca com queijo e manteiga, acompanhada de um copo de suco de laranja.

— Quanto prazer numa refeição tão simples! – sussurrei, como se contasse um segredo para um amigo invisível, enquanto degustava minha refeição preferida do dia que, certamente, não me sustentaria por mais de duas horas.

O café da manhã marcou o fim do recesso mental ao qual me entregara nas últimas 9 ou 10 horas. Assim que limpei a boca e sacudi os restos da camisa, vieram à mente as preocupações com o trabalho, com a agenda do dia, com as duas reuniões virtuais com dois clientes importantes cujos desdobramentos podiam significar a diferença entre o céu e o inferno no atingimento das metas anuais.

Eram apenas 7h15 da manhã, mas a pressão nas têmporas e a compressão no estômago já antecipavam mais um dia tenso. Mesmo tendo dormido relativamente bem, o choque frontal com a realidade já disparava o fluxo de adrenalina no sangue e não havia o que fazer: era preciso encarar o dragão com coragem, uma vez que os bons resultados teimavam em não surgir.

Ainda não havíamos recuperado o nível de vendas de antes da pandemia, o impacto da guerra na Ucrânia já era sentido e o mundo todo enfrentava a elevação generalizada de custos, a falta de insumos cruciais, chips principalmente, e a queda na demanda no hemisfério norte. Eram favas contadas que ocorreriam cortes de pessoal no ano seguinte, a começar pela Europa e até no Brasil, caso não conseguíssemos reverter as perdas em alguns negócios da companhia a nível global.

Ao pensar na pressão que sofreríamos por mais resultado, me ocorreu que trabalhar em uma grande multinacional tinha muitas vantagens, mas o fato de que suas unidades nos diversos países funcionam como vasos comunicantes, onde as regiões pujantes devem compensar as perdas em que os resultados estão fracos, certamente não era uma delas para os líderes das regiões que conseguiam manter a boa performance, mesmo isso sendo um fator de mitigação de riscos para o grupo como um todo. A depender de onde a liderança se encontra, a pressão para que as metas planejadas sejam ultrapassadas para compensar perdas em outros locais é grande, e esse era o nosso caso.

Na nossa região, a América Latina, a queda nem tinha sido tão expressiva ao longo do ano, mas a pressão sobre a unidade brasileira era forte. Já no primeiro semestre, havia uma expectativa de que alcançássemos resultados que compensariam as perdas na Europa, o que não vinha acontecendo. Para complicar o quadro, o resultado das eleições locais trouxe incertezas para 2023, o que significava que as expectativas para o ano seguinte, já estabelecidas em setembro, haveriam de ser recalibradas. A tempestade perfeita se aproximava: não só corríamos o risco de não atingir as metas para o ano, ainda mais com o encerramento antecipado do ano em função da Copa do Mundo, como havia grande chance de que a previsão para 2023 fosse piorada.

Minha prática de me desconectar do celular quando chego em casa, deixá-lo carregando durante a noite e jamais levá-lo para a cama me propicia algumas horas de relaxamento quando consigo dormir bem, o que havia sido o caso naquela noite. No entanto, ao tomar o aparelho em minhas mãos, percebi 88 e-mails não lidos na caixa postal, de um total de 35 quando chegara em casa na noite anterior. Essa é outra desvantagem de se trabalhar numa empresa global, pensei: quando uns ainda estão despertando, outros já estão trabalhando há horas e, pouco tempo depois, muitos outros, em fusos horários diferentes, se juntam à troca insana de mensagens.

Depois de espiar o aplicativo de e-mails, dei uma rápida olhadela no WhatsApp, que mostrava a mesma coisa: dezenas de mensagens não lidas acumuladas em pouco menos de oito horas. Ao perceber o acúmulo de mensagens por todos os lados, me ocorreu que o melhor a fazer era não abrir a caixa de Pandora antes de chegar ao escritório.

Contive minha ansiedade, dirigi-me à garagem, entrei no carro, fixei o celular no painel e espelhei sua tela no aparelho de multimídia do veículo, me esforçando enormemente para não ler algumas mensagens antes de sair de casa. Assim que cheguei na via principal de acesso ao meu destino, percebi um fluxo mais lento de automóveis e estimei que o tempo no trânsito seria maior do que o normal para, em seguida, me lembrar de que já não havia necessidade de adivinhar ou estimar o tempo no trânsito desde que os aplicativos baseados em GPS foram lançados. Ao pensar nisso, sorri ao me lembrar do *bullying* familiar toda vez que afirmava, orgulhosamente, que seguiria meu senso de direção por não confiar cegamente nos tais aplicativos.

Tendo chegado na avenida principal que dá acesso ao prédio onde se situa nosso escritório, ouvi uma sequência de sons anunciando a chegada de mais e mais mensagens e considerei que algo importante deveria ter acontecido e que, talvez, devesse ter lido algumas mensagens antes de sair de casa.

Ao longo do trajeto, os alertas de novas mensagens não paravam de soar no celular, que mais parecia um aparelho caça-níqueis despejando moedas de mau agouro amiúde. Passados alguns segundos, uma chamada de voz entrou no aparelho e o nome do nosso gerente de vendas apareceu na tela espelhada.

Tentei receber a chamada usando o viva-voz, mas por algum motivo não consegui ativá-lo. Por falta de atendimento, a chamada foi encerrada automaticamente e decidi procurá-lo assim que chegasse à empresa.

Tentei me concentrar novamente no trânsito, sem sucesso. As inúmeras mensagens recebidas, as que continuavam a chegar e a chamada não recebida dispararam o sentimento tolo de que eu estava faltando com meus compromissos, tão comum em pessoas que trabalham em organizações demandantes e funções de alta responsabilidade. Decidi retornar a chamada recebida o quanto antes. Presumi que não conseguiria fazê-lo pelo viva-voz e resolvi retornar a ligação sem usar o comando de voz. Segurei o celular nas mãos e busquei a opção de chamadas perdidas para facilitar a tarefa, também sem sucesso.

Ciente de que deveria parar o veículo para evitar maiores problemas, mas em nome de um dever que só existe na cabeça dos que estão fragilizados no seu ambiente de trabalho, resolvi correr o risco e direcionei meus olhos para o teclado do aparelho enquanto meu polegar direito procurava os números corretos nervosamente. Oscilei minha atenção várias vezes entre o trânsito à frente e o aparelho celular até que percebi, pela visão periférica esquerda, um vulto escuro se agigantar em alta velocidade.

Em uma fração de segundo, que durou uma eternidade, acompanhei o movimento compassado do automóvel, os estilhaços de vidro voando de maneira errática e o mundo exterior em imagens borradas. Tudo acontecia em câmara lenta, como se eu dançasse ao som de Danúbio Azul...

A PRAIA

Viva a vida, erre, acerte, perca-se, encontre-se, ame, odeie, xingue e abençoe, corra e descanse, mas viva a vida. Aja, reflita, arrependa-se do mal feito, perdoe, caia, levante, sacuda a poeira e dê a volta por cima. Submeta-se às leis da física, até porque elas são minha extensão mais palpável na sua dimensão atual e são irrevogáveis, quebre a cara e o corpo, recupere-se, revolte-se até entender que isso é uma bobagem, trabalhe, pesquise e estude até entender, não com o cérebro, mas com o coração, que por mais que venha a saber, ainda haverá muito mais a conhecer. Viva a vida, perambule por universos, respeite seu irmão, desde a mais simples forma de vida até aqueles que são infinitamente superiores a você, em universos e dimensões incontáveis. Não queira queimar etapas ou furar a fila, pois seu lugar é único, conhecido e sabido por todos e por mim. Viva as muitas vidas até o último segundo, beba até a última gota, cuide dos muitos corpos que lhe serão confiados, namore muito, brigue bastante e tente convencer as pessoas até se cansar e entender que os outros não são convencidos, mas se convencem, cada um no seu ritmo. Pratique as muitas religiões até entender que delas ninguém necessita, vá, siga seu caminho, tente andar sozinho e venha me visitar sempre que desejar ou necessitar, sabendo que não favoreço ninguém, que passo esta mesma mensagem a todos que me procuram, desde aqueles que estão completamente perdidos, até aqueles que já se encontraram. Viva a vida sabendo que há muitos desfechos possíveis para um evento e que seu poder de os influenciar cresce com o amor no seu coração, sabendo que as cicatrizes do corpo são nada comparadas às da consciência, que se seu corpo é limitado no espaço-tempo, sua essência, alma, consciência ou qualquer nome que se queira dar ao que você é, atravessa dimensões incontáveis até as raias do infinito e que, se você não enxerga isso hoje, é simplesmente porque ainda não está preparado para tal. Viva a vida e tenha a humildade para reconhecer o papel do seu DNA, que essa programação é somente sua, única, e que aquilo que hoje pode parecer defeito ou má sorte pode ser sua redenção amanhã. Viva a vida até entender que o que você vê, ouve e toca hoje é uma ínfima porção daquilo que existe, que matéria e energia são faces da mesma moeda, ou diferentes vibrações de um só campo. Em suma, viva a vida que lhe propicio hoje, sem se preocupar com o amanhã e sofrer com o passado, pois o tempo como você o conhece, que dá ordem ao seu universo e ao seu raciocínio, é uma ilusão que se desfaz à medida que você se aproxima de Mim. Não perca a vida se julgando. Sua jornada é só sua, nasça, pereça e renasça em consciência e corpo quantas vezes forem necessárias e sempre estará comigo.

...

Meu nome é José Afonso Costa, brasileiro, 42 anos de idade, tenho duas irmãs mais velhas e um irmão mais novo do que eu, meu pai já é falecido, minha mãe continua viva e ativa, tenho uma filha e um filho, sou casado com Cristina Freire Costa, psicóloga, 40 anos de idade, minha Judit. Sou engenheiro eletricista, cheguei a cursar três anos do curso de física, mestre em economia, com estudos aprofundados em finanças, adoro matemática, física, filosofia, história e música, tenho uma veia artística e sempre fui muito curioso a respeito do universo e seu funcionamento. Nunca fui extrovertido, adoro a natureza, mesmo nos seus aspectos aparentemente cruéis, sou fascinado por animais de todos os tipos e pela vida em outros planetas, na qual aposto todas as minhas fichas. Amo ficção científica e dedico mais atenção do que deveria ao tema, não sou religioso, mas sempre procurei conhecer e entender os aspectos de diferentes religiões, amo a diversidade, a liberdade, tenho uma fé inabalável na fonte uni-

versal da vida, princípio primordial de todas as coisas, e da inteligência do universo, Deus, se quiserem chamar assim. Sou um executivo em uma multinacional norte-americana, um cidadão bem-sucedido de acordo com as regras da sociedade na qual estou inserido, mas... nada disso, nada mesmo, importava naquele momento.

...

De pé, contemplava o mar calmo a partir de uma faixa de areia fina e branca. A água, transparente e cristalina quando encontrava a areia, ganhava tons de azul cada vez mais intensos à medida que seguia ao encontro do horizonte. A brisa era suave, o Sol a zênite esparramava uma luz intensa tornando tudo tão nítido como se seus raios, que partiam em todas as direções, fizessem curvas com o objetivo de impedir que qualquer coisa, por menor que fosse, se escondesse em frestas e sulcos. Estranhamente, sombras não existiam e tudo estava exposto por uma luminosidade que não ofuscava.

Após a faixa de areia, coqueiros com palhas viçosas, verdes vibrantes, balançavam suavemente ao ritmo da brisa que tudo acariciava. Havia várias plantas menores embaixo dos coqueiros, de onde surgiam flores coloridas espalhadas aleatoriamente, contrastando com o verde da grama regular como se tivesse sido meticulosamente aparada. Tudo era harmonia e eu sentia que aquele cenário vibrava em ressonância com as fibras da minha alma.

Escutava, via e sentia tudo ao meu redor, até porque tudo fazia parte de mim. Encontrava-me pleno naquele local e momento, mantendo minha individualidade, mas, ao mesmo tempo, fazendo parte do todo. Apenas era, existia, sem considerações a respeito de outros lugares, tempo e pessoas, sem preocupações ou distrações. Estar naquele lugar bastava.

Meus pés sentiam a areia fina, morna e agradável ao contato, e a energia do solo subia ao longo das minhas pernas, pelo centro do meu tronco até minha cabeça, fazendo-me sentir como se fosse uma daquelas plantas que compunham o magnífico cenário. Percebia cada parte do meu corpo e seus limites, a fronteira entre o eu e o resto: eu era eu e era o todo ao mesmo tempo; eu era a folha, a flor, a água, o grão de areia, a brisa e tudo mais.

Permaneci ali contemplando o mar, sentindo a brisa, feliz por existir. Permaneci talvez não seja o termo mais adequado para descrever a situação, porque remete à uma noção de tempo, a um intervalo em que se pode constatar a sequência de transformações ao redor, o que não era o caso. Ali, era possível perceber, constatar, sentir o todo, sendo ou estando em qualquer lugar simultaneamente, sendo que a noção do tempo e até sua definição perdiam todo o sentido.

Eu estava em todos os lugares ao mesmo tempo, feliz, completo, e assim poderia permanecer indefinidamente. Mesmo não percebendo a presença de outras pessoas ou qualquer ser vivo naquele paraíso tropical, a vida parecia pulsar em todos os lugares. Eu não me sentia solitário, mas amparado, acolhido, tranquilo e feliz.

Durante a observação minuciosa da paisagem e de tudo que a compunha, apesar de absorto e extático, percebi a silhueta de alguém que caminhava na areia. Devido à distância que ainda nos separava, não conseguia distinguir suas feições. Em condições normais, seria impossível dizer se caminhava na minha direção ou se distanciava. No entanto, embora pouco estranhasse e me importasse com a sensação de onisciência, eu não só sabia que aquela pessoa caminhava em minha direção, como sabia que não éramos estranhos um ao outro.

Assim que me ocorreu o pensamento sobre não sermos estranhos, já o percebi a meu lado, contemplando comigo a cena maravilhosa.

Em silêncio, permanecemos postados de frente para o mar, lado a lado, sentindo-nos cheios de graça, até que ouvi suas palavras, não com os ouvidos, mas como se partissem da minha própria mente:

— Olá, Elias, tudo bem com você?

— Estou bem, e você? – respondi sem sequer pensar na possibilidade de corrigir o nome que ele usara para se dirigir a mim. Aceitei-o sem me importar ou estranhar o fato de que o nome Elias me parecia mais do que adequado.

— Tudo isto é muito lindo e preenche a alma de uma maneira indescritível, não é mesmo? – ele disse, sem olhar para mim, mantendo-se de frente para o mar azul e calmo.

— Sim, sinto uma felicidade que não cabe em mim e poderia ficar aqui a vida inteira sem me cansar – respondi.

— Entendo, mas por que gostaria de ficar aqui a vida inteira se há tanto para ver e sentir, se é possível ir além do que você sente aqui? Sentir o que se manifesta dentro de você, ou seja, a conexão com tudo que o cerca neste exato momento e neste local inebria, eu sei. No entanto, mesmo vivenciando tudo isso, ao ter a certeza de que este estado de espírito é possível de ser alcançado de maneira permanente e até transcendido, mas que para isso é preciso caminhar ainda mais e vivenciar outras experiências em outras dimensões e níveis de consciência, não se sente animado a prosseguir na jornada e buscar novas instâncias? – meu interlocutor replicou.

— Não é por isso que ansiamos e para isso que lutamos e sofremos? Para atingir a plenitude duradoura, a paz interior, a liberdade de só sermos o que somos sem julgar ou ferir quem quer que seja, sem nos preocuparmos com julgamentos de terceiros, sem o medo excessivo e paralisante de nos entregarmos ao todo, de nos diluirmos no universo e deixarmos de existir? – continuou.

— Neste exato momento, você é o Elias, mas também faz parte deste vasto oceano, destas árvores, de cada grão de areia e de tudo mais. Você vibra e se emociona com a sintonia que opera neste palco, ou seja, você é você, com suas características e seu conhecimento, mas também é cada partícula deste seu universo particular e isto o preenche de uma maneira inédita. Agora, imagine estar conectado a tudo que existe no universo inteiro e que o sentimento arrebatador impulsionado por esta conexão seja perene. Seria este um bom motivo para sair desta praia e vivenciar novas experiências? – concluiu.

Aquelas perguntas me intrigaram, não porque questionavam meu desejo de permanecer naquele local para sempre, mas porque descreviam meu estado de espírito como se aquele estranho fosse capaz de sentir o que eu sentia.

Em condições normais, mais do que respostas àqueles questionamentos, caberia uma pergunta sobre como ele sabia o que eu estava sentindo se acabara de me conhecer. Em condições normais, eu certamente faria a pergunta, mas naquele momento e naquele local, nada parecia normal, até o fato de que eu não me encontrava ávido por responder, contestar ou perguntar absolutamente nada.

Mantendo os olhos fixos no horizonte, limitei-me a balançar a cabeça como se concordasse com o que ele tentava me transmitir, o que não é um comportamento típico meu. Até aquele momento, minha existência fora marcada por quedas tolas nas armadilhas óbvias, mas raramente evitadas, cuidadosamente colocadas no caminho pelo orgulho e pela vaidade. Refém da tolice, acabava atraído e preso no visgo do debate inútil, da exposição envaidecedora de minhas ideias e opiniões, sempre contrapondo argumentos com uma lógica afiada, iludido pela certeza de que aquele teatro fútil e desgastante demonstrava inteligência, independência, altivez e sabedoria. Mas ali, ao ter minha afirmação questionada e, depois de ouvir aquelas várias perguntas, preferi manter-me em silêncio.

É preciso deixar claro que, naquele momento, eu não havia deixado de ser o José Afonso de sempre, ou seja, não havia ocorrido transformação interna alguma capaz de me fazer enxergar tais armadilhas e evitar mais uma queda. Eu me contivera apenas por estar magnetizado por tudo que experimentava e pelo fato de que podia captar as boas intenções do meu interlocutor.

Mal nos conhecíamos, tínhamos trocado apenas algumas frases, mas eu estava convicto de que não havia julgamento ou provocação nas suas perguntas, e sim uma demonstração cabal de que ele tinha conhecimento do que eu estava sentindo e de como eu agiria em outras ocasiões propícias a um debate. Se tinha conhecimento do que ocorria no meu íntimo, também deveria ser conhecedor dos meus tropeços anteriores dos quais eu desejava me livrar há muito tempo, imaginei.

Após uma pausa e como se lesse meus pensamentos, ele continuou:

— Eu sei que as repetidas quedas na mesma armadilha o têm aborrecido, mas por que estragar um momento tão especial como este com detalhes ora irrelevantes? Quantos bons momentos arruinamos com indagações, explicações, justificativas ou simplesmente por querer impor nossas opiniões, fazer valer nossas posições e ideias, não é mesmo? Ao se entregar ao aqui e ao agora de maneira plena, cada segundo traz mais satisfação e aprendizado do que uma vida inteira.

Seu comentário, aparentemente casual e não direcionado, deslocou o foco daquele local para meu passado recente. Ao me posicionar em outro nível de consciência, suas palavras deram início a uma torrente de pensamentos, questionamentos e a certa angústia.

Senti um aperto repentino no estômago como se algo grave, inusitado e momentaneamente esquecido fizesse esforço para irromper na consciência. Subitamente, lembrei-me de que estava a caminho do trabalho e que algo ocorrera no trajeto. A partir desse ponto, minha memória falhava e nada mais me ocorria, a não ser a praia e o interlocutor com quem iniciara um diálogo tranquilo, mas que me levara, repentinamente, àquela sensação que oprimia meu coração.

Não fossem os fatos de que trocávamos frases, ideias e até sentimentos mentalmente, de maneira espontânea, embora houvéssemos nos encontrado há apenas alguns minutos, de que me sentia conectado a tudo ao meu redor e de que podia ver, ouvir, falar e sentir mentalmente, sem a intermediação de órgãos sensoriais, de que podia me deslocar e tocar objetos apenas deslocando minha consciência, tudo pareceria normal. Aquele pensamento me trouxe alguma agitação e várias perguntas surgiram em minha mente.

Percebendo minha agitação, o estranho finalmente se apresentou e me deu algumas respostas para perguntas que eu certamente faria mais à frente:

— Você pode me chamar de Noah. Mantenha-se tranquilo. Tente se concentrar no que vou lhe dizer e não deixe que a dúvida ou o medo tomem conta da sua mente. Estou aqui para ajudá-lo. De fato, você se dirigia ao trabalho quando sofreu um acidente, e disso você pode se lembrar ao se acalmar. Seu automóvel foi atingido por outro veículo no exato momento em que se distraiu com seu aparelho de comunicação. Não se culpe por isso, pois tudo estava programado para acontecer exatamente como se deu. Com o forte impacto no seu veículo e, por consequência no seu corpo, sua consciência foi deslocada para cá. Bem antes deste evento marcante, porém, recebi a incumbência de ajudá-lo, tarefa que me trouxe imensa felicidade por razões que, em breve, entenderá. O que importa no momento é que estou aqui para ampará-lo nas etapas de aprendizado que nos aguardam. Digo que nos aguardam porque certamente também aprenderei, e muito, com este processo.

— Quer dizer que morri? – jamais imaginara que faria tal pergunta com tamanha naturalidade.

— O que você acha? Não se sente mais vivo do que nunca? Mas se você se refere à morte do seu corpo físico, a resposta é não. É bem verdade que ele se encontra bem danificado e está sendo cuidado por médicos de onde veio e do local para o qual nos dirigiremos. Mas deixemos que eles cuidem do assunto, pois a extensão dos danos é considerável. Precisarão de tempo, foco e dedicação para que tudo possa se resolver da melhor maneira possível. Concentremo-nos na oportunidade que ora se apresenta – ele respondeu.

— Entendi, mas e minha família? Como estão? – repliquei, fazendo um esforço enorme para que a angústia e o desespero não me dominassem por completo. – Você disse que iremos para algum lugar, para onde? Não podemos ficar aqui enquanto trabalham na minha recuperação? Posso ver meus filhos, minha esposa e dizer--lhes que estou bem, que estão cuidando de mim e que tudo terminará bem? Devem estar aflitos neste momento. Sinto isso. Percebo o que cada um está sentindo neste momento. É como se houvesse uma conexão direta entre nossas consciências. E você? Sinto que já nos conhecemos. De onde nos conhecemos? Por que disse que aceitou me ajudar com imensa felicidade? E por que se dirigiu a mim usando o nome Elias?

Noah sorriu e, de maneira muito afável e pausada, disse:

— Calma, meu amigo! São muitas as perguntas que serão, na sua maioria, respondidas no momento adequado. Como disse, procure se concentrar no que lhe digo. Se deixar que o medo, a angústia, a culpa ou qualquer outro sentimento negativo sequestre sua mente, nossa jornada não será tão proveitosa e sua recuperação física poderá ser prejudicada.

Assim que percebeu que me acalmava, continuou:

— Você ainda está ligado ao seu corpo físico, sendo, portanto, necessário que mantenha o equilíbrio emocional para que cada célula que compõe aquele conjunto maravilhoso pelo qual sua consciência interage com o mundo percebido pelos sentidos coopere devidamente no trabalho de reconstrução dos tecidos danificados pelo choque mecânico. Perceba que se sua mente está conectada a cada partícula deste palco atual, que é extensão da sua consciência e que, já adianto, resulta de sua projeção mental, por que não estaria íntima e maravilhosamente conectada a cada elemento vivo do seu corpo, que nada mais é do que a extensão física de sua consciência enquanto nele reside? Diferentemente deste cenário maravilhoso, você não projetou nem construiu seu corpo, aquele conjunto harmonioso de células, apenas o recebeu pela aceitação do seu desejo por parte da Fonte Criadora. Uma vez no corpo, sua consciência adquire uma oportunidade única de aprendizado e deve dele cuidar com liberdade de ação de tal sorte que poderia, se assim o desejasse, destruí-lo deliberadamente a qualquer momento. Cada uma das células de seu corpo, aquelas pequenas e inteligentes usinas de energia e ação, fruto de eras de aprimoramento e esforço evolutivo regido pelas leis da natureza e moldadas pelo trabalho incansável de incontáveis colaboradores, não trabalha de maneira isolada, independente, acionada apenas por fluxos de cargas elétricas e reações químicas, de maneira automática e sem coordenação, mas o contrário. É certo que todas elas sabem muito bem o que fazer e quando fazer, pois cada uma possui uma programação molecular que acaba por definir formas, funções e comandar ações, mas é mais certo ainda que trabalham em completa harmonia com sua mente, da qual não são escravas, mas colaboradoras fiéis. Se está aflito, angustiado, com medo, ansioso, revoltado ou nervoso, vibrações deletérias alcançarão cada uma das trilhões de unidades que, mesmo sendo operárias devotadas, sofrerão os efeitos negativos do seu desatino e não conseguirão executar suas importantes tarefas com a máxima eficiência. Compreende o que lhe digo?

Antes que eu respondesse, Noah completou:

— A maioria das respostas virá com o tempo. Digo a maioria porque nunca nos cabe saber de tudo; sempre há uma jornada de descobertas que se inicia quando outra termina e sempre há perguntas cujas respostas só chegam até nós mais à frente na caminhada infinita. O que quer que aconteça durante nossa jornada de aprendizado, independente de quanta informação receba, sempre restarão questionamentos não respondidos. Durante as trocas de conhecimento das quais poderá participar, se assim desejar, você terá muitas respostas, mas dúvidas permanecerão e muitas mais surgirão. Não é sempre assim? O importante no momento é que estou muito feliz por estar com você nesta experiência conjunta que poderá envolver lugares e pessoas maravilhosas que você deveria conhecer. Considere o que estamos vivenciando neste momento uma oportunidade que pode impactar sua vida e a de muitos de maneira profunda e positiva. Caso opte por se engajar, você deve aproveitar, vivenciar e interagir comigo e com outros como julgar apropriado, tendo a certeza de que aqueles que ama e com os quais se preocupa, embora momentaneamente aflitos, também estão sendo amparados por amigos dedicados e ficarão todos muito bem.

Não havia admoestação ou julgamento nas suas palavras, que me acalmaram e guiaram meu foco de volta àquele recanto idílico. Quando consegui direcionar minha atenção novamente para a água cristalina, as sensações de conforto, segurança e acolhimento voltaram a predominar.

A transformação de um coração em vias de se render à aflição para um estado de paz, segurança e confiança no desfecho da minha ocorrência me trouxe a certeza de que eu deveria ouvir com atenção e paciência o que Noah me dizia. Concentrei-me então no nosso diálogo, ávido por mais instruções sobre como proceder a partir daquele momento.

Noah então prosseguiu:

— Vou compartilhar informações importantes com você agora. Como já disse antes, sua consciência continua conectada ao seu corpo e, neste estado, sempre há limites para seus atos, deslocamentos e para o conhecimento que pode adquirir. Mas não se preocupe com isso, pois sempre que estiver próximo de qualquer restrição, será avisado. Talvez até anteveja os limites impostos aos que estão na sua condição e se absterá de questionamentos e ações sem minha intervenção. Você poderá visitar seu corpo sempre que desejar, embora eu recomende que aproveite ao máximo seu tempo comigo. Além do mais, em alguns casos semelhantes ao seu, o impacto destas visitas acaba sendo o oposto do desejado, principalmente quando emoções perturbadoras tomam conta do visitante e este não consegue mais dominá-las. Acredito que não seja seu caso, mas nunca se sabe.

Depois de uma pequena pausa para que eu absorvesse tudo que havia dito, Noah continuou:

— Como já deve ter percebido, o amor ignora o tempo, a distância e as diferentes dimensões da existência. Se ainda não percebeu, você poderá constatar o que digo ao direcionar seus pensamentos àqueles que ama. Ao fazê-lo, será capaz de sentir o que eles sentem, poderá ouvir seus pensamentos e, mais importante, poderá até influenciar, em maior ou menor grau, seus sentimentos positiva e negativamente. É importante que saiba disso porque, em momentos de fraqueza, que certamente surgirão enquanto seu corpo se recupera e você cumpre sua jornada comigo, poderá sentir a aflição daqueles que deixou momentaneamente para trás. Quando isso acontecer, lembre-se de que a angústia das pessoas queridas poderá ser amenizada se conseguir retomar seu equilíbrio e irradiar pensamentos e sentimentos de confiança. É provável que sinta e se conecte à aflição de sua esposa, filhos, mãe, irmãos e amigos verdadeiros várias vezes durante a nossa jornada. É provável que isso aconteça porque a recuperação do seu corpo será demorada em função da extensão dos danos e, infelizmente, o longo tempo de recuperação gerará oportunidades para que todos, inclusive você, vacilem na confiança e na sabedoria da Fonte Criadora. Acho que não preciso lhe dizer que tudo, inclusive o que estamos vivenciando aqui e agora, o que já aconteceu e o que acontecerá daqui para frente, parte da Fonte Primordial de tudo, e que agora, mais do que nunca, você deverá intensificar aquela comunicação íntima que sempre manteve com esta Fonte para agradecer o amparo que todos estão recebendo neste momento conturbado e a oportunidade de aprendizado que ora apresento, seja qual for o nome que usa para designá-la e a concepção sobre ela que guarda no seu íntimo.

Após uma breve reflexão sobre o que acabara de ouvir, comentei:

— Sinto, de alguma maneira, que já tenho conhecimento ou antecipo os alertas e conselhos que está me transmitindo. É como se já soubesse o que quer me dizer antes que complete as sentenças.

Sorrindo, Noah esclareceu:

— Não estamos nos comunicando pelo aparelho vocal, como você já percebeu. Isto, por si só, já é maravilhoso, não acha? Além disso, nossa comunicação transcende a linguagem corriqueira usada pelos habitantes do planeta Terra. Você pode considerar que estamos usando a linguagem pura, objeto de muitos questionamentos filosóficos e sobre a qual ainda não existe um consenso. Por linguagem pura, me refiro a um intercâmbio de sentimentos, significados, intenções e raciocínios que dispensa explicações, traduções e que é imune às más interpretações e aos desentendimentos delas decorrentes, tão comuns entre os homens. Quantas disputas e desavenças seriam evitadas se este tipo de comunicação fosse possível entre os homens? Infelizmente, dada a evolução moral e intelectual da maioria dos habitantes da nossa Terra, esta comunicação franca, honesta e sem subterfúgios causaria imensos estragos se estivesse atualmente ao alcance dos homens.

Sabia que Noah ainda não havia concluído sua resposta e me mantive calado observando-o. Foi então que, enquanto aguardava sua continuação, pude, pela primeira vez, me dar conta de seu olhar sereno, que transmitia paz e confiança quando se dirigia a mim.

Embora não pudesse encontrar sua feição, composta de um rosto harmônico, olhos castanhos oblíquos, nariz aquilino, pele lisa e clara, no meu arquivo de memórias, era como se conversasse com um amigo de longa data. Noah era um pouco mais alto que eu, com uma estatura estimada de um pouco mais de um metro e oitenta centímetros e possuía cabelos castanhos escuros curtos, com fios espetados como se tivesse raspado a cabeça pouco antes de nos encontrarmos.

Depois de uma pausa, ele continuou:

— A transmissão de pensamento é instantânea, Elias. Você está habituado a uma sequência temporal de eventos em tudo que observa no plano físico. O tempo está associado a tudo na sua atual existência, inclusive à comunicação que requer que frases sejam completadas antes que haja um entendimento entre os agentes da comunicação. Algumas vezes, no plano terrestre e em situações especiais, é possível que alguém consiga comunicar uma ideia ou sentimento para outra pessoa antes que complete sua frase, ou simplesmente sem emitir palavra alguma. Em certas ocasiões muito específicas, há apenas uma troca de olhares expressivos entre os pares e, pronto, a comunicação se dá de maneira completa e inequívoca. Nesses casos, estes indivíduos estão experimentando o que ora se dá entre nós, ainda que de maneira precária e limitada. Entre nós ocorre a transmissão instantânea da

mensagem completa, daí a sua impressão, por falta de costume, de que antecipa o que vou dizer.

Concordei apenas com um menear da cabeça, ele sorriu e completou:

— Não se preocupe ou se ocupe com o gestual. Captei sua concordância antes que se movesse. Mas, agora, preciso explicar algumas coisas importantes. Estamos aqui para que amplie conhecimentos sobre você e os universos existentes, e o que acontece aqui e em outras paragens depois que partimos definitivamente, ou seja, que deixamos o corpo físico, o que não é seu caso, não será objeto das conversas, trocas e visitas que faremos. Sendo mais claro: estamos aqui para tratar da expansão de sua consciência, da busca por uma integração entre você e seu inconsciente sem a intermediação do cérebro. Sua participação neste programa especial resulta da grande preocupação por parte das altas esferas que cuidam do nosso planeta com o que ocorre nele atualmente e a vida após a vida física, a continuidade da vida, que você está tendo a oportunidade de experimentar, não será assunto de debates e trocas de conhecimento.

Percebendo minha preocupação com o que parecia ser uma missão grandiosa, Noah fez uma pausa, que só serviu para aguçar minha curiosidade. Ciente de minha avidez por mais informações, ele continuou:

— Teremos tempo para destrinchar melhor este assunto, mas posso afirmar que as sociedades de diversas nações nunca se encontraram tão divididas, divisões essas promovidas por ideologias que abalam grupos familiares, incitam o ódio entre as pessoas, semeiam a insegurança, o temor com relação ao futuro e incentivam a violência em escalas diversas. O planeta sofre pela destruição incessante dos ecossistemas cruciais ao equilíbrio da vida impulsionada pela população crescente, pela desigualdade gritante na distribuição da riqueza gerada e pela escassa cooperação entre os homens. Sofre pelo que é considerado o modelo correto de desenvolvimento social que privilegia a tecnologia, o consumo e a geração de riquezas materiais. Sofre também, e principalmente, pelo desprezo à espiritualização, entendida como sendo a expansão da consciência e a conexão com o todo, a unificação, mesmo em vida, que promove e reforça a conexão do homem com seus pares e com a natureza. Encantada com os próprios feitos, grande parte da humanidade se encontra iludida a respeito do que tornará a todos mais felizes e o universo de muitos se resume hoje a um pequeno aparelho e sua tela, palco de desfiles de insensatez, vaidade, orgulho, violência e toda sorte de desatinos. Estas são apenas algumas das preocupações, Elias, que justificam ações em grande escala e a nível individual por meio das quais procuramos, sob coordenação da hierarquia superior, influenciar o curso dos acontecimentos.

Após descrever muito bem o estado das coisas no planeta, Noah fez mais uma pausa para ressaltar a importância da missão oferecida, e prosseguiu:

— Nosso esforço envolve ações de diferentes alcances, porque todo avanço social e moral que ocorre em regiões do planeta é resultado das transformações dos indivíduos que compõem essas regiões. Muitas vezes, é preciso que um determinado avanço ocorra em várias regiões simultaneamente para que não haja risco de retrocessos. Em alguns casos, esses avanços requerem uma transformação em escala global que, de qualquer maneira, começa sempre no indivíduo. Quando se trata de apoiar o planeta nos seus avanços claudicantes, não há tarefa simples e todo soldado conquistado para as fileiras das tropas do avanço, da harmonia e da paz, é recebido com júbilo e festa, e é isso que faço neste exato momento: estou lhe apresentando uma oportunidade de se tornar mais um dos que se encontram engajados na luta pelas transformações planetárias necessárias. Ao mostrar resiliência frente às dificuldades inerentes ao programa que ora lhe apresento, meu caro Elias, e aos novos desafios que surgem ao homem desperto, ao confiar e se manter aberto às orientações dos ascensos que nos apoiam, poderá adquirir a capacidade de influenciar outros no seu entorno, podendo criar uma conversão exponencial de muitos que hoje se encontram sonâmbulos, contribuindo, por atos e pensamentos, para que a atmosfera psíquica do planeta se torne cada vez mais poluída e densa. É por este motivo que a você está sendo oferecida a oportunidade de aprendizado, a qual poderá recusar a qualquer momento, se julgar que deve fazê-lo. Se aceitá-la, porém, ao longo do processo que iniciará em breve, entenderá melhor a importância da expansão da consciência a nível do indivíduo para a mudança desejada em escala global.

À medida que Noah falava, senti um crescendo de emoções e emanações que dele partiam e faziam vibrar tudo ao nosso redor, afetando-me e tornando todo cenário por mim criado menos vívido e mais agitado. Senti a intensidade de sua preocupação e um misto de tristeza com os desajustes planetários relatados e otimismo com o resultado de seu esforço comigo e, provavelmente, com outros. Procurei manter-me concentrado em suas palavras enquanto aguardava a mitigação das vibrações e teci minhas considerações assim que julguei conveniente:

— De fato – repliquei – , comentários sobre as preocupações mencionadas por você acerca do convívio em sociedade têm sido recorrentes em conversas com diferentes pessoas com as quais me relaciono, principalmente quando as conversas envolvem pessoas mais velhas que já vivenciaram momentos mais calmos no passado. A falta de paciência e a cristalização de posições e opiniões da maioria, na qual me incluo, é notória e as ocorrências ruins em larga escala, e me refiro à pandemia recente, à guerra na Europa e à desgastante crise política, moral e econômica que se abateu sobre nosso país têm contribuído para a insatisfação, a descrença e o mau humor geral. Além disso, tenho consciência de que não temos cuidado bem do nosso planeta. Eu, que sempre fui tão ligado à natureza e que sempre me vi como parte e não acima dela, como muitos, tenho sofrido com aquilo que vejo e ouço em notícias alarmantes e com aquilo que tenho presenciado. O sofrimento só não é maior do que a sensação de impotência e angústia que brota no íntimo por não saber o que fazer e por me sentir acovardado. Tenho consciência de tudo isso e de certa forma tenho sofrido com o desenrolar dos fatos, com a direção que estamos tomando que, a meu ver, não nos levará aos Campos Elíseos, mas ao Tártaro. No entanto, pergunto, meu amigo Noah, se é que posso me dirigir a você com tanta intimidade, o que posso eu diante de tudo isso? Como posso contribuir? Será que escolheram a pessoa certa para tamanha responsabilidade?

Noah sorriu e respondeu:

— Fico muito feliz ao constatar que você se inclui nas suas observações. Não esperava nada diferente disto. Você e bilhões de outros seres são, ao mesmo tempo, atores e autores no palco terrestre, mas não se cura uma doença debilitante em um corpo físico sem se atuar em cada célula, ou seja, a transformação deve se dar a nível do indivíduo, de maneira espontânea, de dentro para fora, e não por coerção, castigos ou por recompensas sem o devido merecimento. É certo que é preciso coragem para que a transformação ocorra, até porque a mudança vai requerer que mergulhemos no nosso Tártaro individual e enfrentemos as sombras que compõem a nossa psique. Essa mudança é o despertar da consciência, que desnuda nossa conexão com tudo e com todos não só no planeta, mas no Universo, e me refiro ao Universo com suas dimensões não inacessíveis, mas ignoradas pela maioria dos que caminham na crosta terrestre como zumbis atraídos e escravizados somente por aquilo que sensibiliza os cinco sentidos. Esta conexão vence a tão temida perda da individualidade e leva à unicidade que, por sua vez, leva ao entendimento de que nossos atos e pensamentos livres e espontâneos podem afetar desde uma estrutura unicelular até coletividades inteiras. A mudança ou transformação, Elias, é fruto do despertar irreversível, sendo, portanto, sólida e permanente. Ela é o fiel da balança do pensar e, por conseguinte, do agir. Uma vez desperto, o indivíduo reforça as fileiras daqueles que constroem a harmonia universal pelo pensar e agir, contribuindo de acordo com sua bagagem física, emocional e intelectual, como e quando puder, ou seja, de acordo com sua capacidade e vontade. Em resumo e indo direto ao ponto: o que se espera é que possa dar um passo a mais na direção do despertar com nossa ajuda, que se limitará a viabilizar as trocas a serem realizadas entre você e os demais participantes acolhidos em situações semelhantes à sua. Se destas trocas resultarão despertares ou não, caberá a cada um decidir. Se lograr êxito nestas trocas e no que delas resultar, sua trajetória de contribuições será única, somente sua, tudo virá no tempo certo, nem antes nem depois, e será uma construção diária. É como disse o poeta: "Não há caminho, faz-se o caminho ao andar".

Após suas últimas palavras, silenciei-me para refletir sobre tudo que ouvira. Noah sabia o que se passava no meu íntimo e se manteve em silêncio. Sentia-me inclinado a aceitar, mas me encontrava temeroso em assumir tamanha responsabilidade e tomar um caminho que, eu sabia, não tinha retorno. Lembrei-me do adágio que diz que a ignorância é, muitas vezes, uma bênção: uma vez desperto, mudanças internas me levariam a instâncias desconhecidas e minha vida não seria mais a mesma.

Depois de uma pausa que pareceu uma eternidade e ainda temeroso, senti o calor subindo do estômago para a face, algo com o qual estava muito bem familiarizado e indicava que estava prestes a me lançar em mais um desafio. Olhando para frente, para o horizonte, perguntei com o rosto em chamas:

— Conte comigo, Noah, mas o que devo fazer a partir de agora?

Minha pergunta foi a senha para que algumas instruções de caráter mais prático me fossem passadas.

— Primeiro, – disse Noah – vamos recapitular alguns acontecimentos entre o acidente ocorrido no trajeto até seu trabalho e o momento em que sua consciência despertou na sua projeção mental. Embora você não se lembre do que aconteceu, alguns fatos se deram, e conhecê-los é importante para o processo de aprendizado que se inicia. Após testemunhá-los, nos deslocaremos até nosso centro de treinamento. Ali, como já lhe disse, você terá a oportunidade de conhecer lugares e interagir com pessoas que auxiliarão na obtenção do conhecimento mediante trocas voluntárias. Digo, auxiliarão porque cabe a você decidir se esse conhecimento será preservado por você, de modo que ele se torne a fundamentação para suas decisões, seus atos, pensamentos e comportamentos futuros. A manutenção deste conhecimento vai requerer disciplina, confiança no seu julgamento e intuição e, não menos importante, força de vontade, como poderá constatar assim que recobrar a consciência no corpo físico. Está pronto para iniciarmos nossa jornada?

Respondi que sim e Noah colocou sua mão esquerda na minha testa, como se verificasse a temperatura de um paciente febril. Senti sua mão quente transmitindo a vida que pulsa em todo lugar e que não se submete aos limites do tempo e do espaço. Sua mão transmitia tranquilidade e amor, termo que uso para descrever um misto de plenitude, paz, acolhimento e confiança, um sentimento arrebatador que nos faz sentir bem, ao qual chamo de amor por falta de uma palavra que o defina de maneira mais adequada e completa.

Ao contato de sua mão, meu corpo, ou aquilo que identificava como sendo a extensão da minha consciência, foi tomado por uma sensação de formigamento, como se uma corrente elétrica subisse pelos membros e tronco e se dirigisse à cabeça. No momento em que o fluxo atingiu o topo da cabeça, fui tomado por um torpor e, como se estivesse despertando de um sonho, minha consciência foi deslocada para dentro do veículo em movimento.

De dentro do veículo, como se estivesse sentado no banco traseiro, pude ver meu corpo se movimentar violentamente em câmera lenta para a direita, embora ele não tenha chegado a cair sobre o assento do passageiro devido à restrição imposta pelo cinto de segurança. Pude também ver cada pedaço de vidro estilhaçado voar em meio a uma fumaça branca proveniente dos abençoados "airbags", que ainda não haviam atingido o volume máximo. Conseguia observar tudo com uma tranquilidade espantosa, como se assistisse a um filme protagonizado por algum dublê desconhecido que guardava minhas feições.

Por alguns eternos milissegundos, testemunhei a movimentação do veículo, estilhaços e meu corpo que, juntos, obedeciam às leis naturais de movimento que regem o mundo que conhecemos. Quando tudo se acomodou em seu local de repouso, um silêncio profundo reinou e notei que Noah se encontrava ao meu lado no banco traseiro. A partir dali, minha consciência se dividiu e passei a observar tanto o interior do veículo como tudo que se passava ao redor dele, de um ponto de vista elevado, como se estivesse posicionado a cerca de dez metros acima da cena do acidente.

A partir da perspectiva elevada, pude observar as pessoas se aproximando e tentando abrir a porta dianteira esquerda. O lado direito do meu veículo se encontrava bloqueado por outro veículo sobre o qual ele fora lançado, sem maiores consequências para os passageiros daquela peça coadjuvante. Podia ouvir todos os pensamentos das pessoas que se encontravam naquela cena agitada, alguns assustados, outros se questionando se eu sobrevivera e outros certos de que não.

Notei quando um senhor, que aparentava ter mais de 60 anos de idade, lembrou-se de seu filho que falecera em um acidente de trânsito semelhante e ouvi quando ele pediu que ninguém movimentasse meu corpo até que os paramédicos chegassem, devido ao risco de agravamento de possíveis danos pela movimentação descuidada. De qualquer ponto que observasse a cena, minha perspectiva de tudo ao meu redor alcançava todos os ângulos desejados, ou seja, minha visão era esférica. Além disso, podia ouvir, distinguir e entender pensamentos de várias pessoas simultaneamente, meu raciocínio era claro e não havia nada, comentário ou pensamento a meu respeito, por mais desanimador que fosse, que afetasse meu estado de paz e tranquilidade.

Do alto, direcionei minha atenção para Cris, Pepa e Aninha. Visualizei os três e me senti conectado aos pensamentos de cada um simultaneamente. Cris, à mesa do café, Pepa e Aninha, em suas respectivas salas de aula, pensavam em mim e compartilhavam cenas semelhantes com diferentes nuances. O surgimento em suas mentes de imagens que me evocavam, de maneira totalmente desconectada do contexto de cada um naquele instante, não causava neles nenhuma estranheza, uma vez que as consideravam fruto do acaso. Os três imaginavam meu rosto sereno contemplando o céu e o mar a partir de uma faixa de areia, e associavam a cena, cada um à sua maneira, a algum momento do passado curtido em família numa praia qualquer.

O círculo magnético formado pelas quatro pessoas unidas por um amor verdadeiro era poderoso a ponto de prender minha atenção nos três e criar uma resistência que impedia que eu voltasse à cena do acidente. Por isso, permaneci por um período indefinido em três lugares distintos ao mesmo tempo, preso num fluxo ressonante de pensamentos, até que minha consciência retornou abruptamente ao cruzamento das avenidas onde antes me encontrava, assim que se iniciou o procedimento de ressuscitação ao qual fui submetido.

Durante o procedimento, a extensão do meu ser, que percebia como meu corpo na dimensão em que me encontrava, foi sacudida por ondas de choque que surgiam em sincronia com a massagem cardíaca de movimentos ritmados submetidos ao corpo físico. Decorridos cerca de três minutos sob a compressão torácica, tive a sensação de despencar violentamente até o nível do chão e passei a ver, ainda que de maneira difusa, o rosto do paramédico que lutava para me trazer de volta à vida.

Após a queda abrupta, só havia dor, vozes e ruídos estridentes. Passados mais alguns poucos minutos, me vi dentro de uma ambulância ouvindo frases de estímulo e perguntas, as quais não conseguia responder por mais que me esforçasse. Em seguida, vieram a escuridão, cenas confusas em algum hospital, termos médicos proferidos num frenesi enlouquecedor, mais escuridão, a praia e Noah novamente ao meu lado.

De volta ao meu refúgio mental, nos mantivemos impassíveis por algum tempo até que os últimos resquícios das ondas de emoção se dissipassem.

Sentindo que já me encontrava novamente equilibrado, Noah adiantou:

— Teremos tempo para você saber o que se passou a partir do momento que foram constatadas fraturas nos membros esquerdos, a destruição do baço e do rim esquerdo, uma hemorragia interna e um traumatismo decorrente do choque na têmpora esquerda, como foram contatados seus familiares e como estes estão lidando com seu presumido infortúnio. No devido tempo, faremos uma visita ao centro de tratamento intensivo onde seu corpo recebe assistência para a recomposição dos tecidos e recuperação da homeostase sem o auxílio externo. Posso adiantar que todos intuem sua completa recuperação, embora estejam aflitos e já saudosos e que você recebe assistência a partir de dois mundos. Daqui, Elias, podemos enxergar danos no seu corpo físico que os melhores aparelhos e exames clínicos ainda não são capazes de detectar. Uma vez que constatamos desarranjos que estão sendo ignorados pelos médicos de lá, conseguimos atuar diretamente no corpo ou transmitir instruções para que sejam feitas intervenções, muitas vezes heterodoxas. Ao fim e ao cabo, decisões não usuais ou conhecimentos surgidos do nada durante a agitação da hora são tratados pelos médicos como reflexos do longo treinamento que receberam, ou como a recuperação de conhecimentos esquecidos nos arquivos mais profundos da memória. Poucos são os profissionais que não se esquecem ou se dão ao trabalho de agradecer mentalmente a providência da Fonte da Vida. Mas isso não importa agora. O nosso próximo passo é nos dirigirmos ao centro de treinamento onde passaremos boa parte de nosso tempo até a sua completa recuperação. – concluiu.

— Como faremos isto? – perguntei.

— Acompanhe-me e saberá – respondeu.

Assim que Noah respondeu, notei que já nos encontrávamos ao lado de uma esfera prateada que pulsava lentamente e levitava a cerca de trinta centímetros da areia branca. Devia ter aproximadamente quatro metros de diâmetro e era totalmente silenciosa. Sua aparência alternava de maneira ritmada entre um metálico fosco e um branco brilhante que, apesar de intenso, não ofuscava a visão. Assim que me ocorreu perguntar o propósito daquele objeto pulsante e sem aberturas, já me vi no seu interior branco completamente vazio em movimento de ascensão vertiginosa. Embora não houvesse abertura alguma na esfera por meio da qual pudéssemos acessar seu exterior e não tivesse sentido o efeito da aceleração vertical, sabia que estávamos em movimento ascendente. Tudo ocorreu de maneira quase instantânea como se o tempo não existisse.

Não houve oportunidade para perguntas ou explicações. Passada a sensação de movimento, a parede da esfera se tornou transparente e pude testemunhar o esplendor do nosso destino. Ao visualizar aquela cidade magnífica, com suas construções amplas, brancas e harmônicas no estilo clássico, fui invadido por sentimentos de alegria e gratidão. Não havia como não se encantar diante daquele cenário arrebatador.

A NOVA ATENAS

Sonhos

Agora, tudo é possível:
Voar alto, correr muito, tocar bem
Atravessar paredes, cair do alto
Chorar, rir e amar alguém

Agora, tudo é possível:
Criar o roteiro, reviver a história
Duplicar uma pessoa, criar uma vida
Subir na torre e perder a memória

Agora, tudo é possível:
Rever amigos, beijar o inimigo
Mergulhar por horas, sentir muito frio
Enfrentar muitos e correr pro abrigo

Agora, tudo é possível:
Ficar rico, até comprar amizades
Conquistar a linda mulher, crescer o cabelo
Gargalhar sem motivo e sentir saudades

Agora, tudo é possível:
Até das profundezas escuras me resgatar
E mesmo estando em vigília, nada me escapa
Basta fechar os olhos e sonhar

...

Parecia que a esfera brilhante nos transportara no tempo e no espaço diretamente para uma versão moderna da Atenas do século V A.C., tomando por base as reconstituições artísticas existentes. Do local um pouco elevado para onde fôramos transportados, era possível distinguir edifícios em estilo clássico de um branco imaculado, livre das imperfeições tão comuns em estruturas expostas às intempéries do planeta, que resplandeciam à luz do dia sem ofuscar a visão.

Suas fachadas, compostas de escadarias e colunatas em estilo dórico que sustentavam abóbadas triangulares, transmitiam harmonia. Além dos belos edifícios, havia ruas que pareciam ser formadas ou revestidas por um material vítreo luminescente, praças com formatos geométricos diversos e perfeitos, fontes de água, jardins repletos de plantas ornadas por flores de diversos tamanhos, formas e cores intensas que brotavam de gramíneas uniformes e bem aparadas e bosques com árvores vultosas e magníficas. Um perfume com notas florais podia ser sentido no ar e tudo tinha seu brilho suave próprio, o que tornava o ambiente magnífico.

Era dia na praia e continuava dia na Nova Atenas, com o Sol ainda a zênite se destacando em um céu azul cerúleo sem nuvens, diferente de todos que já havia visto nos dias terrenos, em qualquer estação do ano e em qualquer local. O disco solar amarelo dourado possuía uma coroa que esmaecia gradualmente até desaparecer no azul e era possível sentir seus raios acariciando todo o corpo, transmitindo um calor aconchegante. Havia música no ambiente, a melodia e o ritmo suaves tornavam o ambiente leve e alegre, embora eu não enxergasse aparelhos que emitissem sons. Aquela combinação de formas, cores, luzes, odores e sons conferia ao local uma beleza deslumbrante.

Para todo lugar que se olhava, era possível ver pessoas reunidas em pequenos grupos. Sabia que diálogos eram travados entre eles, porém não via seus lábios se moverem e concluí que se tratava de trocas mentais sobre assuntos diversos e interessantes, método que já experimentava desde o encontro com Noah. Seus semblantes eram alegres, despreocupados e a maioria sorria enquanto dialogava. Havia também pássaros e borboletas coloridas que voavam destemidos e animadamente em torno das pessoas e dos edifícios.

Dada a minha curiosidade e a pesquisa minuciosa que empreendia, tentando absorver todos os detalhes daquele local, era de se esperar que me destacasse entre os que ali estavam e chamasse a atenção dos transeuntes e dos que dialogavam tranquilamente. Imaginei-me como uma criança que acaba de chegar a um salão de festas e olha repetida e freneticamente para todos os cantos do ambiente repleto de cores, luzes, sons e brinquedos.

No entanto, nenhuma daquelas pessoas parecia se importar com nossa presença, talvez porque Noah compensasse minha excitação com seu ar sereno e um leve sorriso nos lábios, dando um ar de normalidade à dupla, ou porque a chegada de visitantes excitados fosse acontecimento corriqueiro para os que residiam no local. Havia também a hipótese de que todos que ali se encontravam, inclusive eu, apresentassem características exteriores relacionadas ao ambiente e que, por isso, ninguém chamasse a atenção, mesmo se sentindo momentaneamente maravilhado e se comportando como eu.

A despeito de estar posicionado em um ponto mais elevado, não conseguia divisar os limites da cidade, mas tinha a certeza de que se havia um limite para aquele centro de convivência e suas edificações, seu derredor verde parecia ser ilimitado. De onde estávamos, de uma praça ajardinada contendo um chafariz que lançava jatos de água brilhante até uma altura de cerca de três metros, chamou-me a atenção um edifício que se destacava a distância. Era mais alto e portentoso que os demais e era formado por uma estrutura retangular encimada por uma cúpula semiesférica ao centro.

Sua fachada, que muito lembrava o parlamento alemão em Berlim, possuía um estilo clássico grego, sóbrio, sem estátuas, figuras ou formas mais elaboradas ornando-a, o que também era uma característica marcante dos demais edifícios. Suas paredes eram transparentes e pessoas podiam ser vistas no seu interior em grupos que, à semelhança dos outros que se encontravam nos jardins e praças, entretinham-se em conversações. Antes que pudesse proferir alguma palavra, Noah disse:

— Maravilhoso, não? Seja bem-vindo ao início de sua jornada fora da caverna. Tenho certeza de que já sente a pressão interna das inúmeras perguntas sobre este lugar, sua origem, quando, como foi construído e por quem, quem são estas pessoas e o que fazem aqui, mas já adianto que nosso objetivo aqui vai além das respostas para estas perguntas, ou seja, não perderemos nosso precioso tempo com a maioria delas. Além do mais, a maioria das respostas a estas perguntas faz parte do conhecimento restrito sobre o qual já conversamos. O que posso adiantar é que todos aqui, em maior ou menor grau e em condições distintas, estão em processo de expansão da consciência, assim como você, ou seja, são seus iguais no processo educacional pelo qual todos, sem exceção alguma, passarão cedo ou tarde, seja aqui ou em outro centro de estudos mais ou menos evoluído que orbita no entorno do nosso planeta ou em outros locais da galáxia.

Ciente do meu deslumbramento e de que a Atenas rediviva disputava minha atenção com ele, Noah fez uma pausa para que eu pudesse completar meu escrutínio, prosseguindo assim que consegui me concentrar plenamente nas suas explicações.

— Os que aqui estão, Elias, fazem parte do nosso projeto de renovação individual que visa à elevação do planeta Terra, como já dissemos. Aquele edifício o qual já notou será o nosso destino principal durante esta jornada. Ali, temos nosso Centro de Estudos composto de assembleias, semelhantes aos anfiteatros terrestres, onde terá a oportunidade de trocar conhecimentos e experiências com seus iguais, de maneira livre e espontânea. Cada um dos grupos de estudos e debates conta com um facilitador que tem a função de auxiliar no processo de troca do qual participará. É importante destacar que todos são iguais aqui e que, diferentemente do que ocorre na Terra, o aprendizado ocorre mais pela troca entre todos, impulsionada por questionamentos mútuos e pelo compartilhamento, do que por palestras e exposições feitas por alguém especial, que supostamente conhece todas as verdades do universo.

Totalmente concentrado nas palavras de Noah, não percebi que, enquanto ele falava sobre o Centro de Estudos e seu funcionamento, nos deslocávamos na direção do magnífico edifício. Quando me dei conta, já nos encontrávamos em frente ao prédio e dali pude ver suas salas repletas de pessoas em animadas conversas mentais através das paredes transparentes. O deslocamento quase instantâneo promovido pela simples intenção de estar naquele local não me causou surpresa, e foi então que me dei conta de que alguns fenômenos que contrariavam o senso comum já não eram motivo de espanto. Isto me trouxe uma ponta de preocupação por estar me acostumando muito rápido àquelas conveniências.

Como será quando voltar às limitações impostas por nossas leis naturais? E o corpo? Será que estarei em plenas condições de interagir, de me deslocar e me expressar quando retornar? – questionei-me.

Desde quando recobrara a consciência, não saberia dizer quanto tempo após o acidente, e que me vira naquela praia revigorante e tranquilizadora, sentia-me muito bem. Excluídos alguns breves momentos de angústia e agitação, nos quais tive o auxílio prestimoso de Noah, sentia-me feliz e maravilhado, mesmo sentindo a preocupação e a angústia transmitidas por meus familiares e amigos. O estado de leveza mental e físico, se é que o termo físico faz sentido naquelas paragens, fazia com que desejasse permanecer ali indefinidamente e questionei-me se estaria sendo egoísta sabendo que pessoas sofriam com o curso dos acontecimentos recentes ou a tranquilidade que sentia era fruto da confiança em um desfecho positivo para minha situação, porque sabia que retornaria em algum momento no futuro.

Além do sentimento de plenitude e acolhimento que aquele lugar elicitava, a indistinção entre o pensar e o agir eram inebriantes. Ver, ouvir, tocar, sentir cheiros e se movimentar, a intenção de fazê-los era a mesma coisa. Não havia necessidade de me esforçar para enxergar em detalhes o que quer que fosse, em qualquer direção ou lugar, quase como se o simples desejo de observar algo fosse suficiente para me tornar parte do objeto observado, como se o observador e o observado fossem a mesma coisa, como se todos os atributos daquilo que se observa fossem mentalmente percebidos de forma instantânea, o ver e o enxergar fossem resultado do ser, estar e sentir. Além da ressignificação do ver e enxergar, que valia para todos os demais sentidos, era possível ter consciência plena de tudo ao redor de maneira simultânea.

Mesmo diante da conexão com tudo próximo ou distante, até o infinito, não sentia o consumo de energia para me expressar, pensar e me deslocar. Era como se minhas possibilidades fossem ilimitadas e que, se havia algum consumo, a energia provinha de tudo ao meu redor por meio das vibrações emanadas pelo universo inteiro, daqui e de além, embora ser alimentado por tudo ao meu redor não me parecesse justo.

Talvez uma troca incessante entre tudo e todos, alimentada pelo desejo e pela satisfação de ser uno e ao mesmo tempo único, de fazer parte do todo, de contribuir para algo ainda indefinível e inominável em um grau associado ao meu atual estágio evolutivo, ou seja, à minha capacidade de compreensão e de expressão, fosse a melhor explicação para minha estabilidade mental e do meu corpo naquela dimensão.

Desde a praia, o simples ato de pensar, desejar ou intencionar tornavam-se agir e sentir, e minha capacidade cognitiva ampliara-se enormemente, uma vez que eu recebia informações provenientes de fontes distintas e delas tomava consciência simultânea e instantaneamente.

Outro ponto que me intrigava eram as necessidades físicas. Desde que despertara, não sentira fome, sede, cansaço ou desconforto de qualquer ordem. Além disso, considerando o estado do meu corpo físico, conforme relatara Noah, o fato de ainda me encontrar conectado a ele, sem sentir dor e sem as necessidades usuais, era impressionante e intrigante.

Estar livre das necessidades, dores e limitações de um corpo físico era muito agradável, mas a possibilidade de ser, ao mesmo tempo, parte de um corpo físico na dimensão de origem e consciência na Nova Atenas era arrebatador.

Ciente de meus questionamentos e reflexões, Noah interrompeu meu fluxo de pensamentos e disse:

— Não se preocupe com isto agora. Você já conhece tudo o que está vivenciando desde que chegou à praia. A sua rápida adaptação a todos esses fenômenos decorre do fato de que já esteve aqui outras vezes, embora não se recorde. Não me refiro exatamente a este lugar, mas a esta dimensão, a qual você já frequentou nos seus interregnos terrestres, ou seja, entre suas existências no mundo físico, para refletir e aprender sobre o que aconteceu com você e o que testemunhou com as pessoas com as quais se relacionou nas inúmeras jornadas vivenciadas. Também já esteve aqui enquanto dormia e em alguns momentos de vigília, quando a consciência consegue extrapolar os limites da dimensão física de maneira quase imperceptível, embora a maioria das recordações dessas breves visitas não forme, aparentemente, construções lógicas.

A explicação de Noah não era exatamente uma surpresa para mim, uma vez que a intuição sobre o *continuum* infinito que é a vida sempre fora forte no meu íntimo. Porém, vivenciar o que até então considerava muito provável era motivo de grande satisfação. Ciente de minha alegria, Noah sorriu e prosseguiu:

— A readaptação a esta dimensão quando para cá retornamos é mais ou menos fácil e eficiente dependendo do quanto se está emaranhado às relações, experiências, objetos e tudo mais que vivenciamos em nossa dimensão, o espaço-tempo, e as impressões que a vivência causa na consciência. De forma sucinta e mundana, a readaptação está associada às marcas e cicatrizes impressas na alma. Então, seria correto dizer que você está apenas recuperando memórias preservadas, que podem se tornar inacessíveis quando a consciência se encontra atrofiada e toda a atenção está voltada para os afazeres e compromissos do dia a dia de nossa jornada no planeta. A sua adaptação ao que é a verdadeira vida de todos os seres sencientes e ao que estamos vivenciando aqui e agora, Elias, comparada à de milhares de outros indivíduos que abandonam diariamente o espaço-tempo pela morte do corpo físico, está sendo tranquila. Isso me alegra por indicar as chances de sucesso que poderá ter na compreensão de seu papel no universo e no cumprimento dos seus desígnios daqui para frente. Já com relação ao seu corpo físico, haverá a necessidade de esforço e paciência, mas tudo terminará bem. Vamos conhecer o Centro de Estudos?

Antes que dissesse sim ao seu convite, vi-me em um recinto semelhante a um anfiteatro contendo bancos em semicírculo que contornavam uma estrutura semelhante a uma tela de projeção transparente, da qual não saíam cabos e não parecia ser sustentada por estrutura alguma que mantivesse sua base a cerca de um metro e meio do piso, em uma posição bem próxima a uma das extremidades do salão.

Era dia lá fora, o que podia ser facilmente constatado pela visão do exterior através das paredes transparentes do edifício e, embora a visão do exterior fosse nítida, a luz externa em nada afetava o interior do prédio cuja luminosidade interna, suave e amarela, provinha das próprias paredes e do piso, algo que também contrariava o senso comum.

Além da tela, dos bancos e das pessoas que ali conversavam animadamente, não pude perceber qualquer outro objeto digno de nota naquele salão sóbrio e de temperatura agradável.

Após registrar os detalhes do ambiente, passei a observar as pessoas que ali se encontravam, quase todas sentadas. Eu e Noah nos sentamos em uma fileira mais ao fundo e, de lá, pude contar doze pessoas adultas, incluindo nós dois, que deveriam ter idades entre trinta e cinquenta anos.

Havia no recinto cinco mulheres e sete homens, sendo que destes, o que aparentava ser o mais velho do grupo possuía traços de indiano ou paquistanês, com uma tez morena, olhos negros, nariz grande e cabelos pretos bem lisos e curtos, dos quais só podiam ser vistos alguns tufos que escapavam teimosos do murban branco que usava. De pé, à frente de todos, trajando uma túnica também branca, de seu corpo emanava uma luz suave que oscilava entre o dourado e o lilás, sendo mais intensa no entorno de sua cabeça.

Os que já estavam ali quando chegamos o observavam, como se aguardassem um pronunciamento seu. E antes que pudesse fazer perguntas a Noah, ele iniciou a fala:

— *Sejam bem-vindos, meus queridos! Meu nome é Devdan e tenho a incumbência de auxiliá-los durante a jornada neste Centro de Estudos. Sou o escolhido para auxiliá-los durante e após nossa experiência aqui neste Centro, tarefa que executo com muita alegria e orgulho. É sempre bom deixar claro que estou aqui para auxiliá-los apenas, o que significa que vocês é que serão os protagonistas do processo pelo qual passarão e os artífices da mudança interna necessária que, felizmente, já opera dentro de cada um em maior ou menor grau. Isso quer dizer que vocês já são iniciados na jornada de expansão da consciência, o que não significa privilégio ou maior importância com relação aos demais homens e mulheres do planeta e seu entorno. Significa, isto sim, que cada um aqui já se arriscou nos passos iniciais rumo às camadas superiores da consciência, que só podem ser alcançadas por mérito e esforço próprios. Tais camadas são alcançadas à medida que se transcende o foco em si mesmo, o grande obstáculo à evolução do ser humano, que se vence o medo do desaparecimento completo da individualidade, o jugo e a influência escravizante das coisas que nos cercam no espaço-tempo, quais sejam a energia que sustenta a vida e promove o conforto, as leis naturais, as regras sociais, as sensações de prazer propiciadas pelos órgãos sensoriais e muitas das experiências vivenciadas por cada ser embarcado temporariamente no planeta. Cabe esclarecer que, quando me refiro ao espaço-tempo, quero dizer as quatro dimensões compostas pelo espaço tridimensional e o tempo, no qual passamos parte de nossa existência em vidas sucessivas e em esforço de aprendizado. Ao longo do que podemos chamar de estágio neste Centro, vocês perceberão que possuem mais afinidades entre si do que imaginam, oriunda do padrão vibracional de cada um, fruto da miríade de experiências e esforços empreendidos ao longo das experiências vivenciadas e dos períodos de aprendizado neste e em outros Centros de Estudos similares a este. Perceberão também que cada um de vocês possui um conhecimento acumulado que ora se sobrepõe e ora complementa o conhecimento dos demais. Esse conhecimento é um dos pilares da jornada de expansão da consciência, sendo o alinhamento com a Lei Maior que emana da Fonte da Vida, a segunda base de sustentação da jornada que começa na rudeza da matéria densa e marcha, incessantemente, em direção às dimensões elevadas que prescindem da matéria, por mais sutil que seja, e onde reina somente o princípio inteligente, a informação pura e o amor que tudo permeia.*

À medida que Devdan proferia as palavras, uma inquietação foi tomando conta de mim. Ainda na praia e baseando-me apenas nas explicações genéricas de Noah, assumira um compromisso de participar de um programa sobre o qual eu só sabia que seria transformador. Doutrinado pela vida profissional e acostumado à objetividade dos que militam na vida corporativa, aguardava ansioso as instruções e as tarefas nas quais deveria me empenhar. No entanto, Devdan, alheio a meus desejos, continuou com a abertura:

— *Existe entre vocês uma equivalência moral, emocional e intelectual que os aglutina aqui e agora, e todos possuem grande potencial de avanço. Por equivalência, entendam uma equiparação que pode comportar divergências e não uma igualdade em todos os aspectos. Além do mais, a condição de cada um de vocês resulta em um potencial de avanço e não em uma certeza de que ele ocorrerá, a despeito da oportunidade de aprendizado que foi apresentada e que aceitaram, porque nenhuma conquista individual dos seres sencientes, principalmente daqueles cuja capacidade cognitiva é mais avançada, na direção da plenitude consciencial, resulta da coerção, da imposição ou do impulso de forças externas, mas da vontade própria, da luz que brota internamente. Assim sendo, os desdobramentos do nosso convívio dependerão em total conta da vontade, do tirocínio e do julgamento de cada um. A expansão da consciência é sentida pelo ganho de autoconhecimento, pela compreensão do papel do indivíduo no universo e pela ampliação da conexão entre quem a expande e tudo mais à sua volta. Expandir a consciência é se tornar consciente das possibilidades do ser, das consequências do pensar e do agir, da conexão com o todo, é sentir, em intensidade crescente, o amor infinito da Fonte da Vida. Expandir a consciência é ser, sentir e desejar a unicidade sendo único. É jornada sem retrocesso, fruto da vontade e do esforço do indivíduo, é resultado da prática constante, é a entrega plena de si ao fluxo e impulso do amor divino, é nunca parar de se maravilhar, nunca se cansar e se entediar com os desafios e missões que permitem o aprendizado contínuo e infinito, é servir, se encantar e se alegrar com os avanços de quem quer que seja, é ser a força propulsora dos avanços de outrem e é sentir a felicidade crescente, até o êxtase total quando do retorno e o atingimento da compreensão plena do sentido da vida. A Inteligência Universal nos uniu. Convergimos todos para este ponto do universo, cada um no seu momento propício, no qual teremos a oportunidade de adquirir conhecimento libertador. Estou muito feliz e honrado em poder auxiliá-los e aprender com cada um de vocês. Que sejamos abençoados pelos Grandes Mestres ascensionados que nos auxiliam a partir de dimensões mais elevadas, invisíveis para nós no momento, e que possamos, a partir de agora, compreender melhor a Inteligência Universal e sentir o amor da Fonte Criadora em intensidades cada vez maiores.*

Foi somente ao fim da abertura que Devdan nos passou algumas poucas instruções práticas: ele nos instruiu a formar dois grupos de cinco membros seguindo nossa vontade, observando que, ao seguirmos nossa intuição, os grupos se formariam espontaneamente conforme os desejos, interesses e afinidades. Observou ainda que cada um de nós poderia mudar de grupo quando e se assim desejasse, que não deveríamos nos preocupar em manter constante o número de membros em cada grupo e que poderíamos realizar as trocas dentro do Centro de Estudos ou nos jardins externos, conforme nos parecesse mais adequado.

Após as poucas instruções recebidas, Noah me informou que me deixaria a sós com Devdan e as outras nove pessoas para as atividades programadas e que retornaria sempre que necessário, bastando que o chamasse mentalmente. Dito isso, ele se despediu e se foi subitamente, como um holograma que é desligado. Já acostumado à sua presença desde a praia, não pude deixar de sentir certa insegurança e ansiedade com relação ao que me aguardava.

O INTERCÂMBIO

*Todo o conhecimento do universo está em mim,
mas só o que aflora na consciência me transforma.*

...

"**A**finidades! Sempre me questionei a razão de nos sentirmos mais ou menos confortáveis diante de pessoas desconhecidas. Há aquelas com as quais nos identificamos prontamente, com quem nos sentimos à vontade, relaxados e imaginamos ter uma afinidade surpreendente. Há outras, porém, com as quais o desconforto é imediato.

Sempre considerei tais sensações fruto mais da imaginação e do preconceito do que de uma capacidade inata de intuir as pessoas pelas quais devesse me guiar nas relações nascentes, muito embora minhas sensações iniciais dificilmente tenham se modificado ao longo da convivência com aqueles que tenho conhecido na minha jornada no planeta.

Possuir uma intuição aguçada acerca da natureza das pessoas ou apenas ser preconceituoso e teimoso nunca me pareceram explicações completas que esgotassem a questão das afinidades imediatas. Sempre achei que houvesse algo mais que explica as afinidades que temos com aqueles que interagimos ao longo de nossas existências.

Naquele momento, por exemplo, eu me encontrava diante de quatro pessoas que acabara de conhecer, com os quais sentia uma afinidade surpreendente, à sombra de uma árvore frondosa nos jardins que circundam o Centro de Estudos".

...

Após a introdução e as instruções dadas por Devdan dentro do Centro de Estudos, concentrei-me na tarefa proposta, sem saber exatamente como e por que tudo se daria. O fato é que, ao focar o pensamento na troca a ser realizada, fui transportado instantaneamente para o jardim nas cercanias do Centro.

Antes que pudesse fazer questionamentos, uma mudança instantânea de ambiente ocorreu e, num piscar de olhos, já estava na companhia dos quatro colegas de trabalho: Mariah, Pavlo, Montserrat e Pedro Kuntur, com os quais me sentia, para minha surpresa, feliz, relaxado e compartilhava certa intimidade, apesar de tê-los conhecido na sala do Centro de Estudos instantes antes.

Mariah, loira de olhos azuis vivazes e perscrutadores, mas não intrusivos e intimidadores, aparentava ter pouco mais do que 30 anos de idade. Media cerca de um metro e sessenta, era esbelta, muito bonita e usava uma vestimenta simples e confortável, composta de blusa e calça claras, um tanto folgadas, de tal maneira que, se a encontrasse pelas ruas do Brasil, imaginaria se tratar de uma estrangeira que se encantara pela capoeira. Era alemã, natural da cidade de Wiesbaden, nas cercanias de Frankfurt, e ali se encontrava ainda ligada ao corpo físico em decorrência de um aneurisma cerebral.

Mariah provinha de uma família católica cujos pais ainda estavam vivos e possuía duas outras irmãs mais velhas que ela. O mal súbito que lhe acometera causara um choque em todos de seu convívio devido à juventude e saúde aparente.

Ao recobrar a consciência, logo após o ocorrido, Mariah apresentou um quadro de confusão mental revertido com o auxílio da pessoa que a acompanhava naquela dimensão. Apesar de ter motivos para se sentir revoltada com o que lhe sucedera em função de sua juventude, do pouco que tivera oportunidade de realizar na vida, dos muitos planos para o futuro e, principalmente, do sofrimento daqueles que faziam parte de seu convívio, Mariah transmitia calma, tranquilidade e se comportava de maneira muito simpática, tendo cumprimentado um a um longamente, momento que aproveitou para compartilhar algumas informações sobre si e enfatizar seu entusiasmo com aquele encontro.

Pavlo era nascido, criado e residia em Kiev, na Ucrânia. De semblante sério, mas amigável, usava o cabelo castanho-claro cortado à maneira militar. Sua face era larga, típica dos eslavos, e emoldurava olhos cinza-azulados e mansos. Era alto e forte, mas sua presença não era intimidativa. Em um primeiro momento, associei sua figura à de um elefante que é ciente de seu tamanho e força, mas que transmite mansidão no olhar e nos gestos suaves. Encontrava-se ali em decorrência de um coma que já se prolongava por mais de trinta dias, resultado de grave ferimento recebido em combate contra os russos nas cercanias de Kiev. A despeito da violência de seu deslocamento para a atual dimensão, ele se adaptara com relativa facilidade ao ambiente em que nos encontrávamos.

O soldado de nosso grupo havia crescido numa família cristã ortodoxa, mas estava longe de ser um praticante da religião. Na verdade, religião nunca fora um tema importante na sua jornada de cerca de 40 anos no planeta. Antes da guerra, dedicara seu tempo aos estudos da computação, à profissão de programador, aos esportes ao ar livre, principalmente corrida e caminhadas no campo, e à música. A agressão russa interrompera uma vida tranquila, sem grandes compromissos profissionais e familiares, apesar das obrigações com uma filha que morava com a mãe em Lviv, da qual era separado.

Seu engajamento para defender a pátria havia dado início a uma etapa de preocupações, angústia e medo, mas os sentimentos das pessoas de seu convívio com relação ao que se sucedera com ele nos primeiros meses de seu engajamento eram, de certa maneira, confusos: havia um misto de tristeza e preocupação com potenciais sequelas incapacitantes e alívio muito grande por sua baixa tê-lo afastado do front.

Apesar dos acontecimentos e da frustração por ter que interromper atividades e planos, Pavlo havia conseguido mitigar sua revolta e ódio pelos russos que combatiam no front, pois tinha consciência de que boa parte dos soldados enviados por Moscou nem sequer sabia pelo que lutava e não desejava estar ali, apesar da brutalidade de alguns assassinos fardados que pareciam estar se divertindo em meio à violência sem sentido.

Nos meses que antecederam seu ferimento, Pavlo sentira no âmago a força arrebatadora da irracionalidade da guerra, aquele impulso que leva seres humanos a se aniquilarem de maneira automática e impessoal, e passou a entender que só aqueles que nunca vivenciaram a bestialidade e a estupidez de um conflito armado na companhia de jovens tão cheios de vida podem achar que há, no meio daquela confusão, honra, coragem e bravura.

Experimentara naqueles poucos meses de agressões o medo congelante, a tristeza pela perda de conhecidos e amigos e o constante fluxo da adrenalina no sangue, combustível para ações perigosas que nada tinham de heroicas, uma vez que eram impulsionadas apenas pelo instinto de sobrevivência.

Sabia que jamais se esqueceria do cheiro da munição disparada e do sangue ainda fresco derramado, dos sons das explosões e dos gritos de pavor e dor, mas era capaz de se manter sóbrio a ponto de enxergar o sofrimento em ambos os lados, tendo chegado até mesmo a sentir pena de alguns jovens russos que se renderam famintos e hipotérmicos no início de uma guerra indesejada que a maioria não compreendia.

Pavlo havia sido atingido no lado direito do quadril por um projétil de grosso calibre, mas nada sentira no momento do impacto. O estrago havia sido grande e naquele momento seu corpo lutava para adquirir um equilíbrio capaz de manter os parâmetros de suas funções vitais numa faixa minimamente aceitável.

Montserrat, ou Montse, era espanhola. De pele morena bem clara, seus cabelos negros emolduravam um rosto alegre, sempre sorridente, deixando à mostra dentes grandes e brancos. Seus lábios eram fartos e seus olhos castanhos e amendoados, que acompanhavam os lábios quando sorria, deixavam evidente uma herança moura longínqua.

Todos que ali estavam possuíam uma aura que pouco extrapolava o contorno do corpo, de tons azuis, verdes e lilases, mas o caso de Montse era diferente. Sua aura mais espessa e ativa apresentava uma cor lilás mais vibrante e logo passamos a entender o motivo: Montse já havia completado a transição. Sua vida no planeta havia se encerrado após um afogamento no mar, aos 29 anos de idade.

A adaptação de Montse ao mundo das realidades não havia sido muito tranquila, mas todos os traumas, medos, revoltas e outros sentimentos negativos haviam sido superados depois de muito auxílio prestado a ela e, principalmente, àqueles que ela havia deixado no espaço-tempo. E Montse, mais do que ninguém, era merecedora da ajuda que recebera: tratava-se de uma pessoa simpática, alegre e que se preocupava muito mais com os outros do que consigo mesma, tendo sido sempre benquista e conquistado muitos amigos.

Quando em vida física, sua alegria era contagiante e seu bom humor fazia dela a companhia preferida dos amigos e parentes. Conseguia ver o lado positivo de tudo com muita facilidade e dificilmente era vista comentando fatos tristes, julgando comportamentos ou atitudes de terceiros, ou mesmo em estado de melancolia.

Montse era a alegria em pessoa e sua partida prematura fora difícil para todos de seu convívio, que alimentaram, por muito tempo, a tristeza e a revolta pela tragédia. As vibrações negativas que partiam dessas pessoas haviam se tornado o visgo que a manteve em um atoleiro emocional por algum tempo. Em decorrência desse estado de coisas, a ajuda que Montse recebeu foi direcionada mais intensamente aos amigos e familiares do que a ela própria.

Pedro, ou Kuntur, era um rapaz boliviano de origem quéchua. Sua infância transcorrera tranquilamente nas proximidades do lago Titicaca, no altiplano boliviano. Sua estatura, um tanto normal entre outros povos, o destacava dos demais bolivianos. Além de medir cerca de um metro e oitenta, seu porte era esguio, sua pele morena e seus cabelos fartos e negros contrastavam com uma mecha branca que brotava na base do couro cabeludo logo acima da testa. Seus olhos eram negros como as noites sem lua, seu nariz era grande e sua face triangular, com maçãs salientes, típicos dos povos região andina.

Introspectivo e contemplativo, um de seus passeios prediletos era subir nos pontos mais altos próximos de onde morava, sozinho ou acompanhado, e ficar ali por horas observando a paisagem. Todas essas características lhe renderam o apelido de Kuntur, que significa *Condor*, o pássaro gigante reverenciado em quase toda a cordilheira, nome pelo qual era conhecido e do qual tinha muito orgulho. Ele entendia as semelhanças físicas com o pássaro sagrado e tinha consciência de que aparentava estar sempre distraído, voando nas alturas, mas gostava do apelido porque achava que ele capturava sua essência.

Pedro se sentia mais livre quanto mais alto estivesse, acima do mundo ordinário. O ar rarefeito, a baixa temperatura, o Sol inclemente que encontra poucos obstáculos até atingir o chão, as formações rochosas de cores que vão do amarelo ao rosa, o vazio demográfico, a fauna e a flora bravas e resistentes do local o encantavam. Não praticava religião alguma, mas sentia uma profunda conexão com a natureza, uma elevação do espírito e uma tranquilidade mística quando se isolava nas alturas. Entendia isso como sua religião e se considerava um espiritualista, que definia como sendo a busca do indivíduo por sua verdadeira essência.

Aos trinta e cinco anos de idade, Kuntur sofrera um acidente ao percorrer uma trilha conhecida, algo inexplicável para alguém com sua experiência. Ao descer uma encosta coberta por pequenas pedras soltas, escorregara ao encontro de uma rocha de cerca de um metro cúbico de volume, que se desprendera do alto e jazia ali sozinha, como se aguardasse aquele momento único de protagonismo nos seus bilhões de anos de existência. Nada demais teria ocorrido se o contato entre Kuntur e rocha não tivesse se dado primeiro por sua cabeça; se tivesse podido interromper a queda com os braços ou pernas, o resultado poderia ter sido apenas algum osso quebrado e algumas escoriações em vez de um severo trauma craniano.

A última coisa da qual Kuntur se lembrava daquele passeio era da rocha crescendo no seu campo de visão. A partir daí, só o "despertar" na dimensão em que nos encontrávamos, acompanhado de uma senhora, aparentemente de mesma origem que a sua, com a qual sentira uma profunda conexão e que o ajudara até aquele momento. Kuntur também continuava ligado ao corpo resgatado por amigos que o acompanhavam naquele dia e que se recuperava dos danos pela intervenção de dois mundos.

O Condor de nosso grupo aparentava ter um pouco mais de trinta anos de idade, era tímido, discreto, mas possuía uma sagacidade que só era possível de ser percebida por quem acaba de conhecê-lo na dimensão em que nos encontrávamos. Seu olhar era tranquilo e seu sorriso inocente era transmitido, na maioria das vezes em que sorria, apenas mentalmente, sem transfigurar seu rosto, parecendo que provinha de uma consciência que pairava muito acima de nós.

Afinidades! Com esta palavra martelando em minha mente, questionei-me acerca do que exatamente nos unira naquele exercício, naquele local, se tínhamos origens e trajetórias tão distintas. Nos sentíamos em paz, tranquilos e benquistos naquele grupo que funcionava como uma célula harmoniosa de cinco elementos. No entanto, as informações até então fornecidas por cada um do grupo não davam pistas sobre o motivo pelo qual nos uníramos espontaneamente para o intercâmbio sugerido por Devdan.

Sentia que as dúvidas sobre as afinidades não eram só minhas. Elas eram provenientes dos cinco e nos travavam, nos impedindo de darmos um próximo passo em direção ao objetivo pelo qual nos reuníramos. Diante da hesitação causada pelo questionamento ressonante, recebemos mentalmente algumas orientações adicionais de Devdan.

— *Não se prendam à questão sobre as afinidades entre vocês. Se estivessem se encontrando no planeta para um debate aberto sobre algum tema específico, em que a única regra fosse a manutenção do respeito mútuo, certamente se sentariam em círculo e alguém quebraria o silêncio inicial com alguma pergunta ou afirmação que daria início às trocas de conhecimento. Devido ao modo como a comunicação se dá no mundo físico e para que o debate fosse produtivo, enquanto um falasse, os demais teriam que ouvir em silêncio, as falas deveriam ocorrer de forma sequencial e todos deveriam exercer o direito de manifestar o que desejassem. Pois bem, estamos sugerindo que façam a mesma coisa, observando apenas que a comunicação aqui é facilitada por ser apenas mental, o que acelera sobremaneira o processo. A simples intenção de troca já dá início a ela. A principal diferença entre os processos de troca daqui e da Terra é que aqui o entendimento e a aceitação são facilitados, uma vez que a informação compartilhada é completa. Seu significado embute os fatos, as interpretações, o entendimento, os motivos, as intenções e os sentimentos do emissor, sem subterfúgios. Ressalto, porém, que a troca realizada nesta dimensão, assim como na Terra, não pressupõe a aceitação compulsória da opinião ou entendimento do emissor por parte de quem recebe a mensagem, mesmo que a alta velocidade dê a impressão do contrário. Na verdade, a dúvida, a não concordância ou a não aceitação têm o poder de desacelerar ou interromper o fluxo de troca, como poderão constatar. Assim como na Terra, muito do que trocarem será objeto de reflexões posteriores, mas muitas trocas gerarão aprendizado instantâneo, no exato momento em que o receptor acusar o recebimento do conhecimento ofertado.*

As novas orientações nos fizeram perder a inibição inicial e destravaram o fluxo de pensamentos entre nossas mentes e a troca, na forma de uma torrente de experiências e conhecimento individuais, foi iniciada.

De início, ficou patente que nossas mentes operavam em uníssono, que toda uma sorte de conhecimentos e experiências individuais podiam ser compartilhadas se assim desejássemos. Cada membro daquele pequeno grupo funcionava como uma unidade de processamento, ou bateria, conectada às demais, e as lacunas de conhecimento de cada um podiam ser preenchidas pelos demais, bastando para isto a confiança mútua, o respeito e o desejo de contribuir, pré-requisitos que todos haviam demonstrado possuir.

A partir desse ponto, outros questionamentos brotaram em nossas mentes: se a conexão e a troca entre aqueles que se identificam e confiam uns nos outros pode igualar o entendimento das coisas e dos sentimentos de todos, pode elevar o conhecimento individual e gerar empatia, não bastaria que o maior número possível de indivíduos se conectasse para gerar um ambiente propício à evolução conjunta de um grande grupo? Se assim o for, por que são necessárias experiências individuais nas nossas jornadas evolutivas?

Se o aprendizado surge da conexão entre mentes, aquele que se submeteu de bom grado a experiências múltiplas, principalmente as desagradáveis e que por meio delas tenha aprendido, expandindo sua consciência pelo esforço, pela disciplina, pela abnegação e pela boa vontade será o maior contribuinte, o maior doador de conhecimento. Se isso for verdade, então aquele que se manteve estático, que perdeu excelentes oportunidades de aprendizado, por rebeldia, revolta, preguiça ou medo, não estaria se aproveitando do esforço e da boa vontade de outrem? Não seria isso um incentivo ao marasmo e à inércia do indivíduo?

É possível ter o mesmo nível de conexão que experimentaremos aqui com outros seres, menos inteligentes, como animais e vegetais e até mesmo objetos? É possível aprender com eles? O conhecimento adquirido por meio da conexão é permanente ou desvanece com o tempo?

Se aqui, nesta dimensão, temos a possibilidade desta conexão para evoluirmos, por que temos que vivenciar experiências no mundo físico, muitas vezes totalmente desconectados dos interlocutores com os quais interagimos e com quais temos, constantemente, desentendimentos e conflitos promovidos por esta desconexão? Não seria mais fácil se este mesmo intercâmbio fosse possível naquela dimensão física? Isso não evitaria atritos, sofrimentos, mágoas, arrependimentos e até mesmo a guerra, e levaria à cooperação, à expansão da confiança, da fraternidade e da evolução do planeta?

Sentimos que as respostas a esses questionamentos surgidos ainda no início do processo pareciam estar dentro de nós mesmos e passamos a acessá-las. Era como se rememorássemos conhecimentos adormecidos ou ignorados por nossas consciências; ou talvez não estivessem tão inativos assim e deles lançássemos mão de maneira inconsciente, sem perceber, durante muitos momentos de nossas vidas no espaço-tempo.

Talvez este fosse o principal objetivo de todo aquele processo: acender a chama do conhecimento proveniente do acúmulo de experiências permitidas pela Inteligência Universal, e passar a usar esse conhecimento de maneira consciente, sábia e benevolente, em prol do bem comum. Se assim o fosse, quanto cada um de nós detinha de conhecimento? Talvez, saber o quanto tínhamos de bagagem fosse desimportante e o que realmente importava era contribuir e estar aberto às entregas dos demais. Será?

Não houve mais atrasos ou delongas com todos os questionamentos. Na mesma velocidade em que surgiram, se é que se pode falar em velocidade quando não se tem a noção do tempo e tudo parece acontecer simultaneamente, as respostas brotaram em trocas realizadas em nossa "mente conjunta".

"A troca livre e espontânea tende a acontecer entre aqueles que possuem uma identificação que se caracteriza por um alinhamento entre várias dimensões da personalidade, que prepondera sobre divergências menos relevantes.

A equivalência de aprendizado, resultado das inúmeras experiências pelas quais o indivíduo passa e que é percebida pelo equipotencial do conjunto de valores morais e da bagagem intelectual entre os interlocutores, também é um incentivo para que o intercâmbio ocorra.

Seria, numa analogia simplória, como se emissor e receptor fossem aparelhos emissores de ondas eletromagnéticas que devessem estar sintonizados na mesma frequência para se perceberem; a faixa de frequência de sintonia é a equivalência e o alinhamento entre eles. Assim sendo, indivíduos afins se conectam facilmente, enquanto indivíduos em desarmonia, ou que não possuam afinidade, encaram mais dificuldades para se conectarem.

Se indivíduos equivalentes se conectam para troca de conhecimento, não há o risco de que alguém esteja apenas se beneficiando da conexão: todos recebem e todos doam, cada um conforme seu conjunto de experiências, conhecimento, desejo e boa vontade, sendo que a troca não implica o mesmo entendimento ou uma convergência implícita de pontos de vista acerca do conhecimento compartilhado pelos agentes da troca.

Na troca entre equivalentes, o conjunto dos conhecimentos poderá ser maior que a soma dos conhecimentos individuais em decorrência da sinergia.

Se indivíduos não equivalentes se conectam, há o risco de baixo aproveitamento da troca realizada dado que o conhecimento de alguém em posição muito avançada poderia ser complexo e incompreensível para quem está nos estágios iniciais, enquanto o conhecimento dos que se encontram muito atrás na caminhada poderia não ser de muita valia para aqueles que já progrediram sobremaneira.

À medida que a expansão da consciência ocorre, mais prazeroso se torna o processo da troca, da construção de uma harmonia e do reforço da afinidade entre aqueles que a praticam. Dentro desse processo, há muito mais alegria e satisfação em doar do que receber. A doação que não humilha, que exalta quem a recebe, que é despretensiosa e verdadeiramente altruísta se torna o verdadeiro incentivo à evolução do indivíduo na direção da consciência plena. Não é este o propósito da nossa existência, qual seja, caminhar naturalmente em direção à Fonte da Vida à medida que expandimos nossa consciência, auxiliando a quantos pudermos nesta jornada a fazerem o mesmo? Este caminho que fazemos é, na verdade, o retorno ao ponto de partida, onde estivemos no momento da criação.

O elemento fundamental, o combustível que usamos nesta jornada é a vontade e a meta é a satisfação plena, a alegria, o júbilo, o êxtase de retornar ao ponto de partida depois de cumprida a missão. A vontade existe porque nunca nos esquecemos deste êxtase que é o de se sentir conectado à infinita malha do universo que une todos os seres sencientes e atravessa todas as dimensões, de sermos um dos nós dessa malha infinita de seres pensantes, que se alimentam da energia cósmica, que experimentam o amor infinito que a tudo dá origem. Essa lembrança está dentro de todos os seres que habitam o universo, mesmo quando eles vivenciam experiências nas dimensões mais densas, e funciona como um farol que guia nos momentos de maior escuridão, alimentando a vontade de vivenciá-la mais uma vez.

Todos aqueles que habitam o planeta Terra ou o seu entorno têm, já tiveram e terão a oportunidade e o privilégio de reforçar esta vontade por meio dos desafios que representam a vida numa dimensão onde há restrições das possibilidades. Na Terra, assim como em outros mundos, temos a honra e o privilégio não só de reforçar, mas de testar a vontade e o aprendizado adquirido. É nela que podemos fazer as escolhas dentro das leis naturais que a tudo regulam e de acordo com nossa evolução.

Na Terra, fazemos escolhas dentre as possibilidades que se apresentam, mas não temos ainda a capacidade de construir uma alternativa de escolha desejada, de criar livremente, dado o nosso estágio evolutivo. Isto não é nem de longe desanimador, uma vez que a responsabilidade se torna muito maior quando se adquire a capacidade de construir as alternativas conforme o desejo, enquanto a responsabilidade e as consequências por escolhas entre alternativas existentes, não criadas por nós, são sempre mais amenas.

É por este motivo que a construção das alternativas requer um alto nível de preparo, de responsabilidade e de conhecimento sobre os impactos do que se constrói. Então, é preciso que haja restrições nas dimensões menos evoluídas, ou seja, que a liberdade criativa seja condizente com a capacidade de discernimento, com a evolução moral, com a vontade e a capacidade de se distinguir entre o bem maior e a autossatisfação, e que essas restrições deixem de existir à medida que se caminha para dimensões mais elevadas. Eis o objetivo da expansão da consciência: mais conhecimento, mais possibilidades, mais responsabilidade, mais alegria verdadeira e mais amor.

As experiências na dimensão onde hoje se encontra a Terra, o planeta azul ainda isolado da fraternidade espalhada por nossa galáxia, são um estágio necessário na evolução individual. Esse estágio pode ser mais ou menos prolongado, a depender do desejo, do esforço e do progresso de cada um.

Quando nos encontramos em vida física no planeta, em que a consciência se expressa por meio dos avatares biológicos, exercitamos a cooperação, a empatia, a fraternidade, a vontade de evoluir e de fazer daquele mundo um lugar melhor para as gerações futuras. A necessidade de cooperação grita alto dentro de nós quando percebemos que sozinhos nada podemos diante das leis naturais imutáveis e irrevogáveis que regem o funcionamento do universo naquela dimensão, quando sentimos no corpo físico os efeitos, muitas vezes dolorosos, das necessidades biológicas, das disputas entre os seres pelos recursos energéticos que propiciam a sustentação da vida e quando constatamos que a transformação do ambiente para torná-lo, com responsabilidade e generosidade, mais seguro e habitável requer a colaboração de muitos.

Tudo isso representa um desafio gigantesco para o homem, que se encontra no topo da hierarquia entre os seres vivos da Terra, posição que jamais lhe conferirá o direito de abusar dos indivíduos de menor capacidade cognitiva e intelectual, mas sim que lhe atribui a responsabilidade pelo cuidado amoroso destes.

A cooperação, todos o sabem, é muito mais desafiadora quanto mais estranhas são as partes que dela necessitam. A identificação e a afinidade funcionam como um magneto que une indivíduos que se encontram em um mesmo padrão vibracional. Se esta constatação é óbvia nesta dimensão em que agora nos encontramos, o mesmo não ocorre no planeta. Ali, a afinidade entre os seres é por vezes sutil e a intensidade com que é percebida depende da sensibilidade evolutiva das partes.

Muitas vezes, a afinidade existe, mas as partes não a sentem de início em função de ideias preconcebidas, da rebeldia, da arrogância, do medo, do egoísmo ou da necessidade retrógrada de dominação, decorrente do vício na sensação de poder causada pela submissão de uma parte à outra. Então, a jornada de descoberta da afinidade pode ser longa e dolorosa quando poderia ter dado origem à cooperação logo de início. Se assim o é entre seres afins, o que dirá entre aqueles que se estranham e se desgostam desde o primeiro contato.

Qualquer que seja o caso, existindo afinidade ou não, a necessidade de cooperação, fruto do desejo de dias melhores no planeta, é mola propulsora da capacidade de aceitação do diferente, da expansão da capacidade de empatia, do desenvolvimento da intuição e da ampliação da confiança na boa vontade do ser humano.

A essa altura, faz-se necessário ressaltar que, na jornada do homem no planeta, a cooperação não tem sido necessária apenas entre eles, mas envolve toda a criação, afinal, como poderia a humanidade ter chegado aonde chegou sem o auxílio dos humildes seres erroneamente rotulados de inferiores, mas que de nenhuma maneira o são, que a ela têm prestado inúmeros serviços, muitas vezes sem os devidos cuidados, carinho e recompensas?

Todo o rol de experiências vividas serve como exercício para a conexão que agora sentimos, que é possível e que deve existir entre todos os seres originados da Fonte Criadora, estejam eles em que posição estiverem na escala evolutiva. Ou seja, a conexão entre tudo e todos, que gera o tecido composto de infinitas individualidades, mas que funciona em uníssono regido pela Inteligência e o Amor Universais foi, é e sempre será a mola propulsora da elevação de todos que compõem este tecido.

Todos nós surgimos da Fonte Criadora e, como tal, fazemos parte do tecido universal desde o princípio. No entanto, o mergulho nas dimensões mais densas, que existem em diversos graus, nos permite testar e reforçar nossos atributos, qualidades e capacidades, tornando-nos dignos de nosso lugar na mescla infinita que permeia todo o universo, em todas as dimensões.

É só nos elevando, por meio do conhecimento e da expansão da consciência, que podemos nos tornar doadores virtuosos nas incontáveis relações inquebrantáveis que se estabelecem ao longo da jornada. Essas relações, quando fundadas no amor verdadeiro, atravessam o tempo, o espaço e as dimensões e sustentam o intercâmbio incessante entre seus agentes.

O uso do mergulho como termo para descrever nossa jornada a partir da Criação é bem apropriado porque ela se assemelha ao movimento feito por um objeto que é mergulhado em um fluido mais denso que ele: a inexorável ascensão. Por ser menos denso que o fluido, o objeto tenderá a subir para a superfície onde encontrará o ar e a luz e nós, o objeto nesta analogia, guardamos memória desse ambiente de liberdade, claridade e bem-estar desde nossa origem.

À medida que o eu objeto sobe, sua densidade diminui em decorrência da redução da pressão e sua velocidade aumenta. Somos como este objeto, cada um com uma história particular do comportamento da densidade própria ao longo de eras incontáveis, comportamento este associado à vontade de subir, à disciplina e ao esforço individuais.

Quanto mais fundo estivermos, menos luz, calor e mais restrições encontramos. No entanto, todos guardamos a memória da luz e da liberdade na superfície a qual cedo ou tarde retornamos. Ao longo da nossa trajetória ascendente, nos aglutinamos conforme nossas afinidades e aprendemos a motivar aqueles que se encontram atrasados na ascensão, até porque a verdadeira felicidade só existe quando todos que passamos a amar se encontram ascendidos.

A jornada de ascensão é uma jornada de aprendizado. Quando no fundo abissal, aspiramos a luz e o ar leve que vislumbramos no início e nossa subida é marcada pela criação de registros de nossas experiências e aprendizado, que se tornam aquilo que somos, que nos define. Somos aquilo que aprendemos e o que aprendemos nos define a ponto de, ao final, não necessitarmos de qualquer outra identificação: tornamo-nos nossos atributos adquiridos e o conhecimento acumulado.

Então, é preciso aproveitar as oportunidades que nos são permitidas ao longo da jornada para aprendermos, o que só acontece quando temos a certeza de que nunca sabemos o suficiente e que, por mais que cheguemos a acumular vasto conhecimento, sempre haverá muito mais a conhecer.

O conhecimento deve ser acumulado em duas direções: para fora e para dentro. Para fora, aprendemos como o universo funciona: partimos da completa ignorância e de um estado de perplexidade diante da complexidade de tudo que nos rodeia até um ponto em que percebemos a simplicidade da Lei Universal. Para dentro, lançamos luz nos nossos recônditos mais escuros e passamos a entender onde estamos, o que buscamos e o que precisamos fazer para retornar ao lar. A partir do momento que os conhecimentos nas duas direções se tornam plenos, eles se fundem num só e nos sentimos plenamente conectados no tecido universal: o filho pródigo retorna ao seio da Grande Família Universal.

Dentro das duas direções, o acúmulo de conhecimento e, portanto, a solidificação dos atributos do indivíduo deve se dar em duas vertentes que se complementam: a sabedoria moral e a intelectual. A combinação de ambas possui um poder sinérgico e o acúmulo em uma ou outra só pode se dar mediante o esforço, a perseverança e a superação pelo indivíduo dos desafios inerentes às experiências que ele tem o privilégio de vivenciar.

Quando o filósofo diz que o que não o mata o torna mais forte, ele acerta se assumirmos que a morte a qual ele se refere é a falta temporária de ascensão do indivíduo, a qual ele se submete por desânimo ou rebeldia. Se assim o for e se ela ou ele, a despeito das adversidades e dificuldades que experimentam nas suas jornadas, mantém a marcha ascendente, então pode-se dizer que o vitorioso se tornou mais forte, mais consciente, mais sabedor das coisas.

Ao longo dessas jornadas, é preciso reforçar e testar os conhecimentos adquiridos, pois muitas vezes falhamos ou recuamos diante de provas para as quais nos julgávamos preparados. O recuo e a falha nesses casos não representam desonra, demérito, não devem servir de motivo para abatimento e devem ser encarados apenas como falta de preparo que são: o insucesso de hoje pode garantir o sucesso de amanhã, mantidas a fé no sucesso e a marcha.

A ascensão em direção à Luz, a expansão da consciência, só ocorre mediante um verdadeiro avanço no conhecimento, fruto da experiência individual e única: são os reforços, na forma de experiências às vezes repetidas, que promovem os avanços, e são os testes que evidenciam esses avanços para nós mesmos, uma vez que a Fonte Criadora prescinde de verificações e não necessita de autoafirmações.

Se o fato de nascermos já pertencendo ao tecido universal nos desse a garantia de recebermos todo o conhecimento acumulado por outros, não haveria mérito na ascensão e, portanto, satisfação alguma por sermos apenas receptores e nunca doadores. Além do mais, se todos nascessem já aguardando o conhecimento acumulado por outros, nunca haveria conhecimento algum a ser compartilhado. De outra forma, se ganhássemos acesso imediato, ao nascimento, ao conhecimento e à sabedoria infinitos da Fonte Criadora, sem a necessidade de experiências próprias, então seríamos a própria Fonte Criadora e não criaturas com vontade própria. Como se pode ver, as experiências individuais são necessárias, benéficas e devem ser aceitas e amplamente aproveitadas, seja em qual dimensão elas nos forem permitidas.

Toda a inteligência que dá origem ao universo e suas inúmeras dimensões parte do Criador e, ao fim, todas as leis e regras se resumem numa só, a Lei do Amor, que só chegamos a compreender quando aprendemos a amar verdadeiramente. Nesse momento, nos tornamos preparados para 'ver a face de Deus', como muitos preferem definir".

Após a rica troca, houve breve pausa para entendimento do que acabara de ocorrer. Todos se encontravam atônitos pela dinâmica do processo a ponto de duvidar que toda a informação houvesse se originado apenas no âmbito do grupo. Para nós, ou pelo menos para mim, Pavlo e Mariah, que ainda tínhamos um pé, ou um corpo inteiro, no espaço-tempo, era como se tivéssemos sido visitados por Musas inspiradoras.

O processo se dera de forma muito diferente do que acontece na nossa dimensão de origem e, com exceção de Montse, que parecia estar mais habituada ao funcionamento das coisas por ali, havia um arrebatamento, um estado de graça e um grande entusiasmo em nós: havíamos trocado conhecimento de maneira quase instantânea e, o que era mais surpreendente, havíamos absorvido aquele conjunto de ideias simultaneamente ao seu surgimento em nossas mentes, com uma compreensão que se expande como um flash luminoso. Diante da experiência, questionei-me se o conhecimento compartilhado já residia em nós e se teríamos apenas rememorado aquilo que já era nosso, mas que não estava em nossas consciências enquanto vivenciávamos nossas jornadas no planeta. A despeito da resposta, a partir daquele momento, nos sentíamos preparados para trocas ainda mais intensas.

Nosso início havia sido animador. Além da rica troca, percebemos a expansão da intimidade entre nós, mesmo tendo nos encontrado aparentemente pela primeira vez instantes antes. Nos sentíamos ainda mais relaxados e confiantes em compartilhar o que cada um acumulara até então nas nossas jornadas.

Após a primeira troca, ocorreu-me perguntar ao grupo se havia alguma discordância a respeito do que fora compartilhado, assumindo que a troca não pressupunha concordância ou aceitação compulsória.

Depois de um período de silêncio, Montse se manifestou:

— Todos nós somos ou fomos ocidentais e tivemos, com algumas nuances, uma formação fortemente influenciada pelo cristianismo que, assim como o judaísmo e o islamismo, baseia-se na crença na existência de uma Fonte Criadora singular, de um Deus, que a tudo origina, mas nem todos no planeta compartilham da mesma crença. O conhecimento compartilhado e aceito por nós cinco, pelo menos entendi dessa forma, também parte do princípio de que todos somos oriundos desta Fonte, mas e se estivermos errados?

Mais um período de silêncio mental se deu até que Kuntur se manifestou:

— Eu estou aqui com vocês. Estou bem vivo e de posse de minhas faculdades mentais. Estou feliz por estar compartilhando o que aprendi e está guardado em mim para sempre e por estar recebendo um conhecimento que me posiciona em diferentes pontos de vista, ou seja, que altera as lentes pelas quais me percebo e tudo à minha volta. Minha existência deve ter tido um início e mesmo que eu tenha surgido no universo espontânea e aleatoriamente como uma bolha que aflora numa sopa fervente, tanto o caldeirão, como o fogo e a própria sopa devem ter tido uma origem em algum momento. Mesmo que o fogo, o caldeirão e a sopa sejam fruto do acaso, o universo em si deve ter tido uma origem. Ao retroagir até o provável início de tudo a partir de uma singularidade, minha mente se torna incapaz de imaginar uma origem sem causa. Talvez algum dia eu esteja em condições de entender que a relação de causa e efeito não se aplica a tudo, mas não hoje! Hoje, eu tomo a Fonte Criadora por algo certo e me submeto de corpo e alma a esta concepção. Outro ponto é que eu também acredito numa realidade objetiva e, isto posto, não concebo o universo como fruto de minha criação mental, embora acredite que sejamos capazes de criar. Concluindo, meus amigos, não consigo imaginar tudo que existe sem uma causa primordial, qualquer que seja o nome dado a esta causa.

Mais silêncio, até que Montse complementou:

— Me desculpem por trazer esse ponto para discussão, mas ao fazê-lo, me sinto, de certa maneira, aliviada.

Diante de sua escusa, repliquei:

— Não há por que se desculpar. Estamos aqui exatamente para isso. Mas algo me chamou a atenção. Não sei se notaram. Ao colocarmos nossas mentes em ressonância, o conhecimento é trocado quase que de maneira instantânea. No entanto, dúvidas, medo, insegurança ou até a não aceitação de algum ponto por parte de alguém desacelera o processo... Não sei como essas trocas de agora, durante essas discussões sobre o ponto levantado por Montse, se comparam ao que estamos habituados fisicamente, mas minha impressão é de que estamos envolvidos numa dinâmica similar ao que ocorre na dimensão da qual viemos onde ouvimos, processamos e, em seguida, colocamos nossas posições, entendimentos e dúvidas adicionais, numa sequência cronológica. Portanto, isso me faz crer que, se a troca inicial se deu de maneira instantânea, sem interrupções, é sinal de que todos concordamos no ponto levantado por você, Montse, o que não quer dizer que não possamos discuti-lo.

— Sim – disse Montse – sei que concordamos. Só quis adicionar uma perspectiva diferente para o tema.

— Sei que concordamos – disse Pavlo – mas gostaria de fazer mais uma colocação sobre o tema. Desde que aqui cheguei, me sinto conectado a tudo e a todos, fui acolhido e sinto o amor que emana das pessoas e de tudo que me cerca. Isto para mim já basta. Acreditar ou não numa Fonte Criadora é de menor importância para mim. Quero apenas aprender a amar como tenho sido amado, quero me esforçar para que o que sentimos aqui possa se manifestar em mim quando retornarmos e estivermos vivenciando nossas batalhas diárias, nos sentidos literal e figurado. A única coisa que importa para mim neste momento é que agora tenho a certeza de que o verdadeiro amor existe, tudo isso que está à minha volta existe, vocês existem e meus amigos, parentes e os denominados inimigos no planeta existem. A origem de tudo isso e como, quando e onde se deu pouco importam para mim...

— Muito bom! – disse Kuntur. – Mas eu necessito de uma ajuda de vocês. Como vocês definem e distinguem os três elementos: Fonte Criadora, Inteligência Universal e Lei Maior? Gostaria de ter a certeza de que capturei completamente a essência desses três elementos.

Mais um período de silêncio de deu, até que me manifestei:

— Acho que a Fonte Criadora dispensa maiores explicações. A Inteligência Universal é a informação por trás de tudo que forma o universo em suas inúmeras dimensões. Atendo-me ao que podemos observar na nossa dimensão, por exemplo, a Inteligência Universal é toda a informação que dá origem ao que percebemos com nossos sentidos e nossos aparelhos. Quando se penetra continuamente no íntimo da matéria, chegamos ao ponto de só nos depararmos com informação, ou seja, um conjunto de regras de como tudo se origina e funciona, quer sejam as partículas e a maneira como interagem entre si. São essas regras, a dita informação pura, que dão origem ao espaço, ao tempo e tudo mais que nele pode ser percebido, incluídos nos nossos corpos. É claro que nosso conhecimento ainda engatinha, embora cresça numa velocidade exponencial altíssima, e que no futuro saberemos muito mais sobre a informação que dá origem ao nosso universo. Já a Lei Maior é a lei da qual derivam todas as regras mencionadas. Quando se estuda o universo no qual vivemos, o espaço-tempo, percebe-se que um grupo de regras qualquer deriva de outra capaz de resumi-las de maneira simples e elegante. Pois bem, há uma Lei Maior que abarca todas as regras que formam a Inteligência Universal. Nenhuma regra, em qualquer dimensão, jamais contradiz a Lei Maior, posto que dela deriva, e esta Lei Maior é a Lei do Amor que ainda estamos longe de compreender, mas cuja força sempre pudemos sentir. Fazendo mais uma analogia a uma questão conhecida no nosso tempo: a humanidade busca uma teoria, uma lei, que unifique os campos que conhecemos e que formam o arcabouço do espaço-tempo. O homem intui que exista tal lei e se debruça sobre os modelos ora em desenvolvimento. A Lei do Amor, a mãe de todas as leis, é como esta lei física buscada avidamente, só que no patamar mais elevado possível: ela abarca todas as demais leis que regem o universo em todas as dimensões, tudo o que conhecemos e o que chegaremos a conhecer, hoje e sempre.

— Que maravilha! – exclamou Kuntur. – Obrigado pela explicação. Estou feliz por ter sido exatamente este o meu entendimento, o que confirma a natureza estupenda da cognição fora da matéria, mas isso me lembrou algo: o Pai, o Filho e o Espírito Santo...

— Será que devemos entrar nessa seara? – perguntei, rindo – Se nos embrenharmos nessa mata, acredito que nos perderemos...

— Não, claro que não! Simplesmente não consegui resistir. Desculpem-me! – interrompeu-me Kuntur.

— Não há por que se desculpar, meu amigo! A analogia é interessante, mas temo que nos percamos em reflexões e atrasemos as trocas que só começaram – disse, olhando para cada um do grupo.

Após este meu último comentário, ficamos em silêncio por algum tempo até que Mariah quebrou o silêncio.

— Vamos retomar nossa troca?

Todos concordaram prontamente e iniciamos a concentração para dar início a mais trocas.

PARA FORA

*No começo, ela dividia o mundo entre ela
e o que estava fora dela.
À medida que trouxe para dentro de si
o que estava fora, ela se surpreendeu, pois quanto
mais olhava para fora, mais via a si mesma.*

...

MARIAH

"Infinitas galáxias, estrelas, quasares, pulsares, nebulosas e corpos celestes de todos os tamanhos e formas, brancos, dourados, violetas, amarelos e todas as outras cores imagináveis ou jamais vistas antes, valsando ao som de uma sinfonia precisa sobre um fundo infinito colorido em tons de azul, roxo, magenta e lilás, guiados por uma melodia que me fazia vibrar em êxtase e que mantinha tudo em um sincronismo majestoso. Cada partícula no seu movimento, cumprindo humildemente seu papel, conectada a todas as outras, próximas ou infinitamente distantes, segundo leis precisas derivadas da Lei Maior, dando testemunho do Amor Universal que origina da Fonte Primária.

Estar não fazia sentido ali, pois minha consciência se encontrava em todos os lugares ao mesmo tempo. Ser eu, uma individualidade com começo e fim, também não fazia sentido ali: eu continuava sendo eu, mas conectada a toda Criação do Universo, único, mas uno. Sentia vida em todo lugar, pulsando como os quasares, cada uma cumprindo seu papel

numa malha sem fim que brilhava em maior ou menor grau em diferentes dimensões. Ver tampouco fazia sentido: ver era sentir, perceber era ver. Ali se encontravam o passado, o presente e o futuro, era possível vislumbrar o que fora, o que é e o que será, tudo num só ponto: eu. O tempo... Ah, o que é mesmo o tempo?"

...

O grupo optou por iniciar a expansão para fora. O consenso sobre a direção a ser tomada servira como passaporte para uma visita breve a um nível muito mais elevado de consciência. Assim que concordamos sobre a direção, vi-me dentro da esfera prateada em ascensão vertiginosa até uma posição no universo de onde pude vislumbrar infinitos corpos celestes. Ao atingir aquele nível de consciência no espaço, senti um arrebatamento enorme e, apesar da pequena duração do passeio, pude testemunhar e compreender coisas que nunca havia sequer imaginado na minha curta existência terrestre. Foi como se tivesse permanecido posicionado acima das coisas mundanas em meditação profunda por milênios.

No instante e local em que me tornei parte do caldo universal, tive um vislumbre da formação do planeta Terra a partir de outros corpos celestes, do surgimento da vida num oceano repleto de partículas elementares, energia e amor, e do seu desenvolvimento até formas aquáticas mais elaboradas, das modificações da atmosfera até o ponto em que pudesse transmitir a energia vital para os corpos, unidades autônomas de manifestação da inteligência universal, por meio do oxigênio. Testemunhei o avanço da vida sobre a terra, da formação da manta vegetal que cobre o planeta e o início de seu serviço de manutenção da composição dos gases na atmosfera, das inúmeras reciclagens planetárias que transformaram ambientes e vidas e da evolução dos corpos biológicos até o surgimento de uma forma avançada que pudesse abrigar princípios inteligentes mais evoluídos: o homem atual.

A partir do meu lócus, era possível também visitar a formação de estrelas e galáxias, compreender as leis naturais que regem o universo da nossa dimensão e o tempo como o percebemos em nossa dimensão e em outras, testemunhar a intimidade vibratória da matéria, da energia e dos campos de força que formam ambos, compreender o que forma o espaço e muito mais até o ponto que me fosse permitido, embora minha intuição me dissesse que, mesmo estando livre para alcançar o que desejasse, havia limites para o que eu podia compreender devido ao meu estágio evolutivo atual. Porém, o que pude testemunhar e compreender naquele breve momento foi muito além do que jamais pude imaginar, dando-me um indício de que o que reside em nós é muito maior do que o que nossa limitada consciência terrestre nos permite alcançar. Ficou claro também que a visita não objetivou apenas o nosso entretenimento no intervalo das atividades, mas sim mostrar pelo testemunho vivo o que era possível alcançar mediante a expansão da consciência.

Após me deliciar com o passeio celestial, vi-me novamente na esfera que me transportou quase que instantaneamente para a companhia dos meus quatro companheiros de trocas. Assim como eu, todos tinham tido a mesma experiência arrebatadora e, uma vez de volta aos jardins do Centro de Estudos, iniciamos o compartilhamento que rapidamente tomou conta de nossas mentes.

"A Terra é apenas mais um dos infinitos mundos nas inúmeras dimensões onde pulula a vida. O homem é apenas mais uma das infinitas formas inteligentes de vida. Os indivíduos que têm caminhado sobre a crosta terrestre têm abrigado consciências mais ou menos evoluídas, cada um em seu momento único na jornada de ascensão. Somos oriundos da Fonte da Vida e nossas jornadas seguem, assim como tudo, a Lei Maior.

Podemos criar, mas somos criatura. Não somos nem mais nem menos importantes do que qualquer vida no universo: todos os seres são irmãos e devem exercer a fraternidade. Em nossa dimensão, almejamos fazer parte ativa da grande fraternidade universal composta pela união das vidas de dentro e de fora de nossa galáxia. Uma parte dessa fraternidade habita o braço de Órion na Via Láctea, onde nosso planeta azul viaja em uma espiral silenciosa em torno do Sol. Nessa comunidade inteligente de Órion se encontram nossos irmãos mais avançados e próximos, os quais ainda não detectamos com nossos instrumentos limitados porque não estamos preparados para um encontro transformador que se dará no devido tempo.

Nossa dimensão é caracterizada por uma alta densidade da matéria e da energia, que são capazes de impressionar os cinco sentidos humanos e seus aparelhos. A esta dimensão estão associadas leis naturais, ou informação, que são adequadas ao seu estágio evolutivo e na qual o homem goza de relativa liberdade de atuação: o nosso livre-arbítrio é exercido dentro das possibilidades permitidas ao nosso mundo.

Além do que pode ser percebido pelos aparelhos e sentidos, o que o homem pode intuir ou perceber por meio de manifestações extrassensoriais está relacionado ao seu grau de ascensão ou expansão da consciência. No momento, a maioria dos que habitam nosso planeta podem perceber apenas o que impressiona os cinco sentidos; a maioria pode observar e confirmar a existência apenas daquilo que é óbvio dentro de nossa dimensão. Uma pequena minoria, no entanto, já despertou e é capaz de transpor os limites impostos pelos corpos físicos. Esta transposição ocorre quando o homem começa a sentir, intuir e até mesmo compreender o que existe além da sua dimensão.

Estando consciente de que é possível transpor os limites de sua dimensão, mas estando fisicamente preso a ela, o homem pode, em alguns casos, se tornar prisioneiro do sofrimento se não entender que sua permanência na dimensão em que se encontra é temporária, necessária e faz parte de um plano maior cujo alcance ele ainda é incapaz de compreender. Uma vez desperto, mesmo ainda incapaz de vislumbrar o plano maior do qual faz parte, o homem se torna apto a encontrar felicidade nos seus desígnios, não retrocede na sua jornada evolutiva e sua responsabilidade aumenta.

Ao longo da marcha evolutiva do homem no planeta, alguns ascensionados lá retornaram para auxiliar seus irmãos nos seus despertares e na expansão de suas consciências. Esses ascensionados aceitaram o desafio de retornar a um mundo repleto de limitações por amor às criaturas do Planeta Azul e cada um, em sua época e local, usou mensagens e formas distintas de transmitir conhecimento a quantos pudessem. Muitos foram tocados por suas mensagens, mas muitos outros preferiram se manter atrelados mentalmente somente ao mundo que seus sentidos conseguem apreender. De modo geral, o saldo do esforço desses ascensionados tem sido positivo, o que pode ser constatado pelo progresso moral e intelectual em várias regiões e sociedades do planeta.

Assim como nas organizações humanas terrestres, o planeta e as dimensões do seu entorno possuem um líder escolhido com base em sua evolução moral e intelectual e na sua capacidade de amar. Importa muito mais que a Terra tenha quem dela cuida, do que quem ele é. A ignorância sobre quem é o líder espiritual do planeta é salutar, necessária e em nada impacta sua evolução: ocupar o homem com disputas irrelevantes em torno da liderança global do planeta, ainda que espiritual, seria o melhor caminho para a promoção de mais guerras, conflitos e desavenças.

Importante ressaltar que o que denominamos planeta Terra quer dizer a esfera composta por tudo aquilo que pode ser observado na dimensão do espaço-tempo e toda a vida nas dimensões superiores e inferiores onde vivem consciências conectadas emocionalmente ao planeta físico. A Terra é, desta maneira, a esfera multidimensional que possui ela mesma seu espírito e sua inteligência e vagueia silenciosa, mas não sem destino, no braço de Órion.

Um determinado indivíduo pode passar longas eras habitando a Terra, ora em corpo físico, ora em consciência extrafísica, até que possa migrar para outras esferas mais evoluídas em outros locais da galáxia. Embora a maioria dos habitantes da Terra pertença, desde a origem, a ela, há aqueles que nela viveram e vivem por um período limitado sendo oriundos de outros locais mais evoluídos. Esse intercâmbio é necessário, salutar e possível, pois o universo inteiro é lugar de todos.

É importante ressaltar que o retorno a mundos mais densos representa um grande esforço para os que estão mais avançados no processo evolutivo e é, muitas vezes, causa de sofrimento para aqueles que optam por este autoexílio; ao optarem por jornadas em mundos mais densos, as consciências avançadas abandonam, temporariamente, mundos mais alegres onde estão menos sujeitas às limitações das possibilidades e, em alguns casos, à rejeição de ideias e comportamentos libertadores que trazem consigo e que são, muitas vezes, considerados perigosos por aqueles que desejam manter a humanidade presa a ideias que tolhem seu espírito.

Quando em corpo físico, uma pequena parcela dos habitantes da crosta intui as dimensões superiores e a liberdade que pode ser alcançada. Alguns, mais sensíveis, chegam a experimentar vivências muito breves nessas dimensões, podendo descrevê-las, assim como as experiências nelas vividas. Os que já iniciaram a expansão de suas consciências são capazes de ampliar a sensibilidade e sentir a conexão com seus semelhantes e outros seres vivos, animais e vegetais. Há outros que são capazes até de perceber os irmãos de outros locais da galáxia, que executam o trabalho dignificante de auxílio ao planeta.

Na maioria das vezes, as percepções extrassensoriais são consideradas devaneios, loucura ou fruto de um estado mental alterado por drogas ou doenças que acometem o cérebro, o que leva aqueles que possuem essa capacidade a ignorá-la ou ao sofrimento, quando resolvem enfrentar a crítica e vivenciá-la plenamente. No entanto, aqueles que se esforçam para obter um avanço que os permita compreender e *controlar suas capacidades são sempre amparados para que continuem a marcha do progresso.*

O corpo físico pelo qual o homem se expressa no espaço-tempo, seu avatar, tem sido objeto de transformações evolutivas ao longo das eras. À medida que este avatar evolui, ele tem se tornado capaz de receber consciências mais avançadas que trazem à sua dimensão inovações e progresso intelectual e moral. Mas nem sempre há uma combinação perfeita entre o vaso físico e a consciência que nele habita. Ao longo da marcha evolutiva dos seres no planeta, fundamentada no instinto de sobrevivência, alguns corpos primitivos receberam consciências mais avançadas, imbuídas de missões especiais de auxílio ou em busca do aprendizado propiciado pelas experiências de reforço e teste. Quer seja auxílio ou aprendizado, o descompasso entre o corpo físico e o avanço da consciência tornam a jornada no planeta um duro desafio, mas que pode propiciar avanços para quem o encara e para a população ainda claudicante do planeta.

O desenvolvimento do corpo humano ocorre mediante a transformação incremental de sua programação biológica, ou seja, da transformação lenta e constante dos códigos de programação existentes nas moléculas de ácido nucleico que residem em cada uma das trilhões de células que o compõem. Assim sendo, todos os corpos sobre a crosta são equivalentes nas suas habilidades e características, diferindo apenas naquilo que propicia sua adequação ao ambiente de origem, não fazendo sentido algum o sentimento de superioridade que alguns carregam em relação a outros e que tem dado causa a muito sofrimento.

Se os corpos são equivalentes, todos possuem as mesmas condições de sentir e intuir as dimensões além do espaço-tempo, onde os fenômenos impressionam apenas os cinco sentidos. No entanto, a maioria não vai além dessas impressões, seja por medo do que acredita ser desconhecido ou por se encontrar fortemente atraída pela existência na dimensão onde a Terra se situa, na qual passa a viver em dormência mental, vagando de existência em existência, desperdiçando oportunidades valiosas.

Ao receber a oportunidade da vivência necessária no espaço-tempo, o indivíduo deve zelar por seu corpo, seu avatar, não a ponto de se tornar escravo dele, mas para que tenha condições de vivenciar o maior número de experiências possível e para que possa estar apto a fazer julgamentos e tomar decisões sem a intoxicação promovida por muitos elementos nocivos ao equilíbrio mental. Ao receber seu avatar, o homem assume a responsabilidade por ele e dele deve cuidar da maneira mais adequada, mas sem excessos.

Seu corpo é o meio pelo qual ele ou ela se expressa, colhe informações sobre o universo, aprende e transmite o aprendizado para as gerações atuais e futuras. Embora a maioria no planeta, ontem e hoje, sempre esteve convicta de que todo o conhecimento que possui é adquirido, processado e está armazenado em seu cérebro somente durante a curta existência que vivencia, o homem vai muito além do próprio corpo. Sua consciência transcende o corpo que, muitas vezes, chega a limitá-lo e a filtrar muito do que o indivíduo já aprendeu desde sua criação.

Seu cérebro é a expressão material do que ele é, do que sabe e do que pensa, mas jamais é o próprio homem. Assim como ele viabiliza a expressão do corpo no espaço-tempo, ele também serve como anteparo, muitas vezes quase opaco, para informações sobre o que já se vivenciou e aprendeu. Esse bloqueio de informação decorre, algumas vezes, de deficiência orgânica e física do órgão. Em outras, o bloqueio ocorre para a própria proteção do indivíduo, ou porque tal conhecimento não é adequado durante um determinado ciclo de vida no planeta.

Mesmo diante do bloqueio, o homem é capaz de intuir sobre algo que já conhece, mas que não esteja disponível. Ele é capaz de fazer julgamentos e tomar decisões levando em consideração o conteúdo já adquirido, embora de maneira inconsciente, e essa capacidade de alcançar o conhecimento que dele faz parte pode ser ampliada ao longo de uma existência.

A partir do momento em que o homem descobre que pode vigiar, moldar seus pensamentos e moderar suas atitudes pelo bom julgamento, sempre lutando contra suas limitações e visando ao bem comum, inicia-se a expansão da consciência.

O aprendizado do autocontrole e da moderação na direção da construção de um mundo interior e exterior melhores representa, sempre, uma luta interna entre o desejo de avançar e o instinto de autopreservação, que o cega e ensurdece, levando-o a centrar seus pensamentos e decisões em si próprio, atrasando-o sobremaneira na jornada de ascensão.

Entretanto, mesmo que permaneça estático durante algumas vivências no planeta, chegará o momento em que a saudade do que ele sabe que existe, ainda que de maneira inconsciente, falará mais alto e ele retomará a caminhada rumo à Fonte Criadora e à liberdade total: sua caminhada, das profundezas abissais, do frio e do escuro em direção à luz, ao calor e ao ar puro e leve, seguirá, mesmo que pontuada por paradas momentâneas.

À medida que expande sua consciência, o indivíduo adquire liberdade de realização e de acesso ao que já conhece sobre o universo e sobre si mesmo. Ao acessar níveis mais elevados de consciência, o homem lança luz sobre si mesmo, acessa, conhece, compreende, aceita e inicia uma luta para transformar ou eliminar características suas contrárias à Lei Maior e ampliar aquelas que o auxiliarão no porvir. Essa autodescoberta exige coragem, disciplina e perseverança, não acontece instantaneamente e é reforçada e testada durante os ciclos de vida e aprendizado no planeta e no seu entorno.

A expansão do conhecimento sobre si mesmo e sobre o universo promove sua conexão com o todo. Aos poucos, o homem vai se sentindo parte de tudo que há, até se tornar membro de uma fraternidade universal que permeia infinitas galáxias em diferentes dimensões. Por meio da expansão da consciência e da conexão com o tudo que o cerca, ele se aproxima da Fonte da Vida".

Uma pausa no fluxo de informações se fez após a segunda leva de trocas. Não pela necessidade de tempo para absorção do conhecimento, uma vez que tudo acontecia de maneira simultânea e instantânea, mas porque um de nós se afastara momentaneamente do círculo inicialmente formado pelas cinco consciências: Mariah.

À medida que as trocas avançavam, senti um crescendo de preocupação e angústia provenientes dela e, quando o fluxo foi interrompido, ela já se encontrava completamente desconectada de nós quatro. Diante de nossa preocupação, ela nos explicou o que acontecera.

O estado de seu corpo físico não apresentara melhoras como esperado pelos familiares e amigos, o que elevara o nível de tristeza, revolta e até desespero de alguns. Embora sua irmã, Bertha, um ano mais velha que ela, fosse capaz de intuir que Mariah se encontrava bem, que seu estado crítico seria revertido em algum momento no futuro e procurasse animar a todos continuamente, os demais membros da família e alguns amigos já não demonstravam a mesma confiança do início e se deixaram abater pelo medo de um desfecho trágico. Os pensamentos dos mais abalados emocionalmente provocavam vibrações que a atingiam com uma força impressionante, a ponto de quase eliminar a aura suave que contornava seu corpo naquela dimensão.

Diante do imprevisto, recebemos a intervenção providencial de Devdan, desta vez presencialmente e não só pelo pensamento. Após saudar a todos, os dois, Devdan e Mariah, estabeleceram uma conexão mental restrita que podia ser por nós observada como um fluxo luminoso entre suas cabeças, como uma corrente fluindo entre dois polos de um gerador. Os dois permaneceram por alguns instantes nesse intercâmbio privado enquanto observávamos a cena e aguardávamos ansiosos o desfecho, sem saber exatamente o que fazer ou como contribuir.

Tão rápido como começou, o enlace específico dos dois logo se desfez. Devdan se despediu e sentimos Mariah de volta ao grupo, reequilibrada e pronta para se conectar novamente. Antes que retomássemos o intercâmbio, fomos informados por ela que, enquanto se encontrava conectado, Devdan se ligara a seus familiares e amigos mais caros no planeta e transmitira a todos uma mensagem tranquilizadora, que fora prontamente recebida, absorvida e servira para elevar, novamente, a confiança e o otimismo de todos, permitindo que Mariah retomasse as atividades em grupo.

A intercorrência envolvendo Mariah e Devdan gerou uma certeza: havia muito o que aprender sobre o processo de comunicação e a capacidade de ajudar e influenciar o outro nos diversos planos da existência. Estávamos apenas engatinhando e tínhamos uma longa jornada pela frente.

Aproveitei que Mariah havia recobrado o equilíbrio e já demonstrava a mesma alegria do início de nosso intercâmbio, aproximei-me e perguntei se ela ainda necessitava de algo. Apesar de tê-la conhecido há pouco, seu desequilíbrio havia me impactado bastante, o que me deixara intrigado a ponto de sentir uma necessidade de conhecê-la melhor. Não sabia exatamente o que poderia fazer por ela e até mesmo se poderia ajudá-la, de tal modo que minha pergunta, embora sincera, servira apenas para dar início ao ansiado diálogo.

Mariah agradeceu a preocupação, disse que já estava bem e novamente otimista com o desfecho do tratamento que recebia e que, em breve, deveria retornar para seu círculo de amigos e familiares. Disse-lhe que havia ficado muito feliz em vê-la tão otimista e descrevi como havia sido impactado por seu pesar antes de Devdan aparecer.

Por conhecê-la tão pouco, minha preocupação com ela havia me intrigado, disse-lhe. Não que não fosse capaz de ser empático e que aquela fosse a primeira vez que me preocupava com alguém relativamente desconhecido, mas era como se ela fosse alguém com quem já tivesse convivido, um parente ou amigo com o qual perdera contato e que agora reencontrara, alguém que eu conhecia há bastante tempo e com quem realmente me importava, sem mesmo saber de sua existência antes do meu acidente. Ela sorriu e disse-me que havia algo em mim que também lhe era muito familiar, mas que não se recordava de nada ou ninguém que pudesse me conectar a ela, direta ou indiretamente, na sua atual jornada terrestre.

Disse-me que conhecia alguns poucos estrangeiros na sua cidade natal, mas que nenhum deles possuía laços com o Brasil, e que viajara poucas vezes para fora da Europa, mas nunca para as Américas. Vivia uma vida simples, tinha cursado o ensino fundamental numa escola menos sofisticada, uma Realschule típica alemã, e depois tinha se formado em um curso técnico em química, embora não trabalhasse na área.

Gostava de conhecer pessoas diferentes, embora a maioria de seus amigos fosse alemã de origem, pelo menos até onde soubesse. Gostava de se divertir em passeios com os amigos e de andar de bicicleta, seu passatempo predileto. Quando realizava passeios nas cercanias de Wiesbaden, sentia-se livre e amava o vento gelado no rosto. Como todo bom alemão, ela disse sorrindo, gostava de cerveja, mas bebia pouco e se alimentava de maneira frugal, preferindo refeições à base de frutas, iogurte, vegetais e proteína vegetal. Não era sedentária, mas nunca exagerava nos exercícios físicos. Gostava de dizer aos amigos que movimento era vida, mas que movimento em exagero abreviava a vida. Desde a adolescência, tinha tido três relacionamentos sérios, todos com duração superior a três anos, mas atualmente não compartilhava sua vida com alguém e nem tinha planos para uma união duradoura, pelo menos no curto prazo.

No dia em que um aneurisma se rompeu na sua cabeça, ela se encontrava trabalhando na loja de produtos naturais onde era gerente. Acordara naquele dia se sentindo disposta, mas após o café da manhã, antes de se dirigir ao trabalho, sentiu uma pequena vertigem seguida de uma dor de cabeça não muito forte. Achou que seus sintomas indicavam uma gripe ou até mesmo a COVID-19, que já não a atemorizava após três doses da vacina. Tomou um analgésico e foi trabalhar ainda com dor. Por volta das onze horas da manhã, sua dor se intensificou. Preocupada, informou aos demais empregados da loja que se ausentaria na parte da tarde para buscar atendimento médico em decorrência da renitência da cefaleia.

A conversa com os empregados da loja é sua última lembrança antes de se ver no topo de uma colina que se destacava em um vale coberto por uma gramínea muito verde e repleto de árvores frondosas e flores multicoloridas. Na colina, Mariah foi acompanhada por um amigo que explicou tudo o que acontecera e a acolheu.

Embora achasse tudo o que estava acontecendo surreal, ela não se sentiu temerosa ou preocupada consigo ou com qualquer outra pessoa naquele momento só seu. Por mais surpreendente que fosse estar viva em dois lugares ao mesmo tempo, ela se sentiu em paz, tranquila, feliz e recebeu orientações semelhantes às que eu recebi de Noah.

Passado o momento de descobertas, explicações e aceitação da participação no nosso programa, ela foi encaminhada para a Nova Atenas e, depois de algum tempo, levada ao Centro de Estudos para nosso intercâmbio.

Após seu relato, acompanhado com atenção por todos, fiquei pensativo acerca do processo ao qual ela se submetera, ou fora submetida, após sua consciência abandonar corpo e como havia similaridades com o que se dera comigo. Nós dois havíamos recobrado a consciência em lugares distintos, oriundos de construções mentais próprias e que nos eram muito agradáveis, bonitos e tranquilizadores. Apesar de ambientes totalmente distintos, ambos os lugares tinham significado e propósito semelhantes, e neles fomos, nós dois, recebidos por amigos supostamente desconhecidos que nos deram explicações e nos instruíram sobre o que aconteceria em seguida.

Diante de tudo, concluí, embora sem muita convicção, que a similaridade entre nossos processos de liberação da consciência poderia ser a responsável por nossa afinidade.

Após as reflexões, senti que era tempo de retornarmos aos trabalhos e perguntei ao grupo se não deveríamos retomar o intercâmbio. No entanto, antes que alguém respondesse sobre a retomada das trocas, Pavlo fez um comentário.

— Sempre tive uma intuição muito forte a respeito da existência de vida inteligente em outros planetas e que há inúmeras civilizações formadas por seres com uma capacidade cognitiva muito mais avançada que a nossa, mas confesso que o fato de não os termos encontrado ainda, de maneira incontestes, clara e objetiva, me intriga. Sei que há muitos relatos individuais de encontros, aparições, abduções e contatos mentais, e que aparentemente caminhamos para o dia em que um encontro testemunhado por muitas pessoas, sem subterfúgios, se aproxima, mas por que não detectamos as possíveis transmissões eletromagnéticas emitidas por outras civilizações? Por que isso se dá? Será que a Terra e outros planetas no mesmo estágio evolutivo se encontram em uma dimensão específica, distinta da dimensão de planetas mais avançados? Será que a dimensão na qual o planeta se encontra é resultado da atmosfera psíquica deste planeta ou existe outra explicação para nos encontrarmos tão isolados? – concluiu.

— Seus questionamentos são ótimos – respondi – e acho que devem fazer parte de nossas trocas instantâneas daqui para frente. No entanto, já me adianto e coloco para reflexões futuras algumas hipóteses que conheço, assumindo que todos nós concordamos com a existência de inúmeras civilizações inteligentes mais avançadas do que nós nas incontáveis galáxias. Uma das hipóteses – continuei – é que as civilizações mais avançadas já abandonaram o uso do rádio como meio de comunicação a distância, há muito tempo, e suas transmissões emitidas no passado já nos atingiram e foram ignoradas enquanto vivíamos o alvorecer da nossa civilização. Outra hipótese é que as civilizações, com tempo de existência e evolução similares à nossa, estão separadas de nós por distâncias tão grandes que suas transmissões, se já tiverem descoberto e usarem transmissores de ondas eletromagnéticas, ainda não nos atingiram. Se essas transmissões ainda levarem mil anos para atingir a Terra, por exemplo, pode acontecer de já termos abandonado a radiotransmissão como meio de comunicação quando chegarem até nós e não as detectemos. Isso pressupõe, obviamente, que a sociedade humana sobreviva até lá, o que não é garantido. Existem outras hipóteses, como a de que sejamos a civilização mais avançada do universo, na qual não aposto um centavo sequer, e também a possibilidade, como você mesmo aventou, de ocuparmos uma dimensão distinta daquela dos planetas mais avançados, que só poderia ser alcançada após um grande avanço tecnológico e moral na Terra. Como você pode ver, existem as hipóteses que citei e outras mais, mas uma coisa é certa: um contato prematuro da Terra com uma civilização muito mais avançada provocaria turbulências inimagináveis no atual estágio evolutivo do planeta. É por isso que acredito que nossos amigos de outros planetas e galáxias se apresentarão a nós formalmente no momento adequado, para o nosso próprio bem.

— Sim – concordou Kuntur – mas acredito que não estejamos muito distantes desse encontro, porque nossa tecnologia evolui rapidamente e, em breve, se tornará impossível para qualquer extraterrestre visitar nosso planeta em naves reluzentes, sem ter sua presença registrada por câmeras de alta definição ou outros sensores modernos que se espalham por todos os cantos do planeta. Quero dizer com isso que fica cada vez mais difícil para eles se esquivarem de uma prova cabal de suas existências e, estando provado, não faria sentido não se apresentarem formalmente.

— Fico aqui pensando – interrompeu Montse – como a humanidade reagiria sabendo que no universo existem civilizações com uma liberdade de decisão e ação muito maior que a nossa. Penso também no livre-arbítrio tão propalado pelas religiões; como explicar para os milhões que acreditam na liberdade absoluta que ainda tateamos em um corredor estreito, que não temos a liberdade que imaginamos ter?

— Sim, e como explicar para essas pessoas que nada nos é garantido por direito, que temos que conquistar o alargamento desse corredor com nosso próprio esforço, pelo aprofundamento do conhecimento de nós mesmos e do universo? Tudo seria mais fácil se fôssemos o ápice da criação e gozássemos de privilégios como o de ter liberdade absoluta para agir, mas sabemos que não é bem assim. É por isso que sinto muito por aquelas pessoas que se encontram em estágios muito mais avançados que nós e que, mesmo assim, se submetem a uma vida em nosso planeta, enfrentando as limitações inerentes ao nosso mundo – adicionou Mariah.

— Retroceder nunca é fácil, mas o que seria de nós se não tivéssemos tido a contribuição desses bravos impulsionadores da humanidade? A recompensa pessoal deve ser muito grande para quem se entrega a um desafio desse porte. Além disso, nesses casos, o cérebro deve servir como um bom bloqueio aos conhecimentos já adquiridos; do contrário, o sofrimento pode ser grande. Imaginem habitar um corpo tosco em um planeta atrasado mantendo fragmentos ou memórias inteiras e nítidas de uma vida já vivida com muito mais liberdade e alegria, menos preocupações e sofrimentos de todo tipo – completei.

— Todos são bons pontos, meus amigos, mas sugiro que os deixemos quietos por enquanto e retomemos nossas trocas. O que acham? – interveio Montse.

— Sim! – todos concordaram ao mesmo tempo.

...

MONTSE

"No início, era o verbo! Sim, o verbo, a informação, a inteligência que a tudo dá origem. Matéria, energia e campos vibracionais são a forma pela qual a inteligência se expressa e pode ser observada no espaço-tempo. Matéria, energia, campos e a maneira como se relacionam existem de maneiras distintas nas diversas dimensões, desde a mais densa até a dimensão da informação, da inteligência pura, que dos três e suas relações não guarda o menor resquício.

Em cada dimensão operam regras específicas que relacionam as três formas de expressão da inteligência e, à medida que o homem evolui, essas regras são por ele desvendadas e nada lhe é vedado, cabendo a ele usar o bom julgamento na manipulação do que descobre e que expande suas possibilidades de criação.

As regras ou leis de relacionamento entre matéria, energia e campos vão reservando ao homem possibilidades cada vez mais amplas à medida que ele evolui e acessa as dimensões mais elevadas. No entanto, mesmo nas dimensões inferiores, mais densas, o homem goza de um poder de influência, ainda que limitado, sobre essas regras pela atuação direta de sua inteligência, ou seja, sem a intermediação de aparatos.

Ocorre que, quanto mais baixo na escala de consciência, mais o homem se deixa distrair pelas impressões dos sentidos causadas por fenômenos que se manifestam apenas na dimensão em que se encontra, tornando-se, muitas vezes, escravo dessas impressões. O apego incondicional a essas distrações tem o poder de retê-lo na sua caminhada de descobertas sobre si mesmo e o universo.

Na dimensão espaço-tempo, onde se situa atualmente o planeta Terra, o homem é arrastado pelo fluxo unidirecional do tempo, fenômeno que se

expressa na forma de uma sequência de estados por ele percebidos e que são regidos pelas regras e leis mencionadas. Essas regras definem o estado que se segue ao anterior de uma forma aparentemente contínua.

A sequência de estados regida por regras aparentemente imutáveis confere ao homem comum a possibilidade de prever o desfecho para os fenômenos e, por conseguinte, entender o funcionamento do seu universo por meio das relações de causa e efeito, numa sequência lógica.

No atual estágio de evolução do conhecimento humano, todo ele baseado na sequência lógica, na repetição infalível e previsível dos fenômenos observados, o homem reluta em renunciar ao que possibilitou o desenvolvimento de suas tecnologias, do seu atual conhecimento, o que pode causar atraso na conquista de estágios mais elevados de conhecimento.

Mesmo relutando em abandonar a certeza, à medida que o homem aprofunda a observação da intimidade da matéria e procura entender a origem das coisas, ele se depara com encruzilhadas nos quais os caminhos, muitas vezes, o levam a nada e se perde. Ele se depara com um mundo aparentemente probabilístico e resiste em abandonar o mundo das certezas imaginárias onde pensa se encontrar, que considera como o único existente e que lhe tem propiciado a falsa sensação de segurança de que tudo nele é previsível.

É bem verdade que o homem tem se mantido leal ao mundo das impressões confirmáveis por seus aparatos e sentidos, ou seja, o mundo construído com base nas relações comprovadas de causa e efeito, o que têm lhe permitido dominar a natureza, mesmo sem entender que não está ali para dominá-la, conquistar mundos, mesmo sem entender que só se conquista a si próprio, vencer doenças, mesmo sem entender que nele reside a origem delas, e garantir uma relativa segurança e conforto num planeta onde ainda imperam as forças aparentemente estocásticas da natureza, sem entender que nada é garantido até que ele retorne à *Fonte Criadora*.

No entanto, à medida que expande sua capacidade de observar a intimidade da matéria, o homem encontra fenômenos aparentemente probabilísticos e se pergunta se tais fenômenos são regulados por leis desconhecidas que lhe dão esta aparência, mas que ainda não conseguiu identificar e compreender, ou se tais fenômenos são mesmo imprevisíveis, tornando o estado do universo por ele conhecido fruto do acaso. Pelo menos, ele se consola, o universo observável pelos cinco sentidos parece se comportar conforme leis e regras que tornam os desfechos de todos os fenômenos naturais previsíveis, e o próprio universo sustenta uma estabilidade que propicia a existência de tudo, inclusive dele próprio.

Outras coisas que lhe surpreendem nesse microcosmo são a possibilidade de alguns fenômenos serem influenciados diretamente pelas consciências daqueles que nele estão envolvidos, a possibilidade da existência de uma consciência de agentes de dimensões desprezíveis e da existência de uma simultaneidade entre eventos distantes fisicamente, mas que parecem estar relacionados por uma comunicação instantânea, o que contraria severamente as leis que regem seu universo de certezas.

Na primeira possibilidade, se os fenômenos, ainda que em escala muito pequena, podem ser influenciados por quem deles participa de maneira consciente, abre-se de forma definitiva uma brecha para a influência direta da inteligência, da informação, sobre tudo aquilo que forma o universo que conhece. Essa capacidade, até então desconhecida, uma vez comprovada, abriria para o homem uma porta que poderia levá-lo à liberdade de criação ilimitada. A segunda possibilidade, uma vez confirmada, evidenciaria para o homem a inteligência cósmica que em tudo reside enquanto a terceira ampliaria seus limites e o levaria a rever todo seu entendimento sobre as restrições conhecidas para o deslocamento no espaço-tempo.

As possibilidades de atuação livre na dimensão espaço-tempo são limitadas e restringidas por leis rígidas e imutáveis, mas não são inexistentes para o homem. À medida que seu conhecimento sobre as coisas e sobre si avança, ou seja, que sua consciência se expande, ele vai descobrindo onde e como sua inteligência pode atuar e moldar o universo na dimensão espaço-tempo, de acordo com sua vontade. A descoberta dessa liberdade de ação será fruto do seu esforço na aquisição do conhecimento que possibilitará avanços inimagináveis para a humanidade. No entanto, a própria descoberta e, mais importante, o controle sábio desse conhecimento, demandarão um grau de consciência do planeta muito mais alargado do que o atual, a fim de que o homem não se afogue na riqueza adquirida.

A expansão da consciência é a salvaguarda na sua jornada dentro da dimensão que lhe acolhe enquanto evolui, pois à medida que se conecta cada vez mais com a criação, conhece mais a si mesmo e desenvolve sua capacidade de empatia com seus irmãos de todas as espécies, o homem tende a usar cada vez mais todo seu cabedal de conhecimento com mais amor e sabedoria, objetivando a melhoria do bem-estar geral de toda a criação e não mais somente em próprio benefício.

No momento em que adquirir a capacidade de influenciar de maneira consciente, controlada, conforme seu desejo, sem a intermediação de artefatos, ferramentas e suprimento externo de energia, os fenômenos que observa, ele experimentará a supremacia da inteligência universal, da informação, sobre o tudo o que impressiona os sentidos e terá um vislumbre das possibilidades que o aguardam em dimensões superiores. Para que isso aconteça, no entanto, ele terá que se esforçar, confiar, vigiar e buscar, incessantemente, o conhecimento das coisas e de si próprio.

O caminho para a descoberta de sua liberdade de ação será um tanto mais fácil quanto mais consciente ele estiver de que nada, nem o conhecimento adquirido, lhe pertence, que ele apenas conquista o direito de conhecer a Lei Maior à medida que expande sua consciência.

Durante a jornada em busca de conhecimento, porém, o homem tem, infelizmente, focado naquilo que lhe garante conforto e segurança física, se esquecendo de si mesmo, de seu crescimento moral, da expansão de sua consciência. Mesmo sem o devido avanço moral, o acesso ao conhecimento nunca lhe é negado; prova disso é que, muitas vezes, obtém conhecimentos que lhe conferem um poder que é usado sem a devida sabedoria, o que acaba resultando em desequilíbrios sociais e ambientais e na exploração do mais fraco pelo mais forte.

Nisso, o homem não difere de outras civilizações de sua galáxia ou de além, pois o universo é rico em exemplos de jornadas evolutivas caracterizadas pela dor, pelo sofrimento autoinfligido e até pela autoextinção. No entanto, não há de ser sempre assim. Há, no espaço-tempo, exemplos de inúmeras civilizações que responderam melhor à influência dos irmãos superiores e que tiveram jornadas mais venturosas.

À medida que expande sua consciência, o homem vai experimentando sensações e vivenciando realidades que extrapolam, atualmente, sua capacidade de verificação e confirmação objetivas. São fenômenos ditos subjetivos que parecem contrariar a noção de tempo e espaço e que são, ainda nos dias atuais, considerados doença, desvario ou devaneio.

Há de chegar o momento, no entanto, em que tais fenômenos serão percebidos pela maioria dos habitantes do planeta, se tornarão corriqueiros e serão reconhecidos como parte da dinâmica do universo, com suas leis naturais particulares. Quando chegar esse momento, a dicotomia hoje existente entre ciência e espiritualidade deixará de existir, os fenômenos ditos milagrosos passarão a ser parte natural das possibilidades nas inúmeras dimensões, o homem estará livre de superstições e crenças infundadas e entenderá que, à medida que sua consciência se aproxima da Fonte Criadora, sua liberdade de ação e criação aumenta."

Após mais um fluxo de informações, retomamos a consciência plena do local em que nos encontrávamos e dos cinco ali reunidos. A sensação que eu tinha quando o fluxo era retomado é que entrávamos em um transe semiconsciente e que nossas mentes funcionavam em uníssono, descarregando e recebendo conhecimento. Não saberia dizer quem provinha o que, mas apenas que as partes se completavam de maneira coerente, formando um conjunto lógico e sequencial.

Durante a pausa, pude perceber que todos se encontravam animados, inclusive Mariah. Percebi também que o céu, outrora azul, já adquirira tons alaranjados e rosa típicos de uma tarde esplendorosa e que o Sol já não se encontrava a pino como quando ali chegara. Essa constatação me trouxe a certeza de que nos encontrávamos no entorno do planeta, não na crosta, mas numa posição bem mais elevada. Pensei que, se assim fosse, de algum ponto poderia vislumbrar o planeta majestoso, o que seria magnífico.

Refleti também sobre o conhecimento que até então recebera e não pude evitar uma analogia entre o universo com suas dimensões e os conceitos matemáticos do espaço multidimensional. No entanto, minhas reflexões foram interrompidas pela intervenção mental de Devdan:

— *Sim!* – a voz de Devdan ressoou forte em nossas mentes. – *Nos encontramos no entorno da Terra e os movimentos dos astros continuam elípticos e cíclicos, em total conformidade às leis naturais conhecidas no planeta. Deste local, vocês podem contemplar o universo, mas não com as limitações às quais estão submetidos quando se encontram na crosta do planeta. Daqui, é possível se transportar mentalmente para um ponto mais elevado de observação e, a depender do seu grau de evolução e adaptação, frequentar o entorno de astros distantes. Daqui, é possível também perceber um espectro luminoso que vai muito além daquele que os olhos físicos são capazes de captar, pois além da radiação eletromagnética, podemos ver as emanações psíquicas provenientes de cada astro. No caso da Terra, por exemplo, é possível observar o magnífico globo azul circundado, infelizmente, por uma névoa escura, fruto da poluição mental que prepondera nas mentes mais conturbadas, que não são poucas. Daqui, é possível verificar que a vida está em todos os lugares, que não existe desperdício no universo, que tudo tem um propósito e todos têm uma missão. Daqui, é possível observar nossos irmãos de outros mundos mais avançados que orbitam em torno de outras estrelas, trabalhando de maneira dedicada e incessante para auxiliar o homem na sua jornada evolutiva. É possível perceber que o homem não está sozinho e que sua liberdade de escolha é respeitada mesmo quando caminha perigosamente em direção à autodestruição. Daqui, é possível constatar que não só o que fazemos, mas também o que pensamos promove mudanças no universo e que, se disto tivéssemos plena consciência o tempo todo, teríamos muito mais cuidado com o que fazemos e pensamos. Daqui, é possível constatar que não há vida e morte, mas somente vida, que adquire várias formas e densidades, num contínuo infinito. Daqui, é possível visitar, mais facilmente, dimensões mais elevadas, na medida do grau de merecimento de cada um, e ter um vislumbre de uma liberdade de ação ainda não imaginada pelo homem comum. Daqui, é possível compreender o universo onde habita o homem, desatar o nó das leis naturais e perceber que tudo se resume numa só lei, a Lei do Amor. Aproveitem esta pausa para contemplar a beleza da Criação, percebam que o que vocês contemplam aqui possui uma beleza muito maior do que o mais belo dos sítios terrestres e dediquem algum tempo à reflexão sobre o que receberam desde o início do intercâmbio. Após esse intervalo, retomem as atividades, pois há muito mais a ser compartilhado entre vocês.*

Após a curta intervenção, Devdan se despediu e se foi. Embora parecesse casual, sua interrupção fora muito bem planejada. Durante o processo de intercâmbio, tínhamos consciência de onde estávamos e o que fazíamos ali, mas nos desconectávamos do que acontecia no entorno do Centro de Estudos.

Se não tivéssemos tido a intervenção de Devdan, não teríamos tido a oportunidade de contemplar aquele magnífico pôr do Sol com suas cores vibrantes. Concluímos que ali nada era por acaso. Todas as atividades realizadas, intervenções, mensagens, cenários e emoções sentidas tinham por objetivo nos instruir.

Aproveitei a pausa para aumentar meu conhecimento sobre os membros de nosso grupo.

— Como se sentiu após realizar a transição definitiva? – perguntei à Montse.

Tendo pressentido minha abordagem, ela respondeu:

— Não há transição definitiva, Elias, mas uma sequência de transições. Mas, respondendo sua pergunta sobre a última transição que experimentei, me senti bem. Aconteceu tudo de forma bem natural, como deveria ser. Entendi, sem sofrimento, que meu momento havia chegado e que deveria me desapegar de muita coisa acumulada durante minhas últimas jornadas na Espanha. Digo últimas porque lá estive outras vezes, sendo que, na antepenúltima jornada, não tive uma performance lá muito admirável. Então, meus dois últimos compromissos em terras de Espanha foram uma retomada de alguns contratos quebrados. Uma vez cumpridas nossas obrigações, o melhor a fazer é seguir adiante.

— Você poderia ser um pouco mais específica ou estaria sendo inconveniente ao lhe pedir que fale mais sobre você? – perguntei.

Ela sorriu e respondeu:

— Claro que posso ser mais específica, até o ponto que me é permitido, obviamente. Nasci e vivi na Espanha nas minhas três últimas jornadas. Fui um marinheiro durante as grandes expedições marítimas que tornaram a península Ibérica o centro do mundo. Como todo marinheiro tolo, analfabeto e cheio de vícios, procurava aventuras e riquezas prometidas e abandonei a família em terra firme muito cedo. Me tornei membro da tripulação de uma nau capitânia no século XVI e tive a oportunidade de conhecer lugares e pessoas de todos os tipos. Estive na África, na Ásia e até nas Américas, e agi de maneira irresponsável inúmeras vezes. Em algumas cidades portuárias, abusei do álcool, sexo, das drogas ainda relativamente desconhecidas no ocidente, roubei, menti e até matei. Várias vezes cometi desatinos que ainda me envergonham, me arrependi e aliviei minha consciência, em seguida, pela confissão. Achava que este expediente fosse suficiente para retirar dos meus ombros todo o peso acumulado na consciência pela má conduta e uma vez aliviada pela confissão, logo cometia mais erros. Dos três assassinatos acumulados na minha ficha nada honrosa, dois foram de nativos de ilhas do Pacífico, os quais considerava serem sub-humanos e não merecedores da mesma consideração, respeito e, muito menos, da compaixão que alguém como eu merecia. Ou seja, vivi uma vida acumulando erros e nada nem ninguém me fez refletir sobre minha malfadada trajetória. Errei, confessei incontáveis vezes, até que chegou meu dia. Abandonei o corpo sujo, malcheiroso e carcomido, embora jovem para os padrões atuais, em um naufrágio na costa oeste da África.

Era visível o esforço que ela fazia para manter a tranquilidade e a objetividade naquele ponto de sua narrativa, uma vez que expunha falhas de caráter e atos abomináveis que a maioria procura esconder durante as inúmeras jornadas no planeta. Não obstante a dificuldade em descortinar sua biografia, ela manteve o ritmo das confidências.

— Após essa experiência negativa, passei uma longa temporada em centros de estudos e acolhimento, aprendendo e refletindo sobre minha conduta e os motivos para ter feito o que fiz, sobre o que havia impulsionado e o que havia atrasado a minha trajetória. Encontrei-me com velhos conhecidos e com aqueles que prejudiquei. Fiz novas promessas, fortaleci-me e dirigi-me novamente à Espanha para uma nova etapa de reforço e testes. Nasci novamente durante as guerras napoleônicas, Elias. Tornei-me um soldado e fui incumbido de defender o país da invasão francesa. Dessa vez, tive a oportunidade de estudar um pouco mais. Aprendi a ler e escrever e consegui, com algum esforço, manter-me longe do que me afundara na jornada anterior. Segui uma vida relativamente correta e procurei ater-me a meus compromissos enquanto membro de um exército regular. Defendi meu país com bravura e me casei. Tive três filhos homens com os quais tive uma relação conturbada. Por mais que me dedicasse à família, não havia nada que pudesse fazer para evitar os conflitos que só se ampliavam. Havia um misto de amor e ódio nos nossos relacionamentos. Qualquer falha minha, por menor que fosse, sobrepujava tudo o que havia feito de bom e, por mais que os amasse, o ambiente de conflitos tornou-se insuportável e acabei abandonando a família para tornar-me, mais uma vez, um marinheiro da marinha mercante. A vida nos oceanos, plena em liberdade e sem responsabilidades, me seduzira novamente...

Ao mencionar outra queda, seus olhos marejaram, ela baixou a cabeça e se manteve em silêncio por algum tempo até que se sentisse segura para continuar a exposição.

— Cedi, novamente, ao canto das sereias, meu caro amigo, para, em seguida, me perder em bebedeiras, arruaças e noitadas de sexo. Abandonei a família quando meus filhos ainda eram crianças; o mais velho tinha treze anos de idade, o do meio, onze e o mais novo, nove. Não é difícil entender que a falta do progenitor numa época tão difícil como aquela trouxe-lhes muito mais dificuldades do que normalmente teriam se contassem com minha ajuda e orientação durante seus principais anos de formação. Não vivi muito. Aos quarenta e cinco anos de idade, fui acometido de grave doença e vim a falecer para, em seguida, constatar que meus filhos daquela jornada eram os mesmos dos quais tirara as vidas no Pacífico. Depois de mais uma experiência repleta de deslizes, submeti-me a longos programas de reeducação e procurei adquirir novos conhecimentos em outros centros de estudos. Assim que me senti preparada, após inúmeros estágios em centros de reeducação, candidatei-me a uma nova jornada de reforço e testes. Antes de propor um novo estágio na Terra, procurei me certificar de que estava preparada. Não queria perder mais uma valiosa oportunidade de dar um grande salto à frente na minha jornada evolutiva. Após avaliações superiores, recebi a devida aprovação, encontrei uma oportunidade adequada, novamente na Espanha, e me submeti a ela. Acabei sendo agraciada com uma excelente oportunidade, numa família amorosa, e pude conquistar muitas ricas amizades. Me encontrei novamente com meus três filhos da jornada passada. Um deles foi meu avô, o outro, meu pai, e o terceiro, meu melhor amigo, com o qual vivi momentos deliciosos a partir dos vinte anos de idade.

Ao mencionar a última jornada, seu semblante finalmente desanuviou e ela, orgulhosa pelo que considerava sua redenção, sorriu pela primeira vez desde que iniciara a exposição. Ao vê-la sorrir novamente, retribuí com ternura, tornando evidente minha admiração por sua coragem e determinação. Sentindo-se acolhida, ela concluiu:

— Tive uma jornada mais que satisfatória. Pude estudar bastante, tendo me formado e pós-graduado em oceanografia, trabalhei por quinze anos em um centro de pesquisas e preservação da vida marinha, viajei bastante, para o extremo oriente principalmente, pratiquei uma vida saudável, com alimentação frugal baseada em vegetais, peixes, frutos do mar e muito esporte, li muito, fiz uso do álcool com muita moderação, evitei as drogas e fui voluntária em muitas ações sociais de auxílio aos carentes mundo afora. Tive vários amores, todos do sexo feminino, mas não me casei nem tive filhos. Como você pode notar, ainda houve influência de minhas vidas anteriores nas minhas preferências.

Ao relacionar os amores de sua última vivência como mulher com os papéis masculinos de suas vivências anteriores, Montse soltou uma risada e eu a acompanhei. O que ela disse não foi lá muito engraçado, mas sua risada sim, foi contagiante.

Há muitos no planeta, entre os quais eu me incluía até aquele momento burlesco, que acreditam que o poder terapêutico de uma boa risada esteja relacionado às transformações químicas no cérebro e ao relaxamento muscular provocados pelos espasmos.

Naquele local, percebi que essa crença toma a consequência pela causa, pois o poder de uma boa risada decorre da energia liberada pela mente, que nos envolve da cabeça aos pés, semelhante ao efeito corona em objetos metálicos carregados de eletricidade, e as alterações na química cerebral e no corpo são resultado dessa descarga, que era visível na dimensão em que nos encontrávamos.

Percebi também que o humor nos acompanha e é muito bem-vindo em qualquer dimensão. Essa constatação contribuiu para a desconstrução da aura de seriedade e santificação que sempre associei ao processo de abandono do espaço-tempo, quando a vida física se extingue. Assim sendo, nada melhor para desmistificar a morte do que uma bela risada por quem já havia morrido.

Encerrados os espasmos, agradeci Montse pela confiança em compartilhar informações tão pessoais e a palavra afinidade me veio novamente à mente.

Na sua última jornada, ela buscara a liberdade plena nos oceanos sem fim, mostrara-se resoluta em assegurar um salto evolutivo sem perda de tempo, mantivera a disciplina para estudar, a coragem para se arriscar, o zelo sem excesso com o corpo e promovera uma busca incessante pelo equilíbrio mental. Considerei que talvez isso tudo nos aproximasse, mas, independente dos motivos pelos quais nos encontrávamos no mesmo grupo, o seu relato maravilhoso me fez pensar sobre mim, sobre minha história, o que já vivenciara, os erros que certamente já cometera e o aprendizado que acumulara que eram, até então, totalmente desconhecidos. Ao imaginar o que já poderia ter feito em jornadas anteriores, um arrepio me percorreu a espinha.

Me encontrava ainda absorto em pensamentos, desconectado do restante do grupo, que também acompanhou o testemunho de Montse, quando Kuntur e Pavlo me arrancaram do meu momento de introspecção.

— Amigos, vamos discutir algum ponto específico ou vamos continuar nosso intercâmbio? – perguntaram, simultaneamente.

Antes que eu respondesse, Mariah se adiantou:

— Nosso passeio cósmico que antecedeu o último fluxo de trocas me proporcionou uma compreensão até então inimaginável do funcionamento do nosso universo. Senti uma felicidade imensa em poder entender coisas que sempre imaginei estarem além da minha capacidade cognitiva, mas que são, a partir de nossa perspectiva atual, de uma simplicidade espantosa. Ao mesmo tempo, senti uma pitada de frustração por constatar que jogamos oportunidades preciosas na lata de lixo: somos muito bons em não enxergar o óbvio...

— Pode nos explicar a que você está se referindo, Mariah? – perguntei.

— Claro! – respondeu Mariah – É que se somos, enquanto nossa consciência habita a matéria, apenas vibrações de campos influenciáveis pela inteligência, ainda que apenas ao nível microscópico, podemos influenciar a maioria dos processos que ocorrem nos nossos corpos, ou seja, podemos tanto desorganizar e reorganizar tecidos dos nossos corpos com nossos pensamentos. Podemos nos adoecer ou nos curar, ou seja, nosso bem-estar físico é uma questão de escolha apenas. No entanto, passamos a maior parte do tempo optando pela doença. Não estou fazendo julgamento de quem quer que seja, mas apenas abordando meu caso, ainda que de maneira genérica. Vocês, por exemplo, estão aqui por força de danos nos corpos causados por algo externo a vocês. Já não posso dizer o mesmo sobre meu caso. Sei que muitas doenças já estão programadas no nosso DNA, mas nem isto parece ser determinístico: mesmo quando a programação existe no DNA, há uma influência que podemos exercer na probabilidade de que uma determinada doença se desenvolva e parece que não fui capaz de evitar a má formação no vaso que se rompeu no meu cérebro. Na verdade, agora consigo enxergar com clareza tanto o que contribuiu para a deterioração da parede do vaso, como o que poderia ter retardado o processo: os conhecidos pensamentos e sentimentos nocivos ou positivos. Sempre eles! – concluiu.

— Com exceção de você Mariah, – replicou Kuntur – estamos todos aqui por causa de um acidente promovido por forças externas, mas quem pode dizer que nossos processos mentais não contribuíram para os acidentes que tivemos? Não vejo diferença entre os nossos casos e o seu, pois o evento que resultou no deslocamento de nossas consciências para cá é resultado de uma construção longa promovida por pensamentos e sentimentos, assim como no seu caso. Além do mais, qual é a diferença do choque de minha cabeça com a rocha com o rompimento do vaso no seu cérebro? Ambos são eventos pontuais que resultaram de uma longa preparação na qual fomos autores e não meros coadjuvantes.

— Kuntur tem razão, Mariah – eu disse. – Estávamos emaranhados, para usar um termo da física quântica, com tudo que fez parte dos nossos acidentes. Depois de nosso passeio cósmico, sabemos como esse emaranhamento se dá e, mesmo que nossos corpos e todos os objetos e pessoas que tomaram parte dos acontecimentos de cada um sejam muito maiores do que uma partícula de escala subatômica, na qual o emaranhamento pode ser verificável em laboratório, tudo no espaço-tempo é formado por essas partículas, o que torna o emaranhamento em escala macroscópica, envolvendo objetos e pessoas, uma possibilidade real. Por estarmos emaranhados com os objetos e pessoas que compunham os sistemas de nossos acidentes, todos nós, de uma maneira ou de outra, tivemos uma influência nos processos que culminaram com nosso despertar aqui.

— Sim – disse Montse – não podemos esquecer também que os processos subatômicos são probabilísticos e que pequenas alterações ocorridas com grande antecedência aos acidentes poderiam ter provocado grandes mudanças nos seus desfechos, embora acredite que, de qualquer maneira, estaríamos aqui para este evento tão especial.

— Você acha que estaríamos aqui, Montse, não importando o curso dos acontecimentos, pensamentos e sentimentos anteriores aos nossos acidentes? – perguntou Mariah.

— Sim, acho, – respondeu Montse, sorrindo – até porque, como bem sabemos, temos nossas restrições no espaço-tempo. E tem que ser assim mesmo, pois nosso entendimento das coisas ainda é bem limitado. De vez em quando, é preciso que algo ou alguém nos force a cumprir certos compromissos porque, do contrário, arrumaremos uma dúzia de boas desculpas para nos esquivarmos deles. Quem aqui seria voluntário para nosso encontro se soubesse que ele se daria em outra dimensão e que envolveria alguém que já morreu, como eu?

— É verdade – eu disse – e as leis físicas que regem o espaço-tempo são a forma mais clara de restrição que possuímos. No meu caso, por exemplo, nenhum pensamento, sentimento ou vontade alteraria o encontro dos dois veículos quando se encontravam a 100 metros um do outro: as leis da física que regem os movimentos, a constituição dos materiais, a tecnologia dos veículos e as características do ambiente apontavam para o choque iminente que acabou acontecendo. No entanto, qualquer evento que provocasse um atraso de 5 segundos em um dos veículos poderia alterar drasticamente o desfecho do acontecimento, mas aí já entramos no ponto destacado por Montse sobre nosso encontro aqui ter se dado por determinação superior.

— Meus amigos, vocês têm razão! – Mariah me interrompeu – Pensando bem, acredito que nosso encontro aqui estivesse realmente marcado. Cada um de nós chegou aqui por um caminho diferente, mas o local e o momento de convergência já estavam definidos. Além do mais, sinto-me muito feliz em estar aqui realizando essas trocas maravilhosas com vocês. E o que acham de retomá-las?

— Sim! – falamos todos ao mesmo tempo.

— Então, mãos, ou melhor, mentes à obra! – exclamei.

...

KUNTUR

"A Matemática é a construção mental baseada na lógica e no rigor que pode ser usada para expressar todas as possibilidades do universo. Com a matemática, a perfeição e a infinitude são possíveis e podemos ter uma vaga noção do que é a inteligência universal. Por meio dela, podemos imaginar construções que não são possíveis no espaço-tempo e que podem apenas ser imaginadas. Com ela, podemos partir de construções complexas e simplificá-las de maneira elegante. Ao usá-la para descrever ou explicar algum fenômeno, se se chega a uma contradição de suas regras, ou a solução encontrada não abarca todo o fenômeno, ou há um erro na origem. Se não há contradição ou premissas errôneas e ela aponta para uma conclusão aparentemente absurda, uma nova fronteira do conhecimento pode ter sido atingida. Ela é, portanto, a construção mental de um universo perfeito cujos objetos, estruturas e padrões só existem em dimensões superiores às da Terra.

É por meio da matemática que o homem pode intuir a existência de uma Lei Maior, que a tudo regula, de maneira perfeita e infalível, mas que só pode ser compreendida plenamente em instâncias superiores. No

entanto, a matemática que o homem conhece é incompleta e, por meio dela, ele não consegue alcançar a Lei Maior, que engloba todas as outras responsáveis pela ordenação de tudo nas inúmeras dimensões. Mesmo assim, ela serve como a expressão de todas as possibilidades do seu universo tosco e é a representação tosca da inteligência universal.

Muitas das construções possibilitadas pela matemática são inviáveis no atual estágio de evolução no planeta Terra, mas suas existências, ainda que imaginárias, servem para manter o homem encorajado a persegui--las de maneira resoluta. Pela matemática, o homem alcança o passado e o futuro, entende e simula a dinâmica do universo, constrói universos multidimensionais, viaja instantaneamente pelas múltiplas dimensões e se pergunta se algum dia poderá realizar algum desses feitos sem saber que a resposta é sim, se ele se desprende, se liberta do visgo e das limitações impostas por seu universo físico pela expansão da consciência.

É por meio dessa expansão que o homem entende que a matemática sempre lhe dá os sinais do que pode realizar e experimentar. Pela expansão, ele entende que passado, presente, futuro e todas as dimensões do universo são uma coisa só e que a percepção de suas existências e a possibilidade de acessá-las depende, unicamente, do alcance de sua consciência. Pela expansão, sua mente aprende a ignorar os limites da distância e da unilocalidade e a moldar o universo com responsabilidade. Pela expansão, ele se aproxima da Fonte Criadora e se sente plenamente feliz.

A matemática é o convite, enquanto a capacidade de amar e o conhecimento de si mesmo e do universo são o passaporte para as dimensões superiores. À medida que ama e adquire conhecimentos, o homem consegue desvendar os segredos do universo, se encanta, se enche de graça e não mais se sente sozinho na vastidão.

À medida que aumenta sua capacidade de amar e adquire conhecimentos, o homem consegue perceber a grande fraternidade universal, formada por civilizações incontáveis que habitam desde a via Láctea até os rincões mais distantes do espaço-tempo e de outras dimensões, e se integra a ela.

Ele consegue perceber que as leis naturais da sua dimensão nunca representaram um obstáculo para que ele encontre seus irmãos mais avançados na jornada evolutiva, mas sim sua consciência limitada.

Ele consegue perceber que não necessita de seu corpo físico para visitar mundos longínquos, que pode alcançar os registros indeléveis do passado e ter uma clara noção dos desfechos possíveis para o futuro.

Ele consegue perceber que, ao gastar menos energia e tempo consigo mesmo, torna-se capaz de transcender o tempo e o espaço e submeter o que o rodeia à sua vontade, desde que se mantenha responsável e aja com sensatez e equilíbrio.

Hoje, o homem se sente só no seu universo. Ele viaja inseguro e solitário no espaço-tempo, mas não porque ali não existam outras inteligências com as quais possa trocar impressões, conhecimento e expressar sentimentos. Ele está só porque ainda enxerga só a si próprio, porque pensa ser o ápice da criação, senhor soberano de todas as formas de vida física, o centro de todas as atenções e preocupações e a imagem do Criador. Ocorre que, se ele é a imagem única do Criador, em forma e espírito, o que seriam os outros seres viventes que ele conhece?

O homem se sente só porque ainda não percebeu que todas as formas de vida guardam em si uma manifestação da Inteligência Universal e anseiam, assim como ele, a ascensão às dimensões mais elevadas.

Ele se sente só porque ainda não percebeu que seu vaso físico só existe pela contribuição humilde de incontáveis espécies, que trabalharam com vontade e dedicação para o aprimoramento do seu invólucro de modo que se tornasse capaz de receber manifestações inteligentes mais avançadas.

Ele se sente só porque ainda não percebeu tudo isso, mas conseguirá fazê-lo. Ao expandir sua consciência, ele se humildará naturalmente ao se perceber parte de uma malha infinita de vidas mais ou menos evoluídas *e ao constatar que ele não é mais, nem menos importante, do que seus irmãos de toda espécie.*

Quanto mais o homem se perder em si mesmo, quanto mais energia desperdiçar em conflitos individuais e coletivos, quanto mais ouvidos der a doutrinas e filosofias que o colocam no centro do universo, menos será capaz de perceber, se encontrar e conviver com seus irmãos de outras paragens universais.

Esse isolamento autoimposto é infeliz, mas propicia ao homem a oportunidade de caminhar com as próprias pernas, aprender com os próprios erros e acertos, desenvolver as capacidades que o levem à compreensão do que é o universo, do propósito e do privilégio que é a vida em um corpo físico, embora ela esteja sempre sujeita às leis naturais inclementes. Ao atingir uma compreensão mínima de tudo isso, ele ganhará acesso amplo à grande fraternidade universal e estará, ele mesmo, apto a se juntar às frotas de auxílio a outros mundos isolados, grupo de mundos ao qual a Terra terá pertencido e superado.

Portanto, para se tornar parte da grande fraternidade, ou seja, para encontrar seu irmão avançado, o homem necessita muito mais conhecimento de si mesmo, da capacidade de amar seus companheiros de jornada, sejam quais forem, do que de tecnologia, até porque a tecnologia que hoje possui jamais o levará a mundos distantes de dentro ou de fora de sua galáxia, onde possa encontrar seus semelhantes mais avançados.

E não é que ele possa prescindir do avanço tecnológico, porque mesmo adquirindo as habilidades que a expansão da consciência lhe propiciará, ele sempre necessitará atuar fisicamente no seu universo por meio de suas máquinas e ferramentas. Ele deve sim manter seus estudos e pesquisas, enquanto exercita a expansão da consciência, e confiar nos ganhos que ela lhe permitirá. Ao manter o esforço nas duas frentes e conseguir ingressar na grande fraternidade, dará um salto gigantesco nas suas possibilidades mentais e físicas porque terá adquirido o avanço moral e o conhecimento para acessar tecnologias que, para ele, se assemelhariam, atualmente, à magia ou ao milagre.

O contato entre civilizações díspares no conhecimento tecnológico, mas de pouca evolução moral e da capacidade de amar, quase sempre causa a destruição da menos avançada, porque é consequência, na maioria das vezes, da cobiça, da vontade de explorar, conquistar e acumular riquezas.

Muitas vezes, a destruição promovida é justificada com base em falácias que aliviam a consciência daqueles que a engendram. Isso, o homem já testemunhou inúmeras vezes no seu périplo pelo globo a bordo de embarcações rústicas. No entanto, à medida que o homem expande sua consciência e entende sua posição e papel na criação, ele percebe que seu propósito não é o de conquistar, mas o de auxiliar seu irmão na jornada evolutiva e que este auxílio deve respeitar o direito de livre escolha do indivíduo e das civilizações menos desenvolvidas.

À medida que expande sua consciência, ele entende as consequências de sua aproximação e contato com os povos menos evoluídos. Ele percebe que, por menor que seja sua interferência nos assuntos dos contatados, o simples fato de se expor e evidenciar conhecimentos longe de serem compreendidos poderá ser suficiente para desestabilizar um funcionamento social precário, mas que evolui.

Ele compreende que o verdadeiro auxílio só acontece pela transformação do indivíduo, pela expansão da consciência e procura agir nesse sentido. Ele aguarda o momento adequado de se apresentar a seu irmão para que, juntos, retomem a jornada de crescimento. Ele compreende, finalmente, que a separação física entre os mundos que compõem a fraternidade é providencial, pois ele só será capaz de transpor as distâncias descomunais que separam as civilizações inteligentes do universo quando tiver obtido um avanço moral e tecnológico mínimo que requer a cooperação plena no planeta e a superação do grande desafio da autodestruição.

Eis que chegamos ao ponto crucial da jornada de todas as civilizações: a superação da sanha destrutiva que leva à extinção de povos e planetas.

Todas as civilizações possuem direito à autodeterminação, à livre escolha, e um resultado das escolhas possíveis é a completa extinção da vida na esfera que habita. Embora aqui denominada escolha, a autodestruição, que já aconteceu antes e continuará acontecendo no espaço-tempo, não é fruto de uma escolha específica, mas é resultado da soma de escolhas infelizes feitas por alguns povos ao longo das trajetórias evolutivas nos seus planetas outrora vivos, mas agora mortos.

No espaço-tempo, algumas civilizações já se perderam e não conseguiram promover a expansão global da consciência após atingirem um estágio de desenvolvimento tecnológico que as permitisse manipular quantidades massivas de energia de maneira instantânea. Essa capacidade de manipulação de energia também permitiu realizar transformações em escala global no ambiente em que viviam.

Mesmo quando essas civilizações rumaram para a autodestruição, o direito à livre escolha foi respeitado pelos irmãos avançados, que a tudo observavam, enquanto trabalhavam incansavelmente para reverter o cataclisma. Ainda que antevissem o desfecho infeliz da soma dos pensamentos e das atitudes deletérios dos povos das civilizações condenadas, os irmãos avançados se abstiveram de interferir diretamente com o objetivo de evitar a catástrofe e sofreram por isso.

Quando os colapsos ocorreram, toda a galáxia sentiu a reverberação da destruição massiva de vidas, que ultrapassou as fronteiras entre as várias dimensões e ecoou por eras incontáveis. No entanto, após os eventos de tamanha magnitude, por mais negativos que fossem, a jornada em direção à Fonte Criadora de todas as vidas atingidas continuou por obra de uma operação em escala planetária, sob coordenação de luminares, para distribuir os desalojados em centros de estudos, de recuperação e até mesmo em planetas menos avançados, *onde aqueles que contribuíram deliberadamente para os desastres se submeteram a novos reforços e testes ainda mais duros.*

No estágio em que se encontra, o homem terrestre ainda possui a chance de evitar o destino que tiveram outras civilizações desafortunadas se assim o desejar, mas a janela se fecha à medida que o tempo passa e que os sinais de desequilíbrio ambiental e psíquico no planeta são ignorados."

Mais uma pausa se deu para que absorvêssemos o que fora trocado sob um firmamento estrelado como nunca vira antes.

O último bloco de informações soara como um alerta e um puxão de orelha em todos nós. Ao seu término, ficamos em silêncio por um momento que pareceu uma eternidade refletindo sobre tudo que recebêramos.

Até a troca, eu mantinha a convicção de que, caso nos aproximássemos da autodestruição na Terra, seríamos interrompidos em nossos desatinos por uma força hercúlea, exercida por um pai zeloso, que não hesitaria em interferir com autoridade, impondo medidas salvadoras que cessariam toda atitude imprudente de seus filhos e corrigiriam o rumo das coisas.

No entanto, minha convicção parecia flutuar no raso de minha consciência porque, ao desenterrar conhecimentos dos recônditos da alma, o nevoeiro mental se dissipou e compreendi que não seria assim: somos responsáveis por nossos atos e não escapamos das consequências destes, o que quer dizer que ninguém seguraria nossas mãos para impedir que nos feríssemos mortalmente.

Por outro lado, fiquei muito feliz em confirmar minha certeza teimosa e não comprovada de que não estamos sós no universo, que a vida inteligente pulula nas bilhões de galáxias. Sendo um integrante da geração X, a existência de seres inteligentes mais avançados que nós, humanos, fora reforçada no meu imaginário pelos filmes, livros e outras publicações que se popularizaram a partir da segunda metade do século vinte, e sempre imaginava guerras, amores e amizades interplanetárias. No entanto, o entendimento do assunto a partir da última sessão de trocas se tornou bem diferente: de forma quase instantânea, saltei da infância do tema, das fantasias, desejos e caprichos, para a fase adulta, para um entendimento claro e equilibrado de algo tão importante. Independente de tudo, minha curiosidade se aguçou ainda mais e passei a desejar, até mais do que antes, conhecer nossos irmãos mais avançados de outros mundos.

Captando minhas reflexões, Kuntur se aproximou e comentou:

— Sei que nossos irmãos mais avançados sempre estiveram no nosso entorno na Terra, principalmente na região de onde vim. Sei que ali, no passado, tivemos inúmeras visitas, recebemos instruções valiosas, ainda que de maneira subliminar, sobre como cultivar plantas, curar doenças, construir objetos e abrigos, observar as estrelas e contar os dias, meses e anos e, em decorrência das raras aparições, nosso conhecimento primitivo nos levou a alimentar fantasias e criar alegorias e acabamos por tomá-los por divindades, deuses, o que certamente não são. Agora entendo o que faziam e por que têm sido furtivos. Na verdade, este assunto sempre esteve muito presente nas minhas reflexões nos meus passeios nas montanhas a nordeste do lago Titicaca. Quando me sentava no alto, contemplando o encontro entre o horizonte terrestre e o céu azul-escuro, com o vento gelado penetrando nas frestas da roupa, imaginava-me voando alto e encontrando-me com Pachamama, Paqarina e Pachaka-maq numa espaçonave prateada reluzente que pairava bem acima do limite do condor. De dentro da espaçonave, minha vista podia alcançar toda a extensão do lago, ladeado pela cordilheira, passando pelo território chileno até o Oceano Pacífico do outro lado, e eu podia fazer todas as perguntas que desejasse e teria todas as respostas sem restrições. Imaginava-me cruzando os céus do planeta por vários dias para, em seguida, empreender uma jornada breve pelo sistema solar, visitando principalmente Marte, Saturno e Júpiter, retornando à Terra antes que me dessem por morto e antes que minha mãe se desesperasse – disse-me sorrindo.

Era a primeira vez que via um sorriso estampado no seu rosto moreno. Sorri em retribuição, ele se animou e prosseguiu com seu relato:

— Sabe, sempre fui considerado por muitos uma pessoa estranha, por ser muito quieto, pouco efusivo e raramente manifestar minhas emoções. Achavam-me distante e pensavam que minha atitude contemplativa fosse fruto de arrogância, por me achar superior, ou porque não me importasse com os outros, o que não é e nunca foi verdade. Quando garoto, na escola, cheguei a ser importunado inúmeras vezes por aqueles colegas que, eles sim, se achavam superiores e normais por estarem em conformidade com os rótulos sociais vigentes. Sofri agressões verbais e físicas, sempre tive poucos amigos e nunca fui considerado atraente pelas meninas. A maioria das importunações não me incomodava, mas ser ignorado pelas meninas me deixava triste porque eu sonhava com uma companhia com a qual pudesse caminhar pelas trilhas e conversar sobre a natureza, sobre meus desejos e meu entendimento do que representa a vida na Terra. Aos vinte anos de idade, um pouco tarde para os padrões de hoje, conheci Gabriela, com a qual me relacionei por oito anos. Era meu alter ego, de cabelos negros, pele morena e olhos oblíquos bem escuros. Morava na Bolívia com os pais, que eram chilenos, e tinha dezoito anos de idade quando a vi pela primeira vez.

Ao se recordar de Gabriela, seus olhos brilharam com mais intensidade, mas notei o surgimento no seu íntimo de um pesar cujo motivo seria esclarecido mais adiante. Mesmo ciente de que eu percebera a sutil alteração na vibração que emanava, Kuntur se manteve impassível e continuou sua narrativa:

— Eu estava visitando Copacabana, não a sua do Brasil, Elias, mas a que fica à beira do lago Titicaca, que é bem mais simplória, mas muito charmosa, quando a vi, em frente à basílica de Nossa Senhora de Copacabana. Adentramos a basílica, me enchi de coragem e iniciei uma conversa um pouco desajeitada, mas suficiente para engajá-la. Depois de algumas trocas triviais, fiquei sabendo, para minha alegria, que residíamos na mesma cidade, próxima dali, chamada Pucarani, e tínhamos interesses comuns, sendo um deles o passeio pela cadeia de montanhas que de lá podemos avistar. A partir desse encontro, passamos a nos ver regularmente em Pucarani. Gabriela era doce, paciente e uma boa ouvinte. Era comum que ela se deitasse sem cerimônias de costas no chão nos lugares mais inusitados, com as mãos sob a cabeça, após alguns minutos de conversa. Deitada, ela contemplava em silêncio o céu azul do outono e do inverno, quando o firmamento adquire um azul profundo e a luz oblíqua do Sol confere uma textura única àquela paisagem terrena deslumbrante, e me ouvia compenetrada, sem se manifestar. Nesses momentos idílicos, eu discorria, principalmente, sobre o propósito da vida e da morte, sobre meu desejo de conhecer o mundo e minha paixão pelos animais, entre outros assuntos. Quantas vezes viajamos pela imaginação para lugares rústicos, cercados de belas paisagens e com poucas pessoas por perto. Juntos, visitamos a Patagônia, a Antártida, o Alaska, o Grand Canyon, a Amazônia, o Pantanal brasileiro, Machu Picchu, Egito, entre outros lugares maravilhosos.

Ao descrever os momentos na imensidão boliviana, nos quais os dois se isolavam e viajavam pelo mundo, Kuntur fechou os olhos momentaneamente. O gesto, típico de quem busca experiências perdidas e espalhadas nos meandros da memória, não servia a esse propósito na dimensão em que nos encontrávamos, mas permitir que ele revivesse as emoções daqueles momentos com mais intensidade, o que pôde ser constatado pelas breves alterações na intensidade de sua aura. No entanto, ele tinha plena consciência de que deveria manter a objetividade na difícil tarefa de revisitar suas cicatrizes e procurou readquirir a serenidade que o caracterizava.

— Nas nossas viagens imaginárias – continuou Kuntur – , conversávamos sobre tudo, menos sobre o futuro do nosso relacionamento. Toda vez que eu conduzia a conversa para uma vida compartilhada, no futuro imediato ou distante, ela desconversava e me interrompia de maneira gentil. A sua resistência em falar sobre o futuro era o prenúncio do que ocorreria alguns anos depois e que eu nunca fora capaz de perceber. Oito anos após nos conhecermos, os pais de Gabriela retornaram ao Chile e, pouco tempo depois, ela resolveu visitá-los. O que era para ser uma viagem breve, de duas semanas, acabou se tornando uma mudança definitiva. Foi numa reunião familiar em Santiago que ela conheceu seu atual esposo, uma pessoa com um bom emprego e um futuro promissor, que poderia lhe proporcionar a segurança que não enxergava no seu relacionamento comigo e que, agora sei, era muito importante para ela. Após um duro e surpreendente rompimento por telefone, ela ficou em silêncio por um bom tempo para, em seguida, para meu desespero, me informar que não buscaria os pertences deixados para trás em Pucarani. Me pediu que eu os distribuísse como bem quisesse. Foi a última vez em que nos falamos.

Até aquele momento, era possível sentir a tristeza e o pesar que, ainda hoje, anos depois da separação, aquelas lembranças causavam em Kuntur, mesmo tendo ele se recomposto algum tempo depois. Por meio daquele relato, ficou patente para mim que todas as emoções sentidas ao longo de nossa jornada no planeta ficam registradas no nosso íntimo e que a simples lembrança dos fatos reaviva-as, desequilibrando-nos ou tonificando-nos.

Ciente da minha compreensão pelo esforço que fizera ao reavivar emoções ainda perturbadoras, Kuntur sorriu levemente e concluiu:

— Dois anos depois de nossa separação, após um grande sofrimento, que só os que sofrem por amor conhecem, conheci Aliyma e me reergui. Aliyma é meu anjo da guarda e cuida de mim com muito zelo. Não gosta de passeios no campo e nas montanhas, o que deixou claro logo que nos conhecemos, mas ganhou meu coração ao me trazer uma perspectiva nova sobre a vida: simplesmente vivê-la, nada mais. Também não é dada a conversas sobre temas existenciais e filosóficos. Ela simplesmente ama a vida, sua cultura, a música, a dança, as festividades, a comida e não se imagina perambulando pelo mundo. Vive o aqui e o agora com uma intensidade incrível, ama as sensações do corpo sem exageros e vive uma vida leve, possui uma capacidade empática, um carisma e uma facilidade para fazer novas amizades admirável. Nunca a vi se imolando por culpa ou remorso por alguma atitude ou palavra indevida que tenha me magoado. Ao perceber que exagerou, que me aborreceu ou me magoou por algo que disse ou fez, simplesmente se desculpa, de maneira bem sincera, e segue adiante. Talvez seja por isso que possua uma jovialidade contagiante, o que a torna uma companhia agradável e uma pessoa muito benquista por todos. Ela não se desgasta com aquilo que exaure a maioria das pessoas do planeta. No entanto, tem sofrido muito com minha condição atual e, sempre que posso, solicito ao meu mentor que a ampare enquanto cumpro minha tarefa por aqui.

Foi a primeira vez que ouvi a palavra *mentor* em referência às pessoas que nos receberam após os respectivos acidentes. Ao ouvi-la, a figura de Noah me veio à mente e questionei-me se ele seria o meu mentor e estaria me acompanhando nas minhas jornadas terrestres. Sendo meu mentor, pensei, ele haveria de ter muitas coisas para me dizer sobre minha trajetória, os erros e acertos, a rebeldia, entre outras coisas.

Mais uma vez, meu diálogo com um dos membros do grupo foi interrompido, desta vez por Pavlo:

— Sem querer ser desagradável, mas já o sendo, vamos retomar nossas atividades ou discutiremos alguma coisa antes de prosseguirmos?

Antes que respondesse, me veio à mente a triste constatação de que somos muito bons em sermos injustos quando estamos no planeta. Kuntur, um jovem meigo e sensível, deve ter sofrido bastante com a incompreensão e o preconceito de seus colegas de infância e por não se enquadrar no estereótipo do jovem vencedor, que pensa, planeja e luta constantemente para garantir uma segurança financeira, que mais parece uma miragem.

Talvez, se Gabriela tivesse vislumbrado um futuro com mais possibilidades propiciadas por uma boa fonte de renda para o casal e os futuros filhos, ela tivesse optado por seguir com ele na jornada atual, mas também pode ser que seus destinos se apartassem do mesmo modo mais adiante. Independente do que o futuro lhes reservasse, a história de Kuntur indicava que sempre surgem alternativas para quem se mantém disposto a seguir adiante e Aliyma parece ter surgido na vida de Kuntur no local e no momento certos.

Ao considerar isso, questionei-me se o novo encontro seria uma coincidência, fruto do acaso, ou a construção de uma alternativa para o futuro pela vontade das partes, pela atuação da inteligência sobre o universo, como aprendêramos. No caso de Kuntur, para que o encontro ocorresse, foi preciso que ele superasse a tristeza e desejasse se reerguer e que Aliyma continuasse alimentando o desejo de encontrar um companheiro de jornada que lhe complementasse em vários sentidos, que lhe acolhesse e respeitasse sua maneira de ser.

Qualquer que fosse a resposta para meu questionamento, ao encontrar Aliyma, Kuntur pôde conhecer uma maneira diferente e interessante de encarar a vida por intermédio de uma companheira sem mistérios, transparente, que permitiu que ele continuasse sendo ele mesmo. Unindo todos os pontos da história, o mais provável é que o encontro não se dera por uma mera coincidência, pensei.

Antes que me concentrasse novamente nas trocas, a palavra *afinidade* me veio novamente à mente e não foi preciso muita reflexão para perceber que havia pontos comuns entre Kuntur e eu: durante seu relato, enxerguei-me na sua preferência pela companhia de poucas pessoas e por passeios pela natureza selvagem, na paixão por animais, nos seus questionamentos acerca da vida e da morte, no seu pouco interesse por assuntos triviais e até mesmo no seu romantismo incomum nos dias atuais, evidenciado pela sua crença no amor duradouro em um mundo ávido por experiências passageiras e descartáveis. Diante das semelhanças encontradas, questionei-me se elas seriam fortes o suficiente para nos juntar naquele pequeno grupo de trocas.

Como ainda me encontrava ensimesmado, Pavlo insistiu:

— Elias, quer mais tempo para refletir antes de opinar sobre o que vamos fazer?

— Desculpe-me, amigo, acabei me perdendo nas reflexões. Estou tranquilo para prosseguir ou para discutir algum tema relacionado à nossa última troca. Sigo o que a maioria decidir – respondi.

— Já que é assim, tenho uma consideração adicional a fazer – disse Montse. – O nosso passeio cósmico facilitou o entendimento sobre o que trocamos a respeito da matemática. Não sei se esse entendimento permanecerá quando retornarmos ao planeta, vocês, nas suas respectivas jornadas atuais, e eu, numa próxima, ou se a experiência foi apenas uma oportunidade breve e volátil de compreendermos o que é possível de se vivenciar nas camadas superiores da consciência. O quer que seja, conhecimento permanente ou transitório, gostaria que elaborássemos um pouco mais o tema antes de prosseguirmos. Como a maioria dos alunos no planeta, nunca fui lá muito fã da matemática ensinada nas escolas – sorriu -, mas compreendi que aquilo que aprendi durante toda minha vida acadêmica é apenas uma fração da aplicação da matemática na solução dos problemas reais de nossa civilização. A despeito do meu entendimento do que foi trocado, não me importaria se abordássemos o assunto mais uma vez.

— O que exatamente você quer discutir, Montse? – perguntou Mariah. – Qual aspecto relacionado à matemática? Ou quer abordar algo mais que surgiu na troca?

— Em primeiro lugar, por que o tema surgiu? Entender a razão de termos começado exatamente pela matemática seria um bom começo. Em segundo lugar, gostaria de saber se há algo que exemplifica a afirmação de que a matemática representa todas as possibilidades do espaço-tempo e que ela não mente jamais, o que me parece ser uma afirmação de que o mundo como o conhecemos, o espaço-tempo, se curva à matemática e não o oposto. Da maneira como dialogamos, ficou a impressão de que o raciocínio abstrato que é a matemática enxerga possibilidades que vão além do que experimentamos no espaço-tempo, ou seja, nosso universo conhecido seria uma representação tosca de um universo muito mais lógico, amplo e perfeito, que combinado com o mais puro amor seria o ápice, ou melhor, o objetivo final de nossas jornadas – esclareceu Montse.

— Eu acredito que o surgimento da matemática nas nossas trocas se deveu à compreensão de que tudo que há no espaço-tempo é a informação, Montse. A informação, que é parte da Inteligência Universal, dá origem ao dueto matéria-energia e às interações entre tudo na forma de campos vibracionais. A informação a que me refiro nada mais é do que a descrição das relações entre tudo, matéria, energia e campos, do modo como tudo interage dando origem ao espaço-tempo. Essa descrição pode ser modelada em nossas mentes pelo que chamamos de matemática e o que vemos em lousas e livros, todos aqueles símbolos intrincados que a caracterizam, são apenas a representação visual da nossa construção mental. Na matemática, a modelagem de todas as complexas estruturas é feita a partir de blocos simples de regras rígidas, imutáveis, e o conjunto da obra, uma vez que não haja alguma inconsistência na combinação desses blocos e nas premissas adotadas, descreverá a contento o funcionamento do nosso mundo. No entanto, alguns objetos e estruturas que imaginamos só são possíveis nas nossas mentes, não podendo ser encontrados no espaço-tempo. Tente, por exemplo, construir de maneira tangível um círculo perfeito, um ponto, uma reta, um plano, o infinito e um universo multidimensional e perceberá as limitações que encontramos no espaço-tempo. Normalmente, observamos os fenômenos do espaço-tempo e corremos atrás de uma modelagem coerente usando a matemática. No entanto, algumas vezes, a modelagem matemática indica a existência de um fenômeno não observado e, Eureka: passado algum tempo, lá está o fenômeno tal qual previsto quando a tecnologia permite realizar uma observação ou simular o fenômeno em laboratório! – respondi.

Ao discorrer sobre o tema em questão, corria o risco de deixar meus amigos perdidos no meio do caminho. É o que certamente aconteceria numa roda de conversas formada por pessoas sem o devido conhecimento no assunto em nossa dimensão de origem. Por isso, à medida que me expressava, mantinha-me atento ao menor indício de que falava somente para mim mesmo. No entanto, devido à alteração em nossa capacidade cognitiva no ambiente em que nos encontrávamos e às trocas já realizadas, todos me acompanhavam com o interesse típico de quem não só compreende como gosta do assunto em evidência, o que me encorajou a avançar um pouco mais na exposição do meu ponto de vista.

— Para exemplificar o ponto acima – eu disse -, usarei o caso da teoria da relatividade: ao se manusearem as equações partindo da premissa de que a velocidade da luz era constante, qualquer que seja o referencial de medição adotado, obteve-se uma solução matemática que mostrava a dilatação do tempo e da matéria com o aumento da velocidade. A conclusão surgiu no início do século passado, mas não havia como confirmá-la ou contrariá-la quando surgiu. À época, a única certeza parecia ser que a velocidade da luz era constante, na verdade o limite, de qualquer maneira que fosse medida. Um pouco mais tarde, a mesma matemática dizia que a presença da matéria deforma o tempo e o espaço, e não havia como comprovar a afirmação na prática até que se pôde observar a luz fazendo uma curva no espaço deformado por uma grande massa de um corpo celeste e, mais tarde, quando o homem pôde comparar o registro do tempo em relógios sincronizados, sendo um deles posicionado no espaço. E digo mais: não havia como confirmar a existência da antimatéria, também prevista pela matemática, antes que fôssemos capazes de simular o fenômeno em grandes aceleradores de partículas. Para finalizar os exemplos, cito a física quântica, que chegou assombrando, e ainda assombra, com alguns fenômenos previstos e confirmados na prática. É como se a Fonte Criadora nos dissesse: "Nada lhes é vedado e eu não prego peças. Tudo que acontece no espaço-tempo segue regras fixas as quais, uma vez descobertas por vocês, não alterarei com o objetivo de deixá-los perdidos. Ao longo do caminho das descobertas, há uma série de cofres contendo informações que levarão ao tesouro maior, e a matemática é a chave de todas as portas". Por fim, não entendo que o mundo se curve à matemática, mas sim que o mundo surgiu a partir da informação baseada em relações lógicas permanentes no tempo e no espaço, as quais podemos intuir, imaginar e compreender. Se não fosse assim, reinaria o caos total, pois enquanto vivenciássemos nossas jornadas no espaço-tempo, estaríamos imersos em um grande tabuleiro para jogar um jogo cujas regras seriam imprevisíveis e, por consequência, ininteligíveis. Viveríamos, isto se viéssemos sequer a existir, em um sofrimento constante. Uma situação como esta seria tudo, menos amor.

— Uau! – disse Montse – Agora imagino de onde tenha partido boa parte dos "insights" da nossa troca.

— Não tão rápido, Montse – sorri, olhando para Kuntur e Pavlo – parte do que acabo de descrever chegou até mim durante a troca proveniente de Kuntur e Pavlo. Na maioria das vezes, não é fácil identificar de onde parte o conhecimento que atinge minha mente quando estamos em ressonância, e talvez isso não seja lá muito importante. No entanto, a origem de algumas conclusões que acabo de compartilhar ficou clara quando recebi fragmentos dos dois. É como se, antes da troca, faltassem peças importantes de um grande quebra-cabeça que ambos ajudaram a completar. Meu entendimento até o momento é que a troca é um processo complexo que envolve confiança entre os envolvidos, interesse mútuo no assunto, maturidade emocional entre outros aspectos.

— É isso aí! O mesmo ocorre comigo e meu entendimento também é este – disse Kuntur – E digo mais: percebo claramente quando aquilo que emito é recebido por algum de vocês, principalmente quando quem recebe percebe que o conhecimento está partindo de mim. No fundo, a troca mental não difere muito das trocas verbais às quais estamos acostumados. A única diferença é que tudo aqui pode ocorrer numa velocidade estonteante. Para mim, fica cada vez mais claro o porquê de estarmos aqui e agora: nossa afinidade cria as condições quase perfeitas para um processo extremamente eficiente. Cada um de nós traz uma bagagem e peças importantes que completam um mosaico interessante, para usar suas palavras, Elias.

— Certo! – exclamou Montse – Acredito que eu ainda vá refletir bastante sobre o que acabamos de conversar, mas me dou por satisfeita. Se não houver outro ponto a ser discutido ou esclarecido, sugiro que sigamos em frente.

— Vamos lá! – retrucou Mariah, tornando evidente a intenção do grupo.

...

PAVLO

"O tempo tal qual o homem o percebe nada mais é do que uma sequência de estados possíveis do universo. Dentro da esfera multidimensional que inclui o planeta Terra, esses estados são influenciados pelo homem dentro dos limites impostos pelas leis naturais.

Cada indivíduo vivencia uma sequência única, específica, de estados, e ele é o ponto central de cada um dos estados que formam sua trajetória no tempo e no espaço.

Existe uma realidade objetiva que forma o estado em que o indivíduo se encontra, mas existe também a percepção desse estado que é só sua, que depende do nível de consciência que ele possui do que está à sua volta.

Dentro da realidade objetiva, o indivíduo pode estar consciente de muito do que está à sua volta em determinado momento, mas jamais será capaz, no espaço-tempo, de ter consciência de tudo que ocorre no universo naquele exato momento. Chamamos de estado o conjunto de todas as ocorrências possíveis no universo em determinado momento.

Por meio de seus pensamentos e ações, o homem pode influenciar estados em sequência, desde si mesmo, passando por inúmeras dimensões, até o infinito.

Numa escala crescente, o indivíduo acaba fazendo parte, muitas vezes de maneira involuntária, dos estados criados pelos pensamentos e ações

combinados das várias pessoas de uma determinada coletividade, seja em que escala for.

A soma das ações e pensamentos da coletividade acaba criando estados futuros dos quais o indivíduo não consegue escapar, por mais que deseje se excluir dos acontecimentos.

Os estados futuros ou os acontecimentos que prevalecerão dentre as várias alternativas possíveis são, portanto, criação do presente, enquanto o passado, ou a sequência de estados anteriores ao presente, não pode ser influenciado por aqueles que se encontram no espaço-tempo, mas permanece nos registros indeléveis da memória individual e universal, podendo ser acessado na íntegra pela projeção da consciência.

Numa analogia simplista, todos os estados possíveis do espaço-tempo formam uma malha infinita de pontos que representam cada um desses estados, na qual a trajetória futura mais provável se destaca.

Essa trajetória será resultado da combinação das leis naturais e do pensamento e ações desses seres, o que quer dizer que, a partir de um determinado estado presente, muitos estados seguintes, o futuro, serão possíveis, desde que não contrariem as leis naturais, enquanto alguns dentre os possíveis se tornam mais prováveis em decorrência das ações e dos pensamentos do homem no presente.

Ao escapar do jugo das leis do espaço-tempo, pela projeção de sua consciência, o indivíduo pode acessar qualquer ponto na malha infinita: ele pode visitar os pontos que formaram a trajetória passada, os que poderiam tê-la formado, o ponto presente e os pontos possíveis e prováveis de serem vivenciados.

Enquanto os estados físicos do universo seguem rigorosamente as leis naturais, o que reduz as possibilidades da trajetória mencionada, o estado da consciência de cada indivíduo, dentro de um estado físico qualquer do universo, depende única e exclusivamente de sua vontade. É por essa razão que a sequência de estados de cada indivíduo, que forma sua jornada no espaço-tempo, sob seu ponto de vista, é única e não está restrita pelas leis naturais.

Ao agir e pensar no atual estágio evolutivo do homem, seu grau de influência sobre os estados futuros diminui à medida que se amplia a abrangência do que ele deseja influenciar. Então, é de se esperar que, na maioria das vezes, um único indivíduo tenha pouca ou nenhuma capacidade de influenciar o estado no qual está inserido um grande grupo de pessoas.

Um só homem pode, por exemplo, contribuir para o início de um conflito armado entre nações, mas ele jamais viabilizará este conflito por si só, sem que milhares ou milhões estejam alimentando sentimentos de dominação e destruição.

No caso de uma guerra eclodida, mesmo aqueles que sempre a repudiaram e mantiveram seus corações e mentes livres dos pensamentos que a alimentam, sofrerão suas consequências e a alternativa do conflito será para eles uma prova tão concreta e dura como para qualquer um que a tenha desejado e insuflado com atos, palavras e pensamentos. Daí a importância de que a expansão da consciência ocorra ao nível da coletividade, pois o grupo pode, sempre, muito mais que o indivíduo, para o bem ou para o mal.

Ao longo de sua jornada evolutiva no planeta, assim que passou a ocupar corpos mais bem elaborados e sensíveis à influência de dimensões e inteligências superiores, o homem passou a intuir a Fonte Criadora e a Inteligência Universal. Essa intuição passou a ocorrer tanto em vigília quanto em seus passeios oníricos, quando conhecimentos sobre si e sobre o universo, os quais sua consciência não alcança, afloram.

Esses pensamentos e sonhos se tornaram terreno fértil para a cosmogonia e a criação de deidades, doutrinas e filosofias que ajudaram a formar um entendimento, muitas vezes místico e descolado da realidade, do espaço-tempo, da própria origem e destino, de seu papel e de seu lugar no universo observado.

Ao se ver preso na linha do tempo, submetido a uma sequência de estados sobre os quais ele acreditava não ter influência alguma, o homem transferiu a responsabilidade pelos acontecimentos para os seres míticos por ele criados, que eram ora benevolentes, ora punitivos e vingativos, mas que detêm poderes para influenciar qualquer fenômeno objetivo e subjetivo, de qualquer magnitude.

Com o deslocamento da responsabilidade pelos acontecimentos para seres imaginários, o homem se vê livre da responsabilidade pela construção do próprio futuro, o que impede o avanço de sua maturidade.

O poeta disse que não existe caminho e que o caminho é feito ao andar, e ele estava correto. O homem cria o próprio caminho à medida que opta por condutas mais ou menos acertadas, e este caminho poderá levá-lo a um bom destino se ele se dispor a aprender com seus erros.

Para aprender, no entanto, é necessário que o homem se livre do sentimento de culpa quando comete erros. É necessário que ele se torne capaz de analisar seus atos e seus impactos sobre outrem, que seja capaz de reconhecer suas faltas com humildade, de pedir perdão a todos os atingidos por suas ações e pensamentos, de vigiar para que não repita os mesmos erros em oportunidades futuras e, caso venha a repeti-los, ele deve compreender, humildemente, que ainda não amadureceu o suficiente.

Quando o indivíduo se encontra num estágio avançado de expansão da consciência e se torna capaz de antever ou intuir algum estado futuro, individual ou coletivo, isto quer dizer apenas que ele vislumbrou o estado mais provável decorrente das atitudes físicas e mentais coletivas que prevalecem no presente, mas não quer dizer que a alternativa para o futuro, além daquela que foi vislumbrada, não possa prevalecer, para pior ou para melhor, caso a postura daqueles que estão envolvidos se altere.

O grande mestre do planeta já disse que, quando mais de uma pessoa estivesse reunida em seu nome, ali ele estaria. O que esta afirmação significa é que mais de uma pessoa desejando e emitindo vibrações na direção de seus desejos pode sempre mais do que uma só, e não que o papel do indivíduo não seja importante, posto que cabe a ele vigiar e moderar seus desejos e pensamentos para que seus atos e palavras estejam alinhados com a Lei Maior, independente das atitudes e pensamentos do resto da coletividade.

Além do mais, mesmo que esteja sozinho e firme nas suas convicções, embora tenha pouca chance de alterar o estado coletivo prevalecente, o indivíduo poderá moldar o estado do seu entorno, o que já será de boa monta.

Se o indivíduo é capaz de alterar o seu entorno na direção dos seus desejos e pensamentos, duas pessoas que estejam em completo alinhamento terão grande chance de convergência de seus estados futuros. Essa convergência, por sua vez, poderá resultar em encontros que, à primeira vista, parecerão fortuitos. A história do homem no planeta está repleta de fatos desse tipo e, mesmo diante de tanta evidência de que os agentes da convergência tiveram total influência nesses encontros, o homem ainda prefere considerá-los fruto do acaso.

Interpretar tais encontros como fruto do acaso traz conforto ao homem, uma vez que elimina a possibilidade da ação da inteligência sobre o universo, que ele ainda não pode provar, e reduz sua responsabilidade por encontros que causam danos e prejuízos físicos e morais.

Além disso, o acaso o liberta da prisão na qual ele mesmo se colocou, constituída por um mundo onde tudo é determinado por uma entidade suprema e perfeita que a tudo vê, controla e determina. O que ele não consegue entender, sem a devida expansão da consciência, é que tanto o mundo onde tudo está determinado como muitos dos encontros fortuitos são o resultado de seus pensamentos.

A sequência dos estados individuais e coletivos é fruto da vontade e das escolhas, mas não é completamente livre no espaço-tempo. Nesta dimensão, mais que nas superiores, há restrições impostas pelas leis naturais.

Ainda que possa criar concentrações energéticas por meio do pensamento coletivo com alto poder de influência sobre a mente e determinados fenômenos físicos, o homem tem de se submeter às leis naturais que conferem estabilidade ao espaço-tempo. Afinal de contas, se cada indivíduo pudesse alterar as leis naturais de acordo com sua vontade e capricho, no atual estágio evolutivo da consciência humana, o caos reinaria. Então, há que se ter restrições que são gradualmente aliviadas à medida que a consciência avança para dimensões superiores.

No atual estágio de evolução da consciência do planeta, para que seja capaz de realizar transformações físicas no espaço-tempo, o homem não pode prescindir da intermediação da matéria e da energia dela oriunda.

A título de exemplo, ninguém pode, no espaço-tempo, alterar o estado de queda de um objeto que está submetido à força da gravidade do planeta somente pela força de seu pensamento, o que seria a atuação direta da consciência sobre a matéria. Nesse caso, a manipulação da força de atração do objeto que cai requereria uma manipulação de energia densa, típica do espaço-tempo, a qual a consciência humana não é, ainda, capaz de concentrar e controlar.

No entanto, essa manipulação pode se tornar possível com a intermediação da própria matéria, ou seja, pelo uso de equipamentos físicos que sejam capazes de alterar o campo gravitacional usando energia massiva proveniente das fontes naturais do universo. Isso quer dizer que, embora existam limitações à atuação da consciência sobre a matéria no espaço-tempo e as leis naturais sejam soberanas, não faltam alternativas para que o homem mantenha a jornada de transformação responsável do planeta, bastando para isso que use a intermediação da matéria e seu estado alterado, a energia.

Mesmo não contando com os recursos e a liberdade necessários para a atuação direta da consciência sobre os constituintes do espaço-tempo, o homem não deve ignorar a existência de uma energia mais sutil, abastecida pela Fonte Criadora: a energia psíquica. Ainda que esta energia tenha uma capacidade limitada de atuação sobre matéria e energia típicas do espaço-tempo, o homem é capaz de manipulá-la conforme sua vontade pelo pensamento.

A capacidade de manipulação individual da energia psíquica é limitada e varia de indivíduo para indivíduo, mas a junção de forças por meio do pensamento coletivo pode formar concentrações energéticas poderosas o suficiente para influenciar mentes, fenômenos sociais e físicos no planeta.

A observação da atuação e a medição das concentrações de energia psíquica nos fenômenos sociais são impossíveis ao homem atual, mas as consequências dessa atuação são visíveis na forma, por exemplo, de distúrbios sociais, transtornos e insanidade coletivos e comportamentos das massas difíceis de serem compreendidos e explicados, quando esta energia atua de forma destrutiva.

A mesma incapacidade se aplica à observação e à medição da energia psíquica que atua nos fenômenos físicos naturais.

Muitos acontecimentos naturais, ainda que plenamente explicáveis com base nas leis físicas que o homem conhece, têm sido influenciados por essas concentrações de energia. Esses acontecimentos em nada contrariam as leis físicas observáveis e a atuação das concentrações de energia psíquica se dá na intimidade da matéria, na qual alguns fenômenos podem ter suas probabilidades de desfecho alteradas.

À medida que sua consciência se expande, o homem vai adquirindo a capacidade de manipular sua energia psíquica, o que lhe confere novas habilidades. Mesmo no espaço-tempo, em que a atuação sobre fenômenos físicos é limitada, a manipulação de energia psíquica pode auxiliar na cura de doenças, na indução responsável, justa e benevolente de pensamentos e sentimentos que promovam o bem-estar individual e coletivo e no deslocamento mental no espaço, nas múltiplas dimensões do universo, e no tempo para a realização de tarefas coordenadas por inteligências superiores.

Uma das leis naturais que o homem já compreendeu é que tudo é reciclado no espaço-tempo. Nele, nada é perene. Seu corpo, por exemplo, o objeto físico mais complexo conhecido, nasce relativamente desorganizado após colecionar átomos provenientes de várias fontes e, à medida que amadurece, se torna mais organizado até determinado ponto, quando então começa a se desorganizar até que os átomos que o compõem são espalhados novamente pelo planeta.

Durante o ciclo de existência física, o corpo do homem recebe energia do Sol pela intermediação de outros seres vivos, recebe matéria orgânica e inorgânica da Terra, que é de origem estelar, e serviços valiosos dos demais astros que compõem o sistema solar, na forma de proteção e regulação do planeta e seus ciclos naturais.

A energia, a matéria e os serviços recebidos permitem ao homem, durante boa parte do ciclo, aumentar sua organização corpórea. Atingido o auge da organização, porém, o mesmo universo que cedeu matéria, energia e serviços para compor os invólucros biológicos reclama a devolução dos átomos e da energia cedidos e tudo é devolvido para novas combinações de ordem biológica ou não.

O declínio do corpo representa a redução das capacidades física e cognitiva e a restrição das possibilidades do indivíduo no planeta, o que pode lhe causar sofrimento físico e psicológico. Consciente do avanço da desorganização, porém, o homem que expandiu sua consciência compreende e aceita a realidade do universo que habita: tudo nele é reciclado. Entretanto, se a cada jornada no planeta seu corpo se organiza e desorganiza, o mesmo não ocorre com sua consciência.

Ao longo das várias jornadas, à medida que ascende à Fonte Criadora, sua consciência, alimentada pela energia psíquica inesgotável e sutil, nunca cessa de se organizar: mesmo tendo passado por vários ciclos de organização e desorganização, o homem é capaz de expandir sua consciência organizando-a continuamente pela absorção da energia cósmica que sustenta sua existência e o próprio processo de organização.

A cada existência no planeta, um corpo é emprestado ao homem. Este corpo contém uma programação que representa a materialização da inteligência, da informação acumulada, e é responsável pela coordenação dos processos físicos e mentais que ocorrerão no corpo e que permitirão ao homem se expressar no espaço-tempo. Tais processos também seguem as leis naturais do espaço-tempo; se assim não o fosse, haveria uma contradição na Inteligência Universal na forma de exceção que comprometeria a estabilidade do universo.

Embora haja consenso no planeta de que a formação dessa programação oriunda dos progenitores seja aleatória, fruto do acaso, ela embute desejos e compromissos assumidos pelo homem antes de sua jornada no planeta. Esses desejos e compromissos, quando aprovados por inteligências superiores, poderão servir à expansão da consciência do indivíduo no planeta, respeitada, sempre, sua liberdade de escolha diante das alternativas que surgirão nos reforços e testes que vivenciará.

Muitos ainda tomam essa programação como sendo totalmente inalterável ao longo de uma jornada do homem no planeta, sem se atentar para o fato de que forças físicas e psíquicas podem atuar na intimidade da matéria, na qual os fenômenos são de ordem probabilística, e promover alterações sutis, mas extremamente relevantes, nessa programação e, por consequência, naquilo que ela controla.

Alterações deletérias na programação promovidas por processos físicos já são de conhecimento amplo do homem. Em sua jornada no planeta, o homem está exposto a uma série de fenômenos de ordem física que atuam na intimidade da matéria por livre escolha ou alheios à sua vontade. Esta exposição, já é sabido, pode provocar alterações indesejáveis na sua programação, levando o corpo a uma total desorganização. O que a maioria ignora, porém, é que a manipulação da energia psíquica também pode atuar no íntimo da matéria que forma a programação celular, promovendo as mesmas alterações sutis, mas de efeitos relevantes. Esses efeitos podem ser benéficos, quando aumentam a organização do corpo, ou maléficos, quando aceleram a sua desorganização a nível celular.

Ao expandir sua consciência, o homem se torna conhecedor do poder da energia psíquica que ele manipula pelo pensamento e passa a vigiar e moderar esses pensamentos objetivando à sustentação prolongada da organização do seu corpo ou à eliminação de alguns efeitos que abreviam sua jornada no planeta.

Cada indivíduo pode, assim, influenciar a programação molecular das células do próprio corpo de maneira consciente ou inconsciente e as concentrações energéticas coletivas podem influenciar a programação de vários corpos ao mesmo tempo.

Mesmo estando sujeito à atuação de concentrações energéticas coletivas deletérias, o homem pode minimizá-las ou até mesmo neutralizá-las se mantiver o controle e a moderação do seu pensamento sempre em alinhamento com a Lei Maior, a Lei do Amor.

Muitas vezes, a desorganização do corpo, principalmente do seu centro nervoso, ao longo da jornada, é tamanha que o homem perde sua capacidade de interação racional com o universo que habita. Isso leva muitos a crerem na ideia de que, além do corpo, nada existe, que a consciência do homem e seu cérebro são uma coisa só, uma vez que ele, como o conheciam, deixou de existir.

É certo que seu corpo físico é o intermediador de sua vontade no espaço-tempo e que o desarranjo cerebral pode impossibilitar essa intermediação. No entanto, o que muitos ignoram é que, mesmo estando totalmente incapacitado de se expressar ou interagir com quem quer que seja, sua consciência permanece ativa, absorvendo conhecimento e sentindo as emoções negativas e positivas surgidas no seu interior ou emanadas por aqueles que o rodeiam.

À medida que expande sua consciência, o homem entende que o enfraquecimento do vaso físico relaxa as amarras que solidarizam a consciência ao corpo e que, durante a incapacitação total do indivíduo, ele se torna muito mais sensível aos pensamentos e sentimentos emanados por terceiros, principalmente daqueles que lhe são caros.

O relaxamento dessas amarras com o enfraquecimento do corpo é algo natural, mas o homem não precisa nem deve aguardar seu enfraquecimento para exercitar e adquirir a capacidade de tornar elástica a ligação entre consciência e corpo. Ao expandir sua consciência, ele se torna senhor desse relaxamento, para seu próprio benefício."

Fez-se uma pausa nas nossas trocas e permanecemos, os cinco, remoendo o conhecimento trocado. Não me sentia cansado, mas parecia que estávamos ali em troca por dias seguidos. Pensei na minha família e me questionei sobre o estado emocional de cada um.

Confiava plenamente em Cris e tinha certeza de que ela estava mantendo o equilíbrio na família, talvez a um custo elevado. A partir de certo ponto, seus pensamentos passaram a transmitir sentimentos de medo, insegurança e tristeza, que eram combatidos e mitigados, de maneira intermitente e breve, pela confiança em minha plena recuperação e pela intuição de que, de alguma maneira, eu estava bem.

Embora Cris não fosse religiosa, eu percebia nas suas transmissões mentais intrusões breves de ondas de confiança na Fonte Criadora e Sua Sabedoria, e da certeza de que tudo acontecia de acordo com um planejamento maior.

Essas ondas provinham de um plano superior da sua consciência, o qual ela ainda não sabia alcançar de maneira intencional e contínua. Por isso, os pensamentos positivos não se mantinham por muito tempo; surgiam, a animavam para em seguida serem dominados pela tristeza e pela insegurança.

O estado emocional de Pepa se mantivera, desde o início, sincronizado com o de Cris. Ele se mantinha atento aos sinais verbais e comportamentais da mãe e se deixava influenciar pela menor indicação de abatimento ou otimismo. Os dois sempre foram muito ligados um ao outro, e essa conexão se tornara mais forte depois do meu acidente.

Antes de despertar na praia, achava que a conexão entre Cris e Pepa havia sido totalmente construída e consolidada durante e após sua gestação, em total alinhamento com o conhecimento sobre o desenvolvimento da estrutura mental e das relações humanas. No entanto, dada a expansão da minha capacidade cognitiva e de intuir sobre tudo que me dizia respeito depois do meu despertar na dimensão em que me encontrava, manifestou-se em mim uma convicção de que ambos possuíam um passado comum e que essa intersecção pretérita das linhas de suas vidas era a principal, mas não a única, explicação para a forte conexão entre os dois. Estava convicto de que as jornadas anteriores de ambos haviam se cruzado, mas desconhecia o momento e as condições em que esses encontros se deram.

Embora o amor de Cris envolvesse ambos os filhos como uma rede acolhedora e protetora, tecida com fios inquebrantáveis, e não permitisse distinção entre suas eternas crianças, o mesmo sincronismo não ocorria com Aninha, que sempre demonstrara mais afinidade comigo. Talvez por esse motivo, ela intuísse o que acontecia desde o momento em que recobrei a consciência na praia.

Mesmo enquanto Cris e Pepa se deixavam levar pelo pessimismo, Aninha era capaz de sentir minhas emanações mentais e se mantinha serena. Houve momentos em que ela, e não Cris, havia sido o ponto de equilíbrio da família, o que surpreendeu a muitos. Ela obviamente tinha seus momentos de sofrimento alimentados pela saudade e pelo medo de que eu não resistisse, mas os pensamentos negativos eram logo dissipados pelas vibrações neutralizadoras emitidas por mim.

Nos momentos em que eu pensava nela, uma conexão se estabelecia e logo me tornava o objeto de seus pensamentos. Quando isso acontecia, ela invariavelmente acabava imaginando o que poderíamos fazer juntos assim que eu me recuperasse, e o enlace virtuoso se tornava capaz de sustentar a conexão mental por um tempo suficiente para acalmá-la e reduzir sua insegurança.

No entanto, durante alguns sincronismos de consciências, momentos compartilhados comigo acabavam sendo maculados por pensamentos e sentimentos de remorso por ter adiado alguns momentos de diversão em família, ou simplesmente por ter ignorado pedidos meu e de Cris para que se dedicasse menos aos amigos e mais a nós três, como é comum nas famílias com adolescentes.

Quando percebia que seu espírito se alquebrava, só me ocorria abraçá-la e dizer-lhe que estava tudo bem e que não se deixasse abater por arrependimentos desnecessários. Porém, ao avaliar tudo o que se passava com Aninha, me alegrava por constatar que ela se mantinha, na maior parte do tempo, otimista e animada com o desfecho do meu processo de recuperação.

Embora distraído com meus pensamentos, não pude deixar de perceber Pavlo a distância, maravilhado, observando o Sol que surgia no horizonte. O amanhecer que testemunhávamos naquele instante era uma explosão de raios luminosos multicolores capaz de enternecer o coração mais duro – pensei.

Todas as cores visíveis do espectro e outras frequências, que só ali éramos capazes de perceber, se espalhavam por um céu ainda azul-escuro no qual brilhavam estrelas teimosas do lado oposto ao do astro-rei.

Com o olhar fixo naquela cena, me aproximei de Pavlo e nos mantivemos ali, lado a lado, contemplando aquela sinfonia de cores e emoções conduzida pela magnífica fornalha de hidrogênio que nutre nosso sistema de planetas, tão imenso de uma perspectiva terrena, mas insignificante diante do vasto cosmos e suas incontáveis galáxias.

— Meu Deus, como somos pequenos! – exclamei.

Pavlo olhou para mim, sorriu, balançou afirmativamente a cabeça, desviou o olhar para o chão, refletiu por alguns segundos, olhou novamente para o Sol e disse:

— É verdade! Somos pequenos e nossa pequenez atual é tanto física como moral. Veja nosso caso na Ucrânia, por exemplo. Se mesmo antes de me deslocar para esta dimensão não conseguia compreender o conflito que atualmente vivenciamos, ao contemplar esta manifestação do nosso Sol, perco totalmente as esperanças de vir a compreendê-lo, pois enquanto o astro-rei do nosso sistema solar nos brinda com este cenário magnífico, noticiando a beleza e a harmonia espalhadas por todo o universo, nós nos perdemos em disputas mesquinhas e sem sentido, que nos tiram o foco do que é realmente importante. Duas coisas me consolam, no entanto: a primeira é que o universo prossegue na sua jornada de beleza e transformação, mesmo que não reservemos tempo para contemplá-la; e a segunda é que, por sorte, somos realmente pequenos e nossa estupidez só pode destruir a nós mesmos, enquanto as incontáveis galáxias seguem impassíveis nas suas danças celestiais, sem se importar conosco. Diante de tudo, sinto vergonha por nossa ignominiosa indiferença pela dança majestosa de tudo que nos cerca enquanto nos ocupamos de matar uns aos outros.

Após o desabafo inicial, Pavlo fez uma pausa para que observássemos os últimos esforços de Febo para se livrar dos obstáculos do horizonte e brilhar majestoso e completo no firmamento. Como a partir daí, até o novo espetáculo do ocaso, sua trajetória seria previsível, mas jamais monótona, Pavlo continuou:

— Sei que, mesmo nunca tendo sentido medo ou ódio dos russos antes da invasão, estou completamente envolvido nesse conflito e que, mesmo não tendo o poder de cessá-lo imediatamente, tenho que me esforçar para mentalizar e desejar o cessar das agressões, para que os russos recuperem o juízo e retornem para os limites de suas fronteiras originais, criando assim condições para que um acordo de paz seja assinado e, mais importante, para que este acordo seja respeitado no futuro. A grande dúvida é como fazê-lo pois, como posso vencer a raiva e o desejo de vingança que tomam conta de mim quando bombas despencam dos céus sobre nossas cabeças, quando temos que lutar por nossa sobrevivência a cada segundo do dia, quando estamos vivendo com fome e frio, crianças estão se tornando órfãs e pais estão perdendo seus filhos? Como podemos pensar em preservar a vida se temos que tirar vidas de outras pessoas antes que tirem as nossas, se temos como objetivo infligir o maior dano físico e material aos nossos atuais inimigos, se somos elogiados e até desejamos destruir, destruir e destruir? Como uma geração inteira poderá esquecer o cheiro dos fumos provenientes das explosões, do metal chamuscado, do sangue e dos corpos em decomposição e como evitaremos que os traumas e o ódio se tornem um gatilho para sentimento de revolta e vingança após o restabelecimento da paz?

A emoção se intensificava em Pavlo a cada pergunta retórica que fazia. Sabia que não precisava respondê-las e nem conseguiria se tentasse, mas não pude evitar a sensação de impotência diante de seus questionamentos. Achava que nossas trocas já haviam me municiado de sabedoria o suficiente para enfrentar situações como aquela. Não podia estar mais enganado.

Para meu alívio, Devdan nos brindou novamente, e convenientemente, com sua presença. Saudou a todos com um sorriso largo, se aproximou de mim e Pavlo, se posicionando ao nosso lado, e disse:

— *Maravilhoso, não? Qual dos artistas que já habitaram ou que habitam nosso querido planeta azul, mesmo o mais talentoso, conseguiria criar um cenário com estas cores e formas que elicitam tanta emoção? Esta manifestação da natureza deve funcionar como um lembrete para nós. Como um recado para que nunca nos esqueçamos da Fonte Criadora, da Lei Maior e da Inteligência Universal. Um recado para que nos lembremos de que nunca estamos sós, que inteligências superiores muito mais sábias, benevolentes e plenas de um amor, que em nada se compara ao que denominamos amor no planeta, nos amparam e nos guiam nas nossas jornadas e que nada é esperado de nós que não possamos dar. Ela é um recado para que nos recordemos de que a beleza do universo se manifesta todos os dias, a despeito de nossos desatinos na crosta terrestre. O universo segue sua jornada, majestoso, prestando homenagens à Fonte Criadora em cada movimento, cada acontecimento, a cada segundo, quer estejamos atentos à dinâmica e às transformações que ocorrem nele ou não, e isso não quer dizer que cada um de nós importa menos que o resto do universo, mas apenas que existe uma realidade objetiva, justa, perfeita e magnífica, quer estejamos conscientes dela ou não. Grande parte das pessoas do planeta Terra gasta, hoje, seu precioso tempo com distrações que só servem para reduzir a marcha da humanidade rumo a um padrão global de consciência mais elevado. Após séculos de sofrimento decorrente de doenças do corpo e da mente que hoje são facilmente curadas, de conflitos estúpidos e de comportamentos sociais considerados inaceitáveis, que deveriam ter servido ao amadurecimento do homem, eis que nos encontramos, outra vez, encarando o fantasma da autodestruição instantânea. A autoaniquilação, que se tornou possível quando o homem adquiriu a capacidade de manipulação de quantidades massivas da energia proveniente da intimidade da matéria, só não se deu ainda pelo enorme esforço conjunto de muitas inteligências. A cada desarranjo ou conflito que aproxima a humanidade do Armagedom, concentrações gigantescas de energia psíquica são canalizadas para diferentes pontos do planeta visando à dissolução de forças que atuam no inconsciente humano alimentadas pelo medo e pelo ódio coletivos. A concentração dessa energia sanitizante, de tempos em tempos, é uma bênção e uma dádiva, mas provoca o desvio de recursos que de outro modo seriam aplicados na construção de soluções para outros desafios urgentes das sociedades terrestres. Apesar de tudo, até o momento, temos logrado sucesso em evitar um novo conflito de alcance global. No entanto, conforme vocês bem o sabem, o desfecho de qualquer distúrbio planetário depende, em total monta, do próprio homem; se assim não o fosse, a livre escolha seria apenas uma falácia. Saibam, meus queridos, que a guerra possui alma própria. O homem cultiva sua semente até que o Kraken emerja das profundezas do inconsciente provocando destruição incontrolável. A partir daí, a besta age por conta própria, alimentada pelas energias psíquicas que emanam das milhões de mentes envolvidas direta ou indiretamente no conflito. Ela age como uma fera descontrolada, que mata à revelia dos desejos de homens e mulheres sensatos e não são só os que lutam nos fronts que a alimentam: em alguns casos, muitos que não participam de combates contribuem muito mais para a manutenção ou ampliação do conflito do que aqueles que se destroem nos campos de batalha. Parece contraditório, e é surpreendente para muitos, mas os que são engajados em combate e sofrem as feridas físicas e traumas psicológicos logo percebem a estupidez da guerra e, mesmo quando não a percebem em vida, é comum que o combatente desperte do torpor em que se encontrava imediatamente após sua consciência abandonar violentamente o espaço-tempo pela destruição irreversível do seu corpo, momento no qual recobra o juízo e se arrepende de ter alimentado, estupidamente, o monstro. Ao se dar conta do seu desatino, aquele que só percebe a insensatez da guerra quando já é tarde se desespera e suplica por outra chance para mitigar os impactos de seus erros. Portanto, meus queridos, quando dentro do furacão para o qual tenha sido arrastado contra sua vontade, o indivíduo deve se esforçar para não alimentá-lo com pensamentos destrutivos e vigiar para que seus sentimentos, que emergem das profundezas ainda inacessíveis de suas consciências nas quais residem energias oriundas de experiências vivenciadas desde sua criação, não adicionem o tempero perfeito ao alimento escuro e denso que sustenta a destruição. No último grande conflito de escala planetária, a besta fera só definhou quando milhões de vidas foram destruídas e os que sobreviveram, por estarem cansados do grande sofrimento e das privações, passaram a se negar a oferecer-lhe o alimento de que ela tanto necessitava para manter pulsando seu coração vermelho, borbulhante e quente como o magma expelido do centro da Terra. Mesmo tendo definhado até se tornar esquálida, ela se recusava a morrer até que veio o golpe final; como uma grande chama que se recusa a ceder, o golpe de misericórdia se deu na forma de duas explosões apocalípticas que consumiram todo o oxigênio vital. Essas grandes explosões, que liberaram cogumelos radiativos, ceifaram, instantaneamente, milhões de vidas de todos os tipos, liberaram ondas deletérias de desequilíbrio em várias direções e dimensões e forçaram os mais resistentes, por medo ou pela conscientização abrupta, a cessar o fornecimento do alimento ao monstro. Desde que esse último conflito de alcance planetário foi encerrado, outros mais têm sido eliminados ainda na infância graças, felizmente, ao avanço da consciência de bilhões. No entanto, é preciso que mais e mais pessoas vigiem, estejam abertas à influência das altas esferas e expandam suas consciências, iluminando, compreendendo e dissolvendo imagens que hoje habitam seus inconscientes e que, quando afloram, desestabilizam a camada psíquica formada pela combinação de todas as emanações individuais que envolvem o planeta. Então, meus queridos, vocês se perguntam, desanimados e se sentindo impotentes, o que pode um só homem fazer diante de um evento de tal magnitude e eu lhes digo que, se cada um se abstém de alimentá-la com pensamentos e sentimentos de ódio e destruição, já terá dado um primeiro passo no sentido de mitigá-lo. Em segundo lugar, deve o homem evitar proferir a palavra destrutiva, mesmo nos momentos de fraqueza, pois ela tem o poder de inflamar e mobilizar seus iguais em torno de uma causa. Haverá um tempo em que o homem prescindirá da comunicação verbal por definitivo, o que requererá dele um avanço moral muito maior do que hoje possui, mas enquanto ideias e sentimentos forem transmitidos, primordialmente, pelo aparelho vocal, de nada adiantarão pensamentos nobres se o que sai pela boca não corresponde a esses pensamentos. E quando os pensamentos e sentimentos estiverem contaminados pelo ódio, o melhor a fazer é aproveitar a incapacidade da humanidade de comunicar via pensamento e se manter calado, abstendo-se assim de contribuir para a escalada da violência. Em terceiro lugar, deverá o homem encontrar meios de canalizar seu desejo de paz àqueles que detêm autoridade formal nas nações em conflito para que se sintam motivados e autorizados a decidir e agir pela paz. Em quarto lugar, e não menos importante, deve cada homem no planeta rogar o auxílio da Fonte Criadora para que consiga ter um vislumbre, por menor que seja, da Lei Maior.*

Depois de proferir essas palavras, Devdan levantou as mãos para o alto e solicitou o amparo das inteligências superiores para que o intercâmbio prosseguisse com o mesmo ímpeto, profundidade e alcance em nossas mentes e corações, se despediu, sorridente, de todos e se foi.

O semblante de Pavlo se desanuviara após a partida de Devdan. Sua face se transformava enquanto fazia as considerações e os questionamentos a respeito da guerra ora em curso. De um sorriso aberto e amigável ao final da última sessão de intercâmbio, seu semblante passara a indicar desalento, insegurança e dúvida a respeito do que fazer e como se comportar diante do conflito que devorava milhares de vidas das nações eslavas.

Após as palavras de Devdan, no entanto, ele voltara a sorrir. Talvez porque percebera que estava lutando a boa luta, não contra os russos, mas contra si mesmo, contra pensamentos e sentimentos destrutivos, e que isso era tudo que podia fazer no momento.

Novamente sorrindo e em silêncio, ele manteve o olhar fixo no Sol que buscava se livrar do último obstáculo para, completo e resplandecente, derramar seus raios sobre o Centro de Estudos e tudo mais ao seu redor, destacando as texturas variadas e as estruturas do local.

Procurei respeitar seu momento de introspecção e mantive-me em silêncio ao seu lado, aguardando o momento adequado para continuarmos nossa conversa; estava interessado em conhecê-lo um pouco mais e descobrir, a exemplo do que fizera com os quais já conversara, os traços comuns que nos tornavam afins a ponto de estarmos no mesmo grupo de intercâmbio.

O Sol já se mostrava um pouco acima do horizonte quando Pavlo desviou seu olhar para mim e me perguntou, sem rodeios, o que eu gostaria de saber.

Embora meu intuito fosse conhecê-lo melhor, não esperava que iniciássemos o diálogo que promoveria maior intimidade entre nós com uma pergunta tão direta que, é preciso ressaltar, nada tinha de agressiva ou impaciente. O primeiro passo para maior conhecimento mútuo havia sido dado, pois a partir da pergunta direta, tive a certeza de que dialogava com alguém de alma transparente e objetiva.

No entanto, mesmo se tratando de uma pergunta feita com a melhor das intenções, não consegui evitar certo embaraço.

Percebendo minha hesitação, Pavlo acrescentou:

— Desculpe-me, não tive a intenção de deixá-lo desconcertado. Também tenho interesse em conhecê-lo melhor e achei que a maneira de aprofundarmos nosso conhecimento mútuo fosse ir direto ao ponto.

Seu comentário adicional me trouxe conforto e tratei de eliminar qualquer possibilidade de mal-entendido no começo:

— Não se preocupe – repliquei –, sei que não quis ser rude ou coisa que o valha. É que, de onde venho, não costumamos ser tão diretos assim. Além disso, não havia me atentado para o fato de que meus companheiros aqui do grupo também poderiam estar interessados em me conhecer melhor. Fiquei tão envolvido nas histórias pessoais e ricas de Mariah, Montse e Kuntur que não cuidei para que soubessem algo mais sobre mim. Além do mais, achei que minha história não fosse tão interessante e rica como a deles e me limitei a ouvir e absorver o máximo que pude de suas jornadas. Mas acho que podemos alterar a dinâmica da conversa agora. Posso lhe contar, de maneira resumida, quem sou, ou penso que sou, e o que se passou comigo até chegar aqui.

Pavlo sorriu e me pediu que falasse.

Descrevi então minhas origens, falei sobre minha família, detalhei os acontecimentos que culminaram com minha chegada à praia, meu encontro com Noah e meu deslumbramento ao me deparar com a Nova Atenas e o Centro de Estudos.

Discorri ainda sobre minhas percepções e sentimentos, principalmente acerca do intercâmbio, e minhas dúvidas com relação à afinidade entre nós cinco. Afinal de contas, segundo Devdan, este havia sido o critério para que nos agrupássemos espontaneamente ou fôssemos agrupados por algum sistema de triagem invisível para nós.

Pavlo ouviu tudo com muita atenção e me interrompeu várias vezes para questionamentos sobre minha esposa, meus filhos e sobre como nós quatro estávamos lidando com tudo que me acontecera. Disse-me que não sabia se seria capaz de se manter tranquilo se tivesse uma família como a minha e com a qual convivesse.

Eu sabia que Pavlo era solteiro e que tinha uma filha de dez anos de idade, fruto de um relacionamento curto e com a qual não fora capaz de construir laços e uma história comum, mas não tinha certeza se isso tornava as coisas mais fáceis para qualquer pessoa porque, muitas vezes, os laços que nos prendem aos amigos são mais fortes do que os que temos com familiares.

Quando concluí a minha apresentação em detalhes e respondi às perguntas feitas em profusão, ele começou a falar de si.

Iryna, sua filha, nascera quando ele já havia se separado de sua mãe e ex-namorada, Olena. Logo após o rompimento de um relacionamento que durara pouco menos que um ano, em meados de

2011, Olena se mudara de Kiev para Lviv, próximo à fronteira com a Polônia, o que dificultou o desenvolvimento de um relacionamento e a construção de uma intimidade entre pai e filha.

Durante dez anos, Pavlo conversara com a filha, na maioria das vezes, por telefone, redes sociais e por ferramentas colaborativas, como o Skype e Zoom, tendo se encontrado pessoalmente com ela em poucas ocasiões nas curtas visitas a Lviv.

Na maioria das vezes em que sobrara algum tempo que poderia ser compartilhado com Iryna, Pavlo se refugiara em alguma desculpa para si mesmo ou, propositalmente, em uma distração de última hora. E foram as oportunidades não aproveitadas de se relacionar com a filha que se tornaram motivo de tristeza e arrependimento desde que recobrara a consciência na Nova Atenas.

Embora não tivesse tido uma relação longa e feliz com Olena, Pavlo gostaria que ela tivesse permanecido em Kiev onde teria tido a oportunidade de se encontrar mais com Iryna, acompanhar seu desenvolvimento e participar intensamente de sua vida.

Sempre que falava com Olena, Pavlo reclamava de sua decisão de se mudar e da indisponibilidade quase permanente da mãe para dividir com ele o ônus do deslocamento. Olena, por sua vez, entendia que este era um esforço que dizia respeito somente a ele porque ela já havia assumido a maior parte do ônus da educação e dos cuidados com a filha, enquanto ele havia sido poupado das tarefas paternas do cotidiano e nunca fora solicitado a contribuir com qualquer esforço adicional, além da pensão e das viagens esporádicas.

Ao se mudar para Lviv, Olena não intencionara afastar Iryna de Pavlo, mas conseguira na cidade uma boa oportunidade de emprego como professora de educação física. Além do trabalho que lhe agradava, Olena achava interessante a ideia de viver próximo à fronteira com a comunidade europeia.

A partir de Lviv, ela intencionava realizar curtas viagens pela Hungria, Áustria, Polônia, Eslováquia e Alemanha para que a filha adquirisse uma visão mais cosmopolita do mundo, para que não ficasse restrita às informações das redes sociais sobre o que acontece além do próprio quintal, às visões mesquinhas daqueles que se cristalizam em suas verdades, às ideologias que mantêm as mentes cativas, aos estereótipos de pessoas, culturas, raças, modo de viver e à língua nativa.

Ela queria que a filha ouvisse, visse, sentisse emoções e trocasse ideias que pudessem enriquecer seu universo e, embora entendesse a importância da convivência de Iryna com o pai e das memórias afetivas associadas à convivência que conectariam ambos fortemente, Olena optara pelo emprego e pela possibilidade de expor a filha às oportunidades de um desenvolvimento multifacetado.

O que havia sido motivo de aborrecimento para Pavlo durante dez anos deixou de sê-lo com o início da guerra. Com a movimentação das tropas russas no início do conflito e o cerco a Kiev, Pavlo enxergou na mudança de Olena uma decisão providencial.

O fato de Iryna estar próxima à fronteira com a Polônia e longe da zona de conflito representava uma preocupação a menos para ele. Seu alívio era enorme quando via as pessoas apinhadas nas estações de metrô e pensava no transtorno e no risco dos quais Iryna e Olena haviam se livrado. Além de distantes da zona de conflito, a partir de Lviv, mãe e filha poderiam facilmente buscar asilo na Polônia, o que fizeram cerca de dois meses após o início do conflito.

Iryna fora de risco representava um problema a menos, mas sua preocupação motivada pelo conflito pouco se atenuara. Ainda havia os riscos de vida e integridade física de seus pais, demais parentes, amigos e sua atual namorada, Aleksandra.

Nem todos do seu círculo de relações poderiam ou desejavam ter o mesmo destino de Iryna. Os que permaneceram em Kiev, porém, sabiam que teriam que conviver com o risco aterrorizante das explosões resultantes dos bombardeios aparentemente aleatórios.

Para homens como Pavlo, a fuga do país, que não considerara em momento algum, deixou, definitivamente, de ser opção por decreto governamental e ele, ciente de que seria chamado para compor as fileiras de defesa do país, se antecipou à convocação e se apresentou ao batalhão Kyiv-1.

Para Pavlo, a única alternativa viável naquele momento era correr o risco de vida ou de incapacitação permanente ou temporária e lutar para que seu país não desaparecesse ao voltar a fazer parte da grande Rússia. Tendo vivido quase toda a sua vida como cidadão de um país independente, mesmo diante da origem comum e das similaridades da língua e da cultura, ele se considerava ucraniano e não estava disposto a renunciar a isso.

Após um precário treinamento no qual aprendeu a manusear algumas armas automáticas, lançar granadas e adotar algumas táticas de guerra, Pavlo foi posto à prova no front nas cercanias de Kiev. Ali, aprendeu que o que conhecera sobre guerra nos filmes não correspondia a absolutamente nada da realidade confusa do front.

Após algumas semanas de combate, constatou que os movimentos das tropas mal treinadas como a sua eram caóticos, os disparos eram pouco certeiros, a esmo, e suas ações não pareciam fazer parte de um esforço coordenado de defesa. Para ele, era como se cada um estivesse ali por conta própria e as ordens que promoviam algum senso de coordenação eram raras.

Após algumas semanas de engajamento, durante um combate próximo à cidade de Izium, Pavlo foi atingido por um projétil proveniente, provavelmente, de uma metralhadora de grosso calibre. O que quer que tenha lhe atingido, atravessou facilmente seu corpo, não deixou resíduos metálicos, mas apenas um enorme estrago físico, e causou uma confusão mental momentânea.

Não tendo ouvido explosão ou sentido dor, foi estranho para ele ter sido lançado ao chão após sentir um grande impacto na altura do quadril, como se tivesse recebido um coice potente. Após ser lançado ao solo e sentir a lama no rosto, Pavlo passou a observar tudo que ocorria de um ponto elevado, acima de toda confusão.

Mesmo sem compreender o que acontecia, ele não sentiu medo ou vontade de fugir da zona de combate, e uma tranquilidade enorme dominou sua consciência. Do seu ponto elevado, no silêncio e na paz absoluta, pôde divisar as tropas se movimentando, seu corpo sendo recolhido e transferido para um atendimento de primeiros socorros na cidade de Izium.

Após acompanhar o resgate de seu corpo, Pavlo perdeu o ambiente externo onde combatia de vista e logo se viu deitado no que parecia ser uma maca instalada no centro de uma sala de hospital de paredes muito brancas suavemente iluminadas.

Não sentia dor, mas sentia-se fraco, um pouco tonto e uma estranha compressão na altura do quadril, que o impedia de se mover. Sabia que algo grave acontecera, mas decidiu não pensar muito no assunto, pois naquele momento o importante para ele era saber que estava vivo, inteiro e consciente.

Naquela sala com poucos objetos à vista, ele foi recepcionado por dois indivíduos que pareciam enfermeiros vestindo túnicas brancas e que se mantiveram em silêncio durante boa parte do atendimento. Deitado na maca, ele acompanhou calmamente o procedimento relativamente simples e estranho para um hospital, que consistia na incidência de luz sobre seu corpo; usando um aparelho semelhante a uma luminária que parecia flutuar no ar, um feixe luminoso cujas cores iam lentamente do azul ao lilás, foi direcionado pelos dois atendentes para seu corpo, da cabeça aos pés.

Durante a maior parte do tempo, o facho de luz foi mantido focado no seu quadril que, conforme pôde constatar, não apresentava ferimento algum, mas apenas uma extensa mancha marrom com borda muito escura em todo o lado direito. Após algum tempo recebendo atendimento, um dos supostos enfermeiros quebrou o silêncio e se comunicou com Pavlo.

Seu cuidador disse-lhe, de maneira muito serena e simpática, que ele fora ferido gravemente no quadril e que estava junto a outros feridos da guerra recebendo tratamento para auxiliar seu completo restabelecimento e que tudo acabaria bem para ele.

Informou-lhe também que adormeceria em breve, o que facilitaria sua recuperação e evitaria a agitação tão comum em pacientes provenientes de conflitos violentos e sujeitos a danos físicos de grande extensão.

Mesmo estranhando o fato de que o enfermeiro se comunicava com ele mentalmente, de que não via ferimento algum no seu corpo e de que o tratamento recebido mais se assemelhava a um bronzeamento artificial, Pavlo não fez comentário ou pergunta alguma, apenas procurou seguir as recomendações e se entregou, tranquilamente, ao tratamento.

Cerca de quinze minutos após a conversa com o enfermeiro, Pavlo adormeceu e, quando recuperou a consciência, viu-se em um alojamento semelhante a uma grande enfermaria que, logo depois veio a saber, situava-se em um Centro de Recuperação instalado em um dos prédios da Nova Atenas.

Ao acordar no Centro de Recuperação, Pavlo sentiu-se disposto. A mancha no quadril ainda estava lá, mas apresentava um aspecto mais ameno, similar a uma inflamação superficial e não mais limitava seus movimentos. Sentindo-se melhor, ele foi convidado para participar de inúmeras conversas, palestras e atividades, sempre auxiliado por um dedicado amigo, até que foi levado ao Centro de Estudos, onde nos conhecemos.

Agradeci-o pelo relato e pela confiança e quis saber sobre seus planos quando se recuperasse por completo.

— Parece até que você está lendo meus pensamentos! – disse-me em um tom jocoso, fazendo alusão ao fato de que nossas comunicações ali eram todas mentais. – Já fui avisado de que meu retorno se dará em breve e que minha condição física será permanentemente alterada, não a ponto de requerer auxílio contínuo de terceiros, mas demandará muita paciência e persistência até que possa trabalhar e cuidar totalmente de mim mesmo. Quando começaram a detalhar as consequências do meu ferimento, interrompi-os, pois não queria antecipar dificuldades, dores e sofrimento que hoje não consigo estimar. Independente de tudo, a primeira coisa que gostaria de fazer quando retornar é abraçar meus pais, parentes mais próximos e amigos e dizer-lhes o quanto os amo. Em seguida, quero me encontrar com Iryna, me desculpar pela ausência de toda uma vida e dizer que farei o que puder para estar mais próximo dela no futuro. Afinal de contas, foi só aqui, a partir das reflexões, conversas e outras atividades das quais participei, que fui capaz de perceber o quanto ela sentiu a falta de um pai durante a infância. Aqui, pude rever o que ela sentiu e, acredite-me, sofri com ela. Além disso, pretendo continuar ajudando no esforço de defesa do meu país da maneira que puder, desde que não tenha que pegar em armas novamente, e mais nada. E você, quais são os seus planos? – perguntou.

— Só quero abraçar e beijar meus filhos e esposa novamente. Esse é o único plano que tenho, até porque, com a transformação que acontece no meu íntimo, não me arriscaria a planejar nada. Acho que ganharemos uma perspectiva muito diferente da vida e será muito difícil nos encaixarmos nos antigos moldes. O futuro dirá! – respondi.

Quando a emoção e a saudade tomaram conta, nosso diálogo foi naturalmente pausado para que nos recompuséssemos e só, então, percebi que Mariah, Montse e Kuntur aguardavam a conclusão de nossa conversa para que retomássemos o intercâmbio, o que já se tornara rotina.

Assumi mais uma vez a responsabilidade por ter alongado o que deveria ter sido um breve colóquio amigável. Desculpei-me mais uma vez e disse-lhes que estava pronto para retornar a nossa troca.

...

"O grande milagre do Universo é que milagres não existem. Tudo o que acontece na dimensão espaço-tempo segue as leis naturais que fazem parte da inteligência universal. Tudo, inclusive o surgimento da vida e seu desenvolvimento, até a formação de corpos sofisticados capazes de receber consciências avançadas, é resultado das transformações e estados que respeitam as leis naturais. A Inteligência Universal não requer leis específicas ou acontecimentos únicos para promover a harmonia universal. Tudo acontece de acordo com seus códigos de leis que em nada contradizem a Lei Maior.

A vida organizada com base nos elementos da matéria como o homem a conhece surgiu no planeta pela combinação de fatores raros que não são fruto do acaso. Todo o desenrolar dos acontecimentos que culminaram nas formas elementares de vida e tudo o que aconteceu e acontece para que ela se desenvolva no planeta seguem as ditas leis.

Essa combinação de fatores propiciou a interação entre diferentes materiais e formas de energia, o que permitiu a formação de moléculas estáveis cada vez mais complexas que, uma vez combinadas, formaram corpos que se tornaram especializados na busca de energia e matéria vitais às suas existências, impulsionados pela vontade de prolongar essas existências ao máximo. Essa foi a parte visível do processo.

Em outra dimensão, longe do alcance dos órgãos sensoriais dos seres do planeta, enquanto matéria e energia interagiam por longas eras até a for-

mação de cadeias orgânicas complexas, princípios inteligentes capazes de precariamente manifestar vontade e sustentar a conexão com a Fonte Criadora eram designados à nobre tarefa de habitar esses aglomerados primitivos.

Em decorrência da vontade de prolongar sua existência, que faz parte da programação de todos os seres vivos do planeta, das condições planetárias em constante transformação e da existência limitada de fontes de energia e matéria necessárias à sustentação da vida, esta foi se transformando pelas lutas acirradas, desde formas muito simples até o homem atual.

Embora o planeta tenha sido o berço da vida, ela não se limitou a se adaptar completamente a quaisquer que fossem as condições prevalecentes na água, na terra e na atmosfera. Desde seu surgimento, a vida e a matéria inorgânica que compõem as massas de água, terra e ar têm interagido e transformado uma à outra, ou seja, tanto as condições do planeta alteram as formas de vida como a vida, na sua constante busca pela prolongação do período em que a consciência reside na matéria, altera o planeta.

Foi por meio dessa interação que a vida adquiriu nova forma de captar a energia solar através do oxigênio, o que permitiu sua evolução até formas complexas e alterou drasticamente as condições prevalecentes no planeta.

Embora pareça uma contradição, a mesma vida que alterou as condições do planeta para seu aprimoramento, até o surgimento do homem atual, é hoje responsável, na figura desse mesmo homem, pelo maior risco de desaparecimento de toda vida.

Durante a evolução da vida no planeta, de acordo com as leis naturais, diversas formas de vida surgiram e desapareceram. Esse processo de renovação sempre existiu e foi necessário para que a evolução chegasse até o homem. No entanto, isso não quer dizer que formas mais simples de vida sejam menos importantes ou supérfluas, pois cada espécie executa tarefa importante para o equilíbrio do planeta, de acordo com a Lei Maior, e deve ser respeitada.

Cabe ao homem, portanto, não conquistar ou dominar as formas de vida em que residem consciências menos avançadas, mas cuidar para que vivenciem da melhor maneira possível suas jornadas terrestres de aprendizado, e ele estará cuidando sempre que viver sem excessos, consumir só aquilo de que necessita, abster-se de buscar a energia e a matéria necessárias à sustentação de sua vida nos corpos de seus irmãos, preservar e respeitar os ambientes onde vivem e trabalham seres de todos os tipos, estudar o planeta e aprender com a natureza, não interferir de forma destrutiva e deliberada em processos e vidas que sustentam o equilíbrio e interagir com cada ser vivo tendo a certeza de que ali habita uma consciência que também caminha em direção à Fonte Criadora.

Cada ser vivo, não importando sua posição na cadeia evolutiva das formas biológicas, é receptáculo de uma consciência que busca a Fonte Criadora e faz parte da grande malha universal. Cada uma dessas consciências evolui com base nas experiências que vivencia até atingir o ponto em que se torna capaz de perceber sua individualidade, de intuir a Fonte Criadora, a Inteligência Universal, de compreender o espaço-tempo e de transcendê-lo.

Ao longo das sucessivas jornadas terrestres, a consciência se expande e o que ela apreende nunca se perde. Muito do que ela vê, ouve ou sente ao longo dessas jornadas permanece submerso, não se apresenta de maneira evidente no raciocínio, mas influencia seus atos e pensamentos.

Caso o homem caia na tentação de se julgar o ápice da criação, o senhor do universo, e se sinta superior aos demais seres do planeta, basta que ele reflita e aceite a verdade de que as inúmeras dimensões do universo possuem incontáveis seres de capacidade moral, intelectual e amplitude de consciência muito mais vastos que os seus e que, mesmo estando muito mais à frente na jornada quando comparados a seus irmãos do planeta Terra, estes seres mais avançados enxergam o homem como seu igual, que ainda se encontra no início da caminhada evolutiva, e procuram auxiliá-lo como podem, sempre de acordo com o preceito de que todos são livres para fazer suas escolhas. Este é o exemplo a ser seguido pelo homem enquanto inteligência superior no planeta Terra.

A junção dos seres vivos do planeta com a matéria inorgânica forma um conjunto vivo no qual só o homem, com seus atos e pensamentos, pode atuar em escala planetária numa boa ou má direção. Submetido aos atos e pensamentos do homem, o planeta, sempre generoso, retribui propiciando-lhe condições para a sustentação da vida quando bem tratado, mas reage com soluços que promovem verdadeiros expurgos quando agredido. Esses soluços seguem as leis naturais, mas são influenciados por atos e pensamentos humanos.

Nos primórdios da civilização humana no planeta, o homem, profícuo na criação de mitos e deuses a partir do conteúdo do seu inconsciente, imaginou o planeta como uma criação da deusa Gaia, que, recentemente, acabou por emprestar seu nome ao planeta e seu espírito inteligente. Assim sendo, Gaia, o nosso planeta e toda a vida por ele sustentada, viaja no espaço-tempo, dentro da Via Láctea, e parece estar só ou muito longe de planetas similares à Terra, onde haja vida inteligente com a qual o homem possa trocar conhecimento ou até mesmo se aconselhar.

A despeito desse aparente isolamento, a humanidade tem logrado avanços proporcionados pelos ciclos de erros, reflexões e acertos que geram aprendizado cumulativo e que é solitário somente na aparência. Ocorre que, embora na dimensão do espaço-tempo o homem ainda esteja aparentemente sozinho, um intenso intercâmbio de conhecimento tem operado entre as diversas dimensões mais avançadas e o espaço-tempo desde os primórdios.

Ao longo da evolução da humanidade, algumas consciências avançadas têm se submetido a duras missões ao retornar ao planeta para impulsionar o avanço da civilização terrestre. Esse auxílio tem sido prestado na forma natural como a vida opera no planeta, ou seja, por meio da concepção, do nascimento e do desenvolvimento das vidas que abrigarão essas consciências, sem milagres, tratamentos ou fenômenos excepcionais.

Na maioria das vezes, a vida desses impulsionadores do avanço tem sido mais duras do que a vida do homem comum e não tem sido raro que esses abnegados seres, durante seus momentos de reflexão em suas jornadas, tenham mirado as estrelas no firmamento e tenham se sentido saudosos de mundos mais avançados, sem entender e poder explicar esses sentimentos que lhes são estranhos.

No entanto, esse saudosismo tem origem nas existências que essas consciências avançadas tiveram em planetas mais evoluídos situados no espaço-tempo ou em outra dimensão, onde estão menos sujeitas às adversidades inerentes à vida em Gaia, em que podem sentir com mais facilidade o acolhimento do amor universal e gozam de maior liberdade de atuação.

Embora suas jornadas em Gaia tenham sido marcadas pelo sofrimento, o que é característica da vida em um planeta em seu estágio de evolução, esses ascensos têm aceitado o desafio a eles apresentados de maneira espontânea e com bom ânimo na esperança de auxiliar aqueles que estão mais atrasados na jornada, de aprender, evoluir ainda mais, e de servir de exemplo para o homem comum no trato dos seres de consciência mais limitada, tanto os da própria espécie como de outras menos evoluídas.

Ao longo de sua jornada no planeta e pelo próprio esforço, o homem tem sido cada vez mais apto a entender o funcionamento do planeta e a desenvolver tecnologias que melhoram e prolongam sobremaneira sua vida. Ele se tornou capaz de produzir alimentos numa escala nunca antes vista, de forma que Gaia poderia, hoje, sustentar sua prole de bilhões de consciências de forma igualitária sem que houvesse bolsões de fome e miséria espalhados pelos continentes. Esses bolsões só existem em decorrência da ganância e do medo, que dão origem aos excessos para uns e faltas para outros.

Em decorrência desses desenvolvimentos tecnológicos, Gaia poderia também sustentar seus filhos sem que fosse necessário ao homem consumir os corpos de seus irmãos menos favorecidos, bastando para isso que o homem tivesse força e determinação para abandonar comportamentos outrora necessários, para se adaptar, para resistir aos desejos nutridos por milênios e para buscar outras fontes de matéria orgânica e energia capazes de suprir suas necessidades vitais.

A substituição das fontes de matéria orgânica na alimentação humana, que deverá ocorrer de maneira gradual e em escala planetária, requer uma mudança de mentalidade e de atitude do homem em seu trato do planeta.

Atualmente, o homem não cuida bem da própria casa. No entanto, Gaia, que é mãe de todos e responde de forma generosa sempre que bem tratada, sofre e tenta resistir bravamente aos atos insanos e destrutivos de seus filhos. Contudo, a capacidade de resistência do planeta se aproxima perigosamente do limite em virtude do alcance e da velocidade das transformações impostas pelo homem, que não permitem ao planeta se recuperar plenamente após cada ferida infligida.

A cada impacto de grande escala, fruto da capacidade adquirida pelo homem de manusear quantidades massivas de energia e matéria, o planeta grita e reage, mas não é ouvido. Seus gritos não dão origem às mudanças de comportamento e ações tão necessárias, o que torna nossa missão de auxílio e incentivo à expansão da consciência em escala global vital para as gerações futuras.

Ao expandir sua consciência, o homem se torna capaz refletir sobre suas atitudes, deixa de olhar e julgar seu irmão, passa a se preocupar apenas com suas deficiências e a própria mudança interna, expande sua capacidade de amar e sentir empatia por todos os seres vivos, torna-se capaz de sentir o sofrimento daqueles que não conseguem se comunicar com palavras, sente o que eles sentem quando deles abusa, quando os fere e abala a confiança que nele depositam, torna-se verdadeiramente um filho de Gaia e passa a respeitá-la, honrá-la e ser-lhe grato por tudo, adquire maior equilíbrio físico e emocional, minimizando os desarranjos físicos e mentais que têm origem em seus pensamentos e atitudes, passa a perceber seus irmãos mais avançados que ele por meio dos próprios sentidos, passa a fazer parte consciente da grande fraternidade universal, adquire maior liberdade de atuação no universo e passa a sentir o amor universal na sua plenitude".

Após o fim da sessão, Devdan nos visitou novamente, saudou e agradeceu a todos pela boa vontade, pelo esforço e dedicação e disse-nos:

— *Vocês completaram a primeira etapa do aprendizado. Nós, seus apoiadores, entendemos que o que compilaram até o momento sobre o que os rodeia é, por hora, suficiente. É preciso agora que se voltem para o que reside dentro de cada um de vocês. Embora tenham preferido dividir o processo de aprendizado em duas etapas, a divisão do conhecimento em duas partes estanques, ou seja, entre o que está fora e o que está dentro, é meramente didática, como vocês poderão constatar. Cada um de vocês é parte do universo. A inteligência individual atua tanto no universo quanto o universo atua na individualidade, e a existência só faz sentido enquanto existe o que está fora, que não sou eu, mas que está conectado a mim e me influencia. Só é possível aprender, amar e ser amado enquanto existe o outro. Assim como somos amados, temos que aprender a amar para completar de forma equilibrada a malha universal e só nos tornamos capazes de amar quando amamos a nós mesmos, o que requer que nos conheçamos e a tudo que nos influencia plenamente. Expandir a consciência nada mais é do que lançar luz sobre nós mesmos, sobre tudo aquilo que jaz fora da razão, mas que não se encontra dormente, uma vez que influencia nossos pensamentos e atos e que pode nos fazer sorrir e sofrer. É aprender a dominar nossas potencialidades para que possamos agir com sensatez e equilíbrio. É iluminar os recônditos do nosso ser e expor à luz as sombras que, com o que já está plenamente iluminado, forma o todo, o que somos. Então, meus caros, preparem-se para a jornada interior que agora se inicia. Que a Fonte Criadora e as Inteligências Superiores continuem nos guiando hoje e sempre!*

A VISITA

> *Sem avisar e sem bater à porta, eu chego.*
> *Logo que me vê, sua face se ilumina e,*
> *nela, surge um sorriso largo.*
> *Quis fazer uma surpresa, mas, tolo que sou,*
> *não me atentei para o fato de que não*
> *há surpresas entre os que se amam.*

...

Antes da retomada dos trabalhos da nova fase, me conectei mentalmente com Noah e solicitei uma rápida conversa sobre a agitação e a angústia que ganhavam espaço no meu coração.

Assim que fiz a solicitação mental, Noah se apresentou onde nos encontrávamos e, manifestando alegria e animação, se colocou de prontidão para ouvir-me.

Cumprimentei-o, cheio de satisfação em revê-lo, e disse:

— Meu caro amigo, gostaria de poder visitar minha família no planeta. A exemplo do que aconteceu com Mariah no início do nosso intercâmbio, sinto que o pessimismo se abateu sobre eles e a tristeza e o medo que sentem me atingem com muita força. Gostaria de ouvi-lo sobre isso, até porque, no caso de Mariah, Devdan foi quem se deslocou até os familiares e amigos dela para transmitir mensagens positivas. Não a questionei sobre o motivo da intermediação, mas acredito que haja uma boa razão para isso, certo?

Noah respondeu:

— Sim, meu amigo, Devdan intermediou o contato para que se evitasse que Mariah, no afã de mitigar a tristeza de todos, acabasse por agravá-la mais ainda em virtude de sua inexperiência e seu envolvimento emocional com aqueles que foram contatados. Lembre-se de que os que estão ligados por um amor verdadeiro conseguem influenciar um ao outro com mais facilidade, tanto positiva como negativamente, e que por isso Mariah poderia se deixar influenciar pelas emoções negativas em vez do oposto. Embora Devdan tenha deixado que ela decidisse sobre estar presente ou não ao encontro com seus familiares, ela achou por bem continuar o intercâmbio com vocês e deixar que Devdan cuidasse do assunto. Mariah poderia ter acompanhado Devdan se tivesse optado por se juntar a ele, mas a visita de Mariah sem o devido acompanhamento não seria permitida, o que se aplica também ao seu caso. Então, já coloco para você as mesmas opções: poderá me acompanhar na visita ou poderei visitá-los sozinho. O que acha?

Sabia que Noah tinha apresentado as duas opções apenas como uma formalidade, mesmo porque minha escolha já havia sido feita e ele sabia qual era. Então, respondi:

— Acredito que esta pausa nos nossos trabalhos seja bem adequada para que eu o acompanhe. Além disso, a saudade já me causa um aperto no coração e vê-los me alegrará bastante. Quando podemos ir?

— Agora – respondeu Noah.

As palavras emitidas por Noah funcionaram como uma senha para o início de uma queda vertiginosa dentro da esfera prateada, a qual já considerava, erroneamente, como estando à minha disposição.

Não saberia dizer se nos deslocáramos até a esfera ou se ela se materializara à nossa volta, mas assim que Noah concluiu sua resposta, já me senti como se despencasse de uma grande altura. Mesmo sem sentir o efeito da queda no corpo e sem poder ver referencial exterior algum que a confirmasse, eu sabia que estava em movimento descendente.

Após alguns segundos em movimento, paramos subitamente e, apesar da frenagem abrupta, não senti o efeito da desaceleração sobre o corpo. Em seguida, a esfera se desfez e me vi em um ambiente hospitalar repleto de sons, luzes e pessoas que se movimentavam freneticamente.

Reconheci o que seria uma unidade de terapia intensiva de um hospital qualquer. Do ponto em que nos posicionávamos, num dos cantos do grande salão, pude observar vários aparelhos de sustentação à vida, profissionais de saúde e pacientes em leitos dispostos um ao lado do outro, alguns conscientes e outros nem tanto. Um desses pacientes logo me chamou a atenção: eu.

Ao me ver deitado em um leito, cheio de tubos e fios que me proviam fluidos vitais e monitoravam meu estado, não cheguei a me sentir incomodado, mas fiquei curioso e dezenas de perguntas brotaram na minha mente.

Percebendo o que aquela visão provocava em mim e, antes que eu atrapalhasse o atingimento do nosso objetivo com perguntas intermináveis, Noah se adiantou e disse:

— Meu amigo, é muito bom que a visão do seu corpo inerte não tenha o impactado fortemente, mas procure se distanciar por completo deste quadro. Não podemos nos dar ao luxo de nos distrairmos com esclarecimentos que podem nos fazer perder uma oportunidade única. O importante nesse momento é que entenda que o que vê naquele leito é apenas o veículo por meio do qual você se expressa no espaço-tempo e que, embora esteja fora de seu corpo no momento, assim que sua recuperação se der por completo, voltará se encaixar nele e, ao recobrar a consciência na dimensão que agora observamos, tudo será como se nunca tivesse se distanciado da unidade física, ou seja, sua consciência estará totalmente solidária ao corpo e ambos se tornarão, novamente, uma individualidade.

O comentário de Noah arrancou-me do visgo que me mantinha concentrado naquele leito e toda a parafernália no seu entorno, e passei a focar a atenção nas trocas verbais e mentais entre os enfermeiros, médicos e alguns pacientes.

— Caramba! Não acredito que já é dia cinco de janeiro de 2023! – disse o médico a um dos enfermeiros, sentado numa cadeira à frente de um monitor.

— É verdade, daqui a pouco este ano já se foi e temos que fazer as compras de Natal novamente – respondeu o enfermeiro, um sujeito magro, alto e pálido.

— O tempo está voando – continuou ele – e será que está passando cada vez mais rápido ou somos nós que estamos distraídos com tantas atividades, no meio de tanta informação, e não o vemos passar?

— Acho que os dois – respondeu o médico, um indivíduo que aparentava ter mais de quarenta anos de idade, de cabelos escuros entremeados por fios brancos, e atitude mental que indicava larga experiência na profissão.

— E nosso amigo José Afonso. Como passou de ontem para hoje? Alguma mudança ou fato digno de nota que não esteja no prontuário? – perguntou ao enfermeiro.

— Não, senhor. Está estável desde as intercorrências da cirurgia para alívio da pressão intracraniana. Achávamos que responderia bem após a suspensão do coma induzido, mas nada. Continua demonstrando pupilas fixas e arreativas, ausência de reflexo, ausência de resposta às provas calóricas e de reflexo de tosse. A alimentação parenteral foi ajustada ontem. Estamos todos torcendo para que reaja e retorne, mas não sei... – respondeu o enfermeiro.

— Entendi. Daqui a uma hora falarei novamente com sua esposa e gostaria muito de ser mensageiro de boas notícias, mas parece que terei que repetir a mesma informação das últimas semanas. Bom, pelo menos não há piora a ser reportada e nenhuma novidade é sempre preferível a uma má novidade – replicou o médico.

O diálogo entre os dois me provocou vertigens. Acabavam de dizer que eu estava ali há mais de quarenta dias, enquanto a impressão que tinha era que menos de vinte e quatro horas haviam decorrido desde a praia, e que desde então não apresentara o menor sinal de melhora. Olhei para Noah, pedi ajuda para entender tudo aquilo e, quem sabe, reforçar minha crença em um desfecho satisfatório para minha situação.

Noah, que já sabia o que se passava em minha mente e se mantinha sereno, disse:

— Lembra da passagem sobre o tempo na primeira fase do intercâmbio? Como você bem sabe, tudo aqui segue as leis naturais, que ninguém burla. Enquanto seu estado físico está seguindo um roteiro previsto por estas leis, seu estado mental se move em ritmo acelerado em decorrência de seu aprendizado em grupo. Com relação à sua recuperação, reforço que tudo terminará bem, conforme o que já foi dito. Mantenha a fé e o otimismo, até porque você estará incumbido de me auxiliar na mensagem que, em breve, passaremos mentalmente para Cris, que já se encontra no hospital.

Tal qual a criança a quem é prometida uma gostosura em caso de bom comportamento, me recompus diante da perspectiva do encontro com Cris. Embora acreditasse que minha excitação com a perspectiva de vê-la não pudesse ser notada, meus pensamentos me traíram.

Noah não se conteve, riu da alusão à guloseima e disse:

— Sua aura está, no momento, mais para aurora boreal! Vamos, meu amigo, pois sua querida esposa já está na antessala.

Saímos os dois e, assim que cruzamos as paredes entre os dois ambientes, vi Cris, e meu coração acelerou. Lá estava ela, um pouco abatida, mas bonita como sempre, minha Judit.

Vê-la me trouxe a certeza de que ter acompanhado Noah tinha sido a decisão mais acertada de minha vida, independente do que acontecesse dali em diante. Vê-la encheu-me de alegria e energia e corri para abraçá-la e beijá-la.

Ao me aproximar, senti seu perfume. Um pouco mais perto, senti sua pele, o calor do seu corpo e a vida nele pulsando. Sem conseguir me conter, falei mentalmente o mais alto que pude:

— Cris, estou aqui! Estou bem! Amo você e estou com saudade! Vai ficar tudo bem! Olhe para mim, veja como estou bem, inteiro, sem um arranhão...

A despeito do esforço para desviar sua atenção para mim, ela continuava com os olhos fixos no rosto do médico, apreensiva e atenta às suas palavras, aguardando alguma indicação de que havia ocorrido uma melhora no meu quadro, enquanto a agonia tomava conta de mim.

Se ela já não me notara quando ainda estava esperançosa, minhas chances de estabelecer contato praticamente desapareceram diante do boletim médico, que continha mais do mesmo, pensei.

Mesmo com todo meu esforço, após a finalização do relatório sem novidades, ela se abateu profundamente e perdi a esperança de alcançar seus pensamentos e conseguir sua atenção.

Ao sentir que eu caminhava para o desespero, Noah me pediu para me acalmar, me afastar e reduzir minha atividade mental. Segui suas instruções e, em seguida, ele iniciou sua intervenção providencial e eficaz.

Após o médico concluir o que tinha para dizer, Noah influenciou Cris para que não insistisse no assunto e para que se retirasse daquele ambiente carregado de emoções negativas. Pensando se tratar de decisão sua, ela agradeceu o médico, despediu-se, retirou-se da sala e decidiu se dirigir para a cafeteria do hospital a fim de refletir, por alguns minutos, sobre o fluxo dos acontecimentos das últimas semanas e sobre como trataria a nova decepção em casa, uma vez que Ana e Pepa já não acatavam com facilidade a sugestão para que se mantivessem firmes e orassem pela recuperação do pai. Ambos já demonstravam impaciência e ansiavam pelo meu imediato retorno, e ela sentia que todos, inclusive ela mesma, estavam carentes de uma boa notícia, por menor que fosse, para levantar os ânimos.

Seguimos Cris pelos corredores do hospital. Cruzamos com várias pessoas ao longo do trajeto e, apesar dos ruídos mentais e sonoros comuns em um local como aquele, eu só tinha olhos para ela.

Ao chegar à cafeteria, ela pediu café forte e procurou um assento isolado, distante do burburinho.

Sentamo-nos ao seu lado e Noah iniciou o trabalho de conexão mental, no qual já mostrara ser muito bom.

Aos poucos, Noah foi transmitindo tudo o que era necessário. Tendo o devido cuidado de não alimentar vãs esperanças de uma recuperação imediata, ele transmitiu a ela que eu estava muito bem, evoluindo bastante, e que, no momento certo, despertaria para me juntar a eles. Disse-lhe também que eu estaria renovado e pronto para iniciar um novo ciclo, que propiciaria a todos, inclusive às crianças, uma excelente oportunidade para o despertar.

Enquanto Noah falava, eu permanecia quieto, fitando Cris, e não arriscava sequer a piscar os olhos, temeroso de que qualquer alteração no estado em que nos encontrávamos pudesse atrapalhar a importante transmissão. À medida que a mensagem era passada, eu podia acompanhar os quadros mentais que Cris formava e que julgava serem somente de sua autoria.

No início, seus quadros mentais eram nebulosos, escuros, pouco nítidos e mostravam, em repetição, imagens e sentimentos dos momentos decepcionantes e tristes vividos nas últimas semanas. Aos poucos, porém, à medida que a mensagem de Noah era absorvida, as imagens sombrias foram sendo substituídas por outras ainda pouco claras, mas coloridas.

A partir de certo momento, ela passou a me visualizar no seu campo mental caminhando sorridente em uma praia muito bonita, de cores vibrantes, similar à qual me dirigi após o acidente, pedindo-lhe para que se mantivesse firme, pois boas-novas seriam recebidas em breve.

Em seguida, ela passou a me imaginar sentado na areia, conversando com vários desconhecidos na mesma praia, trocando ideias a respeito da vida, da família, do amor e de outros assuntos e dizendo-lhes que, em breve, retornaria para reencontrar a família.

As cenas criadas durante a maior parte do enlace mental foram interrompidas pelo desconforto causado pelo cansaço acumulado em decorrência das noites maldormidas que, pensou, já a estavam fazendo sonhar acordada.

Durante todo o tempo em que Noah permaneceu ao seu lado transmitindo a tão esperada boa notícia, ela manteve o olhar fixo na xícara de café, enquanto usava a colher para girar o líquido e lágrimas rolavam por sua face.

Observando seu rosto, passei a reviver momentos nossos do passado com muito mais nitidez do que quando rememoramos fatos enquanto nossa consciência habita o corpo. Naquela hora, tive a certeza de que o cérebro realmente se comporta como um filtro seletivo, que torna todo o processo mental lento e dispendioso, pois fora do corpo, conseguia reviver com facilidade cada detalhe das cenas vividas desde que nos conhecêramos, bastando que me concentrasse no que desejava observar, por menor que fosse o detalhe a ser observado.

Com muita alegria, revivi o momento em que nos conhecemos, a troca de olhares, o primeiro encontro de nossas mãos e o primeiro beijo. Revivi também os passeios e as brigas infantis que causara. Senti novamente, e de maneira plena, a paixão, a insegurança e o ciúme sentidos em diversos momentos do nosso namoro.

Pude sentir a tristeza que brotava no seu coração nos meus momentos de irracionalidade, insensibilidade e egoísmo, mas pude sentir também seu amor verdadeiro, que era muito superior a qualquer dúvida com relação ao compartilhamento de sua vida comigo.

Pude observar com clareza o exato momento da concepção de nossos filhos e acompanhei num ritmo acelerado, maravilhado, a gravidez, a amamentação e o crescimento de Ana e Pepa, sob a perspectiva de Cris. Era como se fôssemos uma só mente e um só coração.

Sendo homem, por mais que desejasse, até aquele momento não conseguiria compreender, e muito menos sentir, o complexo de emoções que emerge dos laços entre uma mãe e seu filho, algo que só quem pode exercer a maternidade consegue vivenciar. No entanto, como nossas mentes estavam conectadas, pude sentir o que ela sentia e seu amor materno me invadiu com tal intensidade, que me aqueceu todo o corpo.

Segui rememorando nossa convivência até o ponto em que sofri o acidente. Quando atingi este ponto, Noah me interrompeu e disse:

— A partir deste ponto, meu amigo, não há vantagem nenhuma em prosseguir. Você se deixará influenciar pelos sentimentos negativos de Cris e poderá reverter tudo o que conseguimos alcançar até o momento. Fique comigo, está bem?

— Claro – respondi e procurei me concentrar novamente no processo de indução promovido por Noah.

Após cerca de dez minutos, registrados no relógio da cafeteria, transmitindo informações otimistas e energizantes, Noah olhou para mim e disse:

— Temos que ir. Ela já está melhor e creio que saberá lidar com a frustração de hoje. Temo que sua presença por mais tempo ao lado

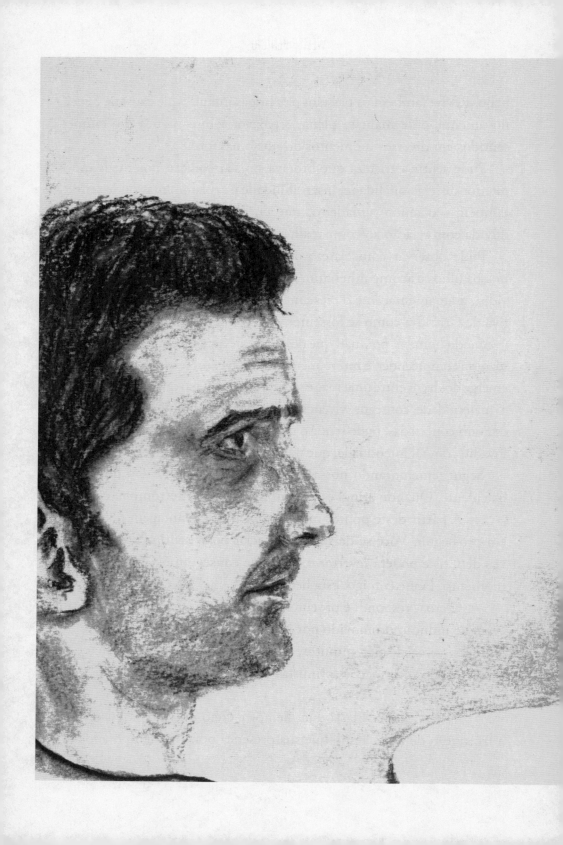

dela possa mais atrapalhar do que ajudar no momento. Em breve, alguns sinais de melhora do seu corpo surgirão e seu ânimo ganhará um bom reforço. Por ora, atingimos nosso objetivo. Gostaria de se encontrar com seus filhos?

Respondi que gostaria muito de ficar mais tempo ao lado dela, mas que entendia a necessidade de deixá-la e que visitar meus filhos seria a coisa que mais desejava naquele instante.

Apesar da tristeza por ter que deixar Cris, a perspectiva de ver Aninha e Pepa me trouxe algum alento. Conformado com a despedida, aproximei-me de Cris, beijei longamente sua face, disse-lhe que a amava ainda mais do que antes e me despedi. Ao deixar o hospital, senti-me um pouco mais entusiasmado e logo constatei o rápido deslocamento para meu lar.

Lá chegando, uma alegria profunda por voltar ao ambiente aconchegante, onde sempre recupero minhas energias exauridas nas lutas do dia a dia, invadiu meu coração. Aquele espaço sempre fora meu refúgio sagrado, meu templo de descanso, comunhão e cura.

Ao adentrarmos o recinto frequentado por pessoas que se amam verdadeiramente, percebi que ele era muito mais do que um espaço delimitado por paredes de tijolos: aquela célula familiar, observada da dimensão onde me encontrava, possuía limites dinâmicos, que se alteram conforme os estados emocionais das pessoas a ela conectadas. Os limites energéticos e vibrantes desse tipo de célula se expandem diante da alegria dos frequentadores conectados a ela e recuam, assim que seus corações se entristecem.

No momento da minha chegada, a expansão logo se deu, pois não conseguia me conter de tanta alegria por lá estar novamente.

Logo de cara, vi Pepa assistindo a um filme sobre heróis na televisão. Embora estivesse distraído pela história repleta de ação, não pude deixar de perceber a angústia, a insegurança e a saudade agindo como uma âncora que mantinha sua alegria no fundo de seu coração. Senti uma vontade muito grande de protegê-lo e aliviá-lo daquele peso. Feliz, aproximei-me, abracei-o e beijei seu rosto longamente.

Diferentemente de Cris, Pepa reagiu imediatamente à minha abordagem e logo passou a criar imagens na sua consciência que julgava serem resultado da influência do filme. Nelas, me vi acompanhado de um herói que tinha alguma semelhança com Noah e que usava raios que emanavam de suas mãos para me curar. Após receber rajadas luminosas por algum tempo, suas imagens passaram a me mostrar levantando do leito e dizendo-lhe que estava plenamente curado. Ao ver as imagens, disse-lhe, emocionado:

— Isso, meu filho, em breve estarei completamente curado e saiba que tenho tido o auxílio de heróis muito poderosos por aqui. Força, meu garoto. Amo muito você!

Em seguida, olhei para Noah e exclamei:

— Você foi promovido à categoria de herói. Que honra, hein? Quer ser Marvel ou DC?

Noah sorriu e respondeu:

— Na verdade, você é o herói e eu sou o ajudante fiel, e como todo herói, quanto mais conhecedor de como as forças do universo atuam, melhor. Sendo assim, diante do que acaba de acontecer, creio que tenha percebido como a influência sobre as crianças é sempre mais fácil. É por isso que elas precisam de cuidado redobrado e vigilância contínua pelos adultos, pois estão sujeitas a toda sorte de influências, principalmente na adolescência, quando os hormônios bagunçam as coisas dentro do corpo. Vamos ver Aninha?

Respondi que sim e nos dirigimos ao quarto de Aninha.

Antes de adentrarmos o quarto, Noah se deteve e comentou:

— Não se preocupe com a privacidade de Aninha ou de qualquer outra pessoa das quais nos aproximamos. Enquanto estivermos juntos, tomarei conhecimento, de antemão, da inconveniência nos aproximarmos e nos determos.

Eu sorri e disse que já esperava que fosse assim.

— Espero que ela esteja em condições de nos receber, porque gostaria muito de vê-la – acrescentei.

— Alegre-se, meu amigo. Nosso encontro com Aninha está liberado – informou-me Noah.

Adentramos o quarto de Aninha e a encontramos dormindo. Antes que eu manifestasse minha frustração, Noah observou:

— Um tanto melhor assim, pois teremos a chance de realizar um contato mais eficaz. Prepare-se!

Após suas palavras, vi Aninha se levantar um pouco confusa enquanto seu corpo ainda dormia. Após analisar o ambiente, ela se voltou para mim e disse, surpresa:

— Oi, pai, você está aqui? Que coisa boa! Estou tão feliz! Quando saiu do hospital? Quem trouxe você? Mamãe também está aqui?

Achei que delirava ao perceber que conversava com Aninha como se estivesse em casa ao seu lado. Olhei para Noah, surpreso, e ele logo esclareceu:

— Elias, você realmente está em casa ao lado de Aninha; não se trata de um delírio ou sonho seu. Vocês estão mantendo uma conversa da qual ela manterá apenas fragmentos quando despertar e que ela associará a um sonho alegre e animador. Aproveite a oportunidade, meu amigo, e vá em frente!

Feliz com o que estava acontecendo, abracei-a longamente e disse-lhe:

— Meu amor, ainda estou me recuperando no hospital, mas não se preocupe com esses detalhes. O importante é que estamos aqui conversando e gostaria de lhe dizer que estou bem e que, mais cedo do que imaginam, retornarei para vocês. Estou participando de um programa importante para todos nós e estou muito feliz com o progresso. Mantenha-se firme, pois meu corpo mostrará sinais de melhora em breve.

Quis olhar nos seus olhinhos, mas Aninha se recusava a descolar sua face do meu peito. Era como se ela estivesse me auscultando e quisesse permanecer ali para sempre.

Não forcei o contato visual. Aguardei-a decidir quando era o momento certo para nos olharmos. Talvez estivesse tentando entender o que acabara de ouvir.

Queria que aquele abraço apertado durasse para sempre. Mas, após algum tempo, ela afastou sua cabeça do meu peito, olhou para mim e disse:

— Viu? Eu estava certa! Tinha certeza de que está bem e que retornará em breve. Perdoe-me por vacilar algumas vezes e deixar que o pessimismo tome conta de mim. Tenho tentado me manter animada o tempo todo a fim de evitar que mamãe e Pepa me vejam triste, mas acho que tenho falhado nisso.

Era interessante como mantínhamos um diálogo maduro. Eu conversava com uma adolescente de 14 anos, ainda uma criança em certos aspectos, que apresentava, naquele momento e na dimensão em que nos encontrávamos, a maturidade de um adulto e era bom que fosse assim, porque poderia ser compreendido com mais facilidade, concluí.

Aproveitando a oportunidade ao máximo, fixei meu olhar nos seus olhos cor de mel e disse, com muita ternura:

— Não se cobre, minha filha. Sua mãe sabe cuidar de si. Deixe que os sentimentos fluam: ria e chore quando sentir vontade. Não se sinta responsável por manter a todos animados, pois cada um age conforme suas capacidades. Tenho uma dica: toda vez que se sentir triste e desesperançada e seu coração estiver pequeno no peito, lembre-se de que tudo acontece conforme um planejamento maior, tudo no seu tempo certo, e o que aconteceu comigo é para o nosso bem. Quando retornar, tentarei ser um pai muito melhor e prometo que teremos tempo para fazer muitas coisas que acabaram permanecendo só nos nossos planos. Ah, e nada de sentir remorso por aquilo que não fizemos, pelo tempo que não passamos juntos. Aqueles que se amam estão sempre juntos, como é o nosso caso agora; siga firme e saiba que amo e tenho muito orgulho de todos vocês.

Após ouvir minhas palavras, Aninha voltou a se alojar no meu peito e adormeceu. Em seguida, já me vi de pé ao seu lado e pude observá-la se encaixando no corpo lentamente. Só quando a superposição se completou, me lembrei de Noah novamente. Ele me aguardava pacientemente, o tempo todo de pé em um dos cantos do quarto. Assim que voltei a percebê-lo no ambiente, ele me disse:

— Elias, nossa missão está completa. Os três receberam e absorveram a mensagem. Hoje à noite se sentirão mais animados e felizes. É hora de voltarmos.

Ainda olhando para Aninha que dormia com o semblante sereno, concordei com um gesto de cabeça. Em seguida, olhei para Noah, agradeci-lhe, emocionado, sorri e, antes que pudesse me dar conta, já sentia meu corpo em movimento ascendente.

Assim como se deu na descida, o movimento de subida foi subitamente interrompido e me vi nos jardins do Centro de Estudos na Nova Atenas.

Como quem acaba de despertar de um sonho completamente coerente, levei alguns segundos para readquirir a concentração plena na outra realidade.

Depois de processar a experiência que acabara de vivenciar e me recompor, notei Kuntur, Mariah, Pavlo e Montse sorrindo, felizes em me ter novamente no grupo de intercâmbio. Também senti alegria ao vê-los, meus novos amigos que, conforme viria a saber, já conhecia de longa data, e já não sentia mais o peso no coração como antes da visita ao hospital: estava alegre e animado para a próxima etapa dos nossos trabalhos.

TODO MEU

PASSADO

AGORA

> *Muitas vezes eu vivi*
> *E o infinito pude abraçar.*
> *Sempre dividido entre a razão, que luta*
> *para prevalecer na consciência,*
> *E o resto, que burla a vigilância para logo me dominar.*
>
> ...

Nosso grupo se reuniu novamente nos jardins do Centro de Estudos e, antes de darmos início à nova etapa de trabalhos, Devdan se juntou a nós para as instruções sobre como o processo se daria.

De acordo com a explicação, faríamos uma viagem particular para visitar o passado antes de retomarmos o intercâmbio. Cada um faria a viagem em separado, mas encontros entre os membros do grupo poderiam ocorrer ao longo do passeio temporal.

Devdan pediu que nos mantivéssemos atentos e concentrados nos aspectos importantes da experiência, os quais, ele adiantou, saberíamos identificar. Por fim, desejou-nos uma excelente jornada e foi-se.

Ficamos momentaneamente confusos sem saber como proceder para iniciar as viagens individuais. Como nos encontrávamos presos à dúvida sobre como se daria a viagem, cada um de nós recebeu, mentalmente, uma mesma instrução assertiva.

Esqueçam o processo e concentrem-se apenas no objetivo, que é ampliar o autoconhecimento por uma caminhada ao longo da linha do tempo em direção ao passado, por meio dos registros individuais, visitando pessoas, acontecimentos e locais. Esta experiência, se bem aproveitada, permitirá o enriquecimento do conhecimento adquirido no intercâmbio!

Seguindo a instrução adicional, foquei meu pensamento no objetivo declarado.

Assim que consegui eliminar qualquer pensamento não relacionado ao nosso propósito, vi-me viajando dentro do que parecia ser um vagão esférico, que se movia em um túnel em grande velocidade. Nas paredes do túnel, apesar da velocidade, podia distinguir nitidamente cenas de um filme no que parecia ser uma tela de comprimento infinito. As cenas mostravam pessoas interagindo em ambientes que se alteravam constantemente e eu podia ver todos os detalhes delas, ouvir sons, sentir cheiros, texturas, calor, frio e podia sentir as emoções de cada uma das pessoas presentes nas cenas como se delas fizesse parte.

Embora Devdan houvesse nos informado que caminharíamos em direção ao passado, esta informação acabou se tornando supérflua porque os cenários, os objetos, as vestimentas e os diálogos mostravam isso. De repente, o movimento cessou, o silêncio reinou absoluto por alguns segundos e logo me vi em um vale coberto de neve, onde soprava um vento cortante.

"Sinto frio. Sinto fome. A neve, que não para de cair, se acumula por todos os lados e só ouço o silvo agudo do vento que açoita minha face já adormecida pelo frio. Olhando para todos os lados, procuro minha comunidade e meu lar que, eu tenho certeza, estão próximos. Meu senso de direção aguçado e alguns marcos ainda visíveis, apesar do gelo acumulado, me indicaram o caminho a ser seguido, mas a intuição foi quem realmente me trouxe até onde me encontro. A baixa luminosidade do céu cinzento e a nevasca limitam o alcance da minha visão. De repente, ouço gritos abafados e entrecortados pelo barulho do vento e vejo vultos escuros a uma distância de cerca de cem metros. Ao me aproximar,

consigo enxergar cabanas precárias dispostas em círculo e cobertas com pele de animais. Alegro-me, pois sei que estou novamente em casa.

Próximo às cabanas, vejo cerca de vinte pessoas conversando animadas. Todas são conhecidas. Meus companheiros de jornada são pessoas de baixa estatura, atarracadas, fortes, de pele clara, cabelos ruivos ou loiros compridos e desgrenhados, alguns com rostos peludos e feições rudes, muito rudes. Suas frontes são pronunciadas, seus narizes grandes e largos, suas bocas grandes são emolduradas por lábios grossos e seus queixos são recuados. Não são nada bonitos! São todos parecidos e é impossível distinguir seus sexos vendo-os a distância, mas conheço-os bem e sei que fazem parte da minha comunidade.

Adentro uma das cabanas. Sei onde estou. Tudo me é familiar. Dentro da cabana, toda forrada com peles de animais, sinto um cheiro forte nauseabundo, misto de fumaça, matéria orgânica apodrecida e corpos humanos que não se importam com a higiene pessoal. Logo, uma mulher se aproxima mostrando alegria em me ver com um sorriso que mostra uma dentição em péssimo estado; sua voz é forte e grave para uma mulher. Sorrindo, ela me pergunta sobre o resultado da caça, ao que eu respondo não ter sido muito proveitosa em virtude do mau tempo. Temos tido muita neve e vento nas últimas semanas. Esforçando-me para ser um pouco mais simpático, detalho um pouco mais minha resposta: conseguimos matar três coelhos da neve e um cervo que já se encontrava debilitado pela fome, o que o tornou uma caça pobre em calorias. Aproveito e digo-lhe que teremos que racionar alimentos até tudo melhorar. Minha voz também é forte e grave.

Olho para minhas mãos: são fortes, calejadas, os dedos curtos e muito grossos, resultado da luta diária pela sobrevivência. Pergunto-lhe sobre as crianças; sei que são duas. Ela me diz que estão em algum lugar por perto, fora da cabana. Meu cheiro é forte e desagradável. Meus braços e pernas são curtos. Não devo ter mais que um metro e sessenta centímetros de altura. Visto peles mal condicionadas, que me cobrem boa parte do corpo e a cabeça e calço botas rústicas, também confeccionadas com peles de animais e afixadas nos pés com tiras de couro. Em uma das mãos, seguro uma lança de cerca de dois metros de comprimento, pesada, que possui na sua extremidade uma pedra pontiaguda lascada no formato de gota de cerca de quinze centímetros de comprimento por cerca de oito centímetros de largura na parte mais larga.

Após uma sequência de diálogos, ela me traz um pedaço de carne de aspecto ruim, a qual estraçalho com as mãos e como vorazmente, sem modos, à semelhança de um carnívoro selvagem e faminto. Depois de saciar a fome, agarro minha companheira pelo braço e a puxo em minha direção de maneira rude. Não há suavidade no meu gesto, que visa transmitir poder, posse e um afeto primitivo. Olho-a nos olhos azuis, quase cinza, e sorrio. Ela corresponde e, compreendendo o que desejo, me arrasta para o leito formado por peles colocadas sobre a neve. Ali mesmo, sem preocupação com a privacidade, exerço a posse física de um corpo de maneira quase selvagem; não há sensualidade a nos guiar, mas apenas uma força que nos impele a um coito que descarrega a tensão da luta diuturna pela sobrevivência. Não fosse o amor na sua forma bruta que reside nas profundezas de nossas almas, expressado de formas hoje incompreensíveis, diria que somos dois animais guiados apenas pelo instinto sexual. Não temos o costume de trocar olhares durante o ato sexual, mas o fazemos agora e, por aquelas janelas circulares encaixadas em órbitas profundas, sinto uma ternura que aflora para a consciência pelas rachaduras nas paredes que isolam a razão do desconhecido provocadas pela força de uma pulsão iniciada e controlada pelo instinto. Sei quem minha companheira é."

De outro ponto de vista, externo à cena, pude reconhecer minha companheira. Por trás da máscara grossa de músculos, ossos, pelos e pele, enxerguei, surpreso, Mariah. Eu e ela formávamos um casal e vivíamos em uma aldeia situada no que hoje chamamos de Europa Ocidental, que naquela época ainda sofria os efeitos do último período glacial.

"*Vivemos a maior parte do tempo cercados de gelo e não somos homens modernos, mas uma espécie cujas formas são menos elegantes. Nossa aldeia é formada por indivíduos nos quais predominam as características daqueles que mais tarde denominaremos neandertais. Somos membros de uma espécie que desaparece na sua forma pura, fruto de disputas e acasalamentos com indivíduos de aparência mais branda e capacidades mais apuradas. Somos muito rudes, mas só assim fomos capazes de sobreviver ao clima inclemente e à escassez de alimentos. No entanto, somos capazes de viver em comunidades, de estabelecer uma comunicação elaborada entre nós e com estranhos, e de amar. Nossa intuição da Fonte Criadora é muito precária e nossa razão pouco evoluída.*

Em nossa consciência, predominam imagens, sentimentos e forças que emergem do inconsciente e influenciam fortemente nosso comportamento, nossa cultura e nossas tradições. Somos primitivos, mas também somos fruto da Inteligência Universal, amamos e somos dignos de ser amados. Nossa vida é marcada pela luta pela sobrevivência à mercê dos caprichos da natureza. Seguimos seus ciclos e aproveitamos somente aquilo que o planeta nos oferece de acordo com sua vontade. O Sol é nosso pai, o planeta nossa mãe e a Lua nossa guardiã nas noites escuras. Somos hábeis caçadores, mas nossa jornada terrestre é curta, marcada por doenças e acidentes muitas vezes incapacitantes. Nosso grupo é pequeno, de modo que evitamos conflitos e promovemos alianças com os mais fortes na esperança de perpetuar nossa existência na Terra por meio de nossos herdeiros. No entanto, sinto que tudo é em vão e que logo desapareceremos por sermos menos aptos. Temos consciência de que nossos dias são contados e sofremos por isso.

Vejo-me agora em companhia de cinco outros membros do nosso grupo, correndo por entre árvores, quebrando galhos com o corpo atrás de um grande cervo. Trabalhamos bem em grupo. Estamos conseguindo direcionar o animal para a beira de um despenhadeiro, mas algo não

parece certo comigo hoje. Há tempos, sinto-me fraco e, especialmente hoje, ondas crescentes de vertigem têm me atrapalhado na execução das tarefas desde o despertar. Apesar disso, procuro disfarçar. Tenho guardado a fraqueza comigo porque sei o que acontece com os incapazes; eu mesmo já abandonei membros do nosso grupo em outros momentos e não condenarei meus companheiros se fizerem o mesmo comigo. De repente, no meio do atropelo da caça, sou acometido por tonturas, tropeço e caio numa ribanceira. Completamente tonto, rolo paredão abaixo e meu corpo se choca com as pedras e árvores encontradas pelo caminho. Tento conter minha queda com os braços, mas só consigo quebrá-los: ouço o barulho dos ossos se partindo e sinto uma dor excruciante.

Finalmente chego à base da grota e meu corpo se estatela no piso duro. Sinto muita dor e o sangue quente flui pela minha garganta até a boca. Assustado, não consigo me mover e permaneço ali, deitado de costas. Já não sinto dor, mas um torpor que me acalma. Olho para o céu azul sem nuvens e o admiro pela primeira vez. Sempre lutando pela sobrevivência, nunca havia conseguido ou me permitido observar a beleza da natureza onde tenho vivido. Rendo-me totalmente ao torpor; a tranquilidade toma conta de mim e o silêncio toma conta de tudo. Já não ouço os sons das vozes dos meus companheiros: estou partindo..."

De repente, me vi novamente no túnel em alta velocidade. Seguia para uma nova parada, alguma nova estação do passado, e tentava intuir qual seria meu novo destino. Enquanto viajava, refletia sobre a experiência revivida.

Por causa dela, pude constatar que vinha perambulando pelo planeta há muito tempo e um arrepio me percorreu a espinha ao imaginar as vidas já vividas e os prováveis erros já cometidos que teriam segurado meu avanço. Afinal de contas, os neandertalenses e os híbridos rudes, surgidos de acasalamentos com os sapiens, sumiram do planeta há pelo menos 40.000 anos, o que parecia ser tempo de sobra para vivenciar muitas jornadas e aprender o suficiente para me candidatar, e ser aprovado, para jornadas em locais mais evoluídos que a Terra, se era assim que as coisas funcionavam.

Analisando minha situação atual, ou seja, meus erros e acertos, virtudes e defeitos, não consegui ficar muito animado com minha evolução, assumindo que havia vivenciado muitas jornadas nos quatrocentos séculos.

Se havia sido assim e ainda estava na Terra fazendo as mesmas bobagens, havia uma grande chance de que tropeçara bastante, o que seria um bom motivo para manter a prudência nas certezas e no pronto julgamento dos erros alheios.

Ao visitar minha experiência em um corpo mais rude, com menor capacidade intelectual e com menos habilidades que as do homem atual, pude constatar também que o amor, este sentimento que nos eleva, está sempre presente e pode ser alcançado e resgatado do fundo da alma, a despeito da pouca sofisticação do vaso físico que envolve a consciência: é sempre possível amar e ser amado, independente do avatar pelo qual nossa consciência se expressa no espaço-tempo.

Essa conclusão me remeteu imediatamente aos animais do nosso planeta: se meu corpo rude amava e sentia a necessidade de ser amado, o mesmo deveria ocorrer com todos os seres que habitam Gaia. Ao me dar conta disso, pude ter um vislumbre dos sentimentos dos nossos companheiros terrestres menos favorecidos pela capacidade cognitiva diante dos maus-tratos e da incompreensão humana.

Lembrei-me também dos seres humanos que apresentam algum grau de deficiência mental ou física, que os torna menos capazes sob a ótica de nossa sociedade, e uma tristeza se abateu sobre mim por nunca ter sido capaz de me esforçar para imaginar o sofrimento dessas pessoas decorrente do preconceito e da condescendência, por não perceber que, sob a perspectiva deles, eles se sentem tão normais como todas as outras pessoas do planeta, assim como eu me sentia enquanto membro de uma raça com atributos menos sofisticados quando comparados aos do Homo sapiens sapiens.

Não é a capacidade intelectual e a razão que nos tornam menos ou mais importantes, intuí diante da experiência revivida. Não é a capacidade intelectual e a razão que nos tornam dignos de respeito e nos garantem direitos, mas sim a capacidade de amar e ser amado, que todos os seres vivos possuem. Logo, somos todos iguais, concluí, pesaroso pelos erros cometidos no planeta por todos nós ao longo de milênios.

Outro aspecto que chamou a atenção na experiência revivida foi a nossa completa submissão ao planeta, aos humores do clima e aos ciclos da Terra. Na minha situação do passado, nossa capacidade de alterar o ambiente que nos cercava era muito limitada. Isso nos impunha a necessidade de viver de acordo com regras de comportamento social muito rígidas a fim de garantir a sobrevivência. No entanto, mesmo devendo ser rígidas, nossas regras não deveriam ter sido imutáveis, pois o apego irrestrito às regras pode ter sido um dos principais motivos para sucumbirmos diante de grupos mais adaptáveis. Conforme o que já sabia, as leis naturais são soberanas no espaço-tempo e nossa espécie não estava isenta da lei que rege a evolução biológica: não é o mais forte ou o mais inteligente que permanece sobre a crosta, mas o que melhor se adapta às mudanças contínuas de nosso planeta. Ao que tudo indica, nosso grupo havia se perdido na própria rigidez.

Tendo já trocado conhecimentos acerca da programação celular nas sessões anteriores com meu grupo, questionei-me se a habilidade de alterar as regras, de inovar, não estariam inseridas na nossa programação. Se a resposta a esse questionamento fosse positiva, e parecia que ela era, então nossa espécie sempre esteve fadada ao desaparecimento.

Essa conclusão me levou a um aperto no estômago ao pensar no destino do Homo sapiens sapiens diante de seu apego a certos comportamentos. De qualquer forma, se tudo é reciclado no universo, por que as espécies, mesmo as mais inteligentes, seriam exceção à regra? Pensei. Se a reciclagem não se aplicasse às espécies mais evoluídas, isso me pareceria uma contradição da Inteligência Universal, um empecilho à evolução dos vasos físicos e, de certa maneira, uma injustiça. Outro ponto é que sendo o Cosmos tão vasto, qual seria a importância de qualquer espécie, por mais inteligente que seja, uma vez que a consciência infinita pode se alojar em avatares que se desenvolvem em inesgotáveis planetas pelo universo afora?

Eu e meu grupo vivíamos à mercê da natureza, o que não era de todo ruim, uma vez que nossa conexão com Gaia era muito maior. Por estarmos mais solidários ao planeta, nossa conexão nos permitia amá-la e respeitá-la com mais intensidade, nos permitia sentir o espírito das coisas, o princípio inteligente dos animais e vegetais que habitavam os biomas e, por isso, nos colocávamos numa posição equivalente à de todos os demais seres que perambulavam pelos continentes.

À medida que nossas civilizações evoluíram, fomos perdendo essa conexão e nos colocamos acima de toda a criação. Afinal de contas, a criatura criada à imagem e semelhança do Deus antropomórfico não poderia ser outra coisa senão o senhor de tudo.

Senti mais um aperto no estômago: se o comportamento do Sapiens sapiens sempre esteve registrado no seu DNA, a crônica da destruição do planeta está escrita desde os primórdios da nossa espécie e seria necessário um novo homo para mudar o curso da história. Ao pensar nessa hipótese, uma brisa de esperança soprou em meu espírito, aliviando a pressão no diafragma que me encurtava a respiração, ao imaginar que nossa jornada de expansão da consciência poderia ser um estágio preparatório para que nossas consciências expandidas estejam aptas a embarcar no novo homo.

Senti que minhas reflexões estavam me levando para becos sem saída e decidi me concentrar novamente na viagem dentro do vagão do tempo.

Assim como começou, totalmente fora do meu controle, o movimento foi bruscamente interrompido e me vi deitado na relva úmida, contemplando o céu estrelado.

"Olho para minhas mãos e as vejo completamente enrugadas. Estou fraco, com muita dor no peito e sinto-me incapaz de realizar minhas obrigações. Sou velho. Sei que tenho mais de setenta anos de idade. Vivo próximo a Atenas, em uma bela propriedade rural. Sou escravo e sirvo a um senhor que goza de boa reputação e prestígio nessa sociedade. Sou persa de origem e o nome que me foi dado quando nasci é Darius, mas eu e todos os da minha classe somos chamados por nosso senhorio de doulos, indistintamente.

Nasci na Lídia, próximo à cidade de Sárdis. Lá, vivi uma vida relativamente tranquila até a eclosão das rebeliões contra o império persa. Sendo descendente de babilônicos que migraram para a Lídia, herdei um orgulho tolo alimentado pela crença infantil de que pertencia a uma raça de homens fortes, criadores de um império temido, e que me fez, contra a orientação paterna, engrossar voluntariamente as fileiras das tropas leais ao imperador Aquemênida Dario I, que tentavam controlar as rebeliões ameaçadoras do império.

Já no primeiro combate contra os jônios, no frescor dos meus dezoito anos de idade, fui capturado nas cercanias da cidade de Mileto. Para minha decepção, após uma batalha feroz, fomos vencidos pelos rebeldes apoiados pelos gregos de Atenas e da Eritreia. Apesar da violência do conflito, fui salvo por fazer parte das tropas de retaguarda, que era composta, na sua maioria, de recrutas inexperientes como eu. Não sofri ferimentos graves e minha vida foi poupada para que eu fosse enviado via marítima para a Grécia, onde o destino me reservava provas duríssimas que alimentaram, por muito tempo, o ódio e o orgulho, quase pondo a perder minha jornada terrestre.

Sempre orgulhoso e altivo, senti-me humilhado quando fui feito prisioneiro, imobilizado e largado por vários dias ao relento em um porto da Ásia Menor. Ali, sob o Sol escaldante e tendo sobrevivido graças às chuvas que caíram incessantemente naqueles dias, permaneci sob vigilância aguardando a embarcação que me levaria a Atenas pelo mar Egeu. Iniciada a travessia, acorrentado ao convés da pequena embarcação, vivi momentos de terror devido ao mau tempo, um prenúncio de uma vida de provas que se iniciava. Ciente de minha condição, sabia que se a pequena nau viesse a pique ninguém perderia tempo comigo e eu permaneceria involuntariamente solidário à embarcação até seu destino no fundo das águas.

Finda a tormentosa travessia, atingimos o lado grego e me abati quando percebi que ainda teríamos que caminhar para o nosso destino. Em decorrência dos maus-tratos, da fome e da sede, meu estado físico e mental era lastimável e, eu pensava, qualquer caminhada longa me levaria ao colapso definitivo. No entanto, uma jornada naquele estado, independente de quão longa fosse, parecia melhor que a alternativa covarde de pôr fim deliberadamente à própria vida. Felizmente, o percurso não foi tão longo e desgastante como eu imaginava e, em menos de um dia de marcha, chegamos a Atenas, que muito me impressionou pela pujança e beleza de seus edifícios.

Eu e os pobres diabos, homens, mulheres e crianças, que compartilhavam o mesmo destino comigo, fomos levados para um mercado onde fomos trocados por um punhado de moedas. Mais do que os maus-tratos físicos, o fato de nos equipararem a mercadorias me provocou uma ira cujas chamas me arderiam no peito por décadas, tal qual uma pira constantemente alimentada pelo betumem mais leve da Pérsia.

Depois de alimentado e de descansar brevemente, fui levado para ser entregue ao meu senhor nas cercanias de Atenas, um rico cidadão de nome

Cleon. Quando chegamos à sua propriedade, onde hoje ainda resido, ele se dirigiu a mim numa língua até então ininteligível. Seu tom de voz era autoritário e ameaçador, mesmo assim mantive meu olhar fixo nos seus, o que me custou chibatadas que arrancaram a pele das minhas costas e me deixaram incapaz de usar a túnica típica dos escravos por semanas.

Apesar da minha estreia com um castigo exemplar, mantive minha atitude desafiadora por muito tempo e os castigos se sucederam regularmente. Por me mostrar um rebelde incorrigível, além dos castigos constantes, fiquei encarregado das tarefas mais pesadas daquele lugar, o que me exauria toda a energia dia após dia. Aos poucos, fui aprendendo o idioma grego e, em menos de um ano, já era capaz de entender o que meus senhores planejavam, desejavam e temiam. Além da escuta disfarçada dos diálogos, eu buscava informações presumivelmente úteis com os demais escravos, desejoso de ouvir algo que reforçasse minha esperança de libertação por meus patrícios que, eu tinha certeza, um dia invadiriam e dominariam a península grega.

Vivi, ano após ano, alimentando a esperança da derrota grega seguida de minha libertação triunfal que, conforme meu desejo, deveria se dar pela força das armas do meu valente povo e não pela decisão voluntária dos meus escravizadores; durante muitos anos, nutri ódio pelos autointitulados senhores do mundo civilizado e mantive acesa e alta a chama do orgulho. Os anos se passaram e os persas vieram, mas foram derrotados e eu continuei escravizado. Aos poucos, o sonho da libertação foi se dissipando, acabei aceitando meu destino e meu orgulho foi sendo amainado pelo sofrimento, assim como o duro metal é consumido lentamente pela pedra de amolar.

Cleon faleceu subitamente quando completei cinquenta anos de idade e trinta e dois de cativeiro e, para acabar de vez com a esperança de libertação, fui herdado por seu filho, também chamado Cleon, com o qual eu tivera a oportunidade de conviver desde que era criança. Cleon filho me tinha em boa conta. Mesmo tendo tido uma relação menos autoritária com meu novo senhor, ele se recusou a me conceder a libertação definitiva quando a solicitei.

A liberdade me foi negada sob a argumentação de que, embora minha ajuda não fosse mais necessária nas atividades laborais mais pesadas, Cleon acreditava que eu poderia ser útil nos serviços leves dentro de sua casa e disse-me que eu deveria estar feliz por isso, pois só os escravos de confiança eram alçados aos serviços domésticos dentro do lar de seus senhores. No que concernia a mim, sabia que jamais me tornaria cidadão grego com plenos direitos e que talvez nunca retornasse à Pérsia, mas desejava viver o resto dos meus dias livre.

Durante o período em que servi a meu novo senhor, fui bem tratado e pude acompanhar mais uma geração daquela família de aristocratas gregos. Atualmente, aos setenta e dois anos de idade, executo somente trabalhos leves e não me vejo mais como um persa, tampouco como um grego. Com o passar do tempo, sufoquei completamente o ódio e o orgulho, que foram responsáveis por tornar minha jornada muito mais difícil do que poderia ter sido. Acabei me afeiçoando à família de meu segundo senhor e passei a considerá-los a família que nunca pude ter.

Em dado momento, chegou a nosso conhecimento que gregos e persas celebraram um acordo de paz alvissareiro. Não havia como ter certeza se um acordo fora realmente celebrado. Se havia acordo, desconhecíamos seus termos e não sabíamos se duraria, mas encarei a notícia como verdadeira e senti um misto de alívio e tristeza. Alívio, por saber que, prevalecendo a paz, outros persas não correriam o risco de ter o mesmo destino que eu, e tristeza, por sentir que a vida que planejei quando jovem se foi com o tempo que não voltaria, que não havia mais sentido em desejar a liberdade, que nunca mais veria minha terra natal, o local onde fora livre e que, provavelmente, quase todos com os quais convivi na minha juventude já se tinham ido...

É quase meia-noite, muito além da hora em que normalmente um escravo deve se recolher. Há tempos sinto-me adoecido, sem energia e com uma tosse permanente que sempre resulta em um fluxo de sangue pela boca. Hoje, dói-me todo o corpo, principalmente o peito. Mesmo assim, num último ato de rebeldia, permaneço deitado ao relento, mirando as estrelas e refletindo sobre minha trajetória, do garoto orgulhoso e cheio de planos ao resignado e debilitado escravo. Fico ali por horas sem coragem de me mover até que, cansado e com a face molhada pelas lágrimas, adormeço em terras helênicas para não mais despertar na jornada."

Vi-me novamente em alta velocidade no túnel em cujas paredes desfilavam cenas de minha trajetória no planeta, mas me encontrava incapaz de observá-las com atenção, tão grande era a agonia no peito enquanto tentava assimilar o impacto da experiência revivida na qual era ator e espectador ao mesmo tempo.

Durante boa parte da viagem em direção ao futuro do pretérito, tentei pôr as coisas em ordem em minha mente. O turbilhão mental era resultado da luta insana entre a razão e a indignação, entre a raiva e a autocompaixão.

No início, tentei sufocar o redemoinho de emoções que girava no meu peito repetindo para mim mesmo que tudo acontecera há muito tempo e que eu deveria encarar a experiência como quem assiste a um filme, sem me deixar levar por emoções desgastantes, que nada agregariam à compreensão da minha história de uma perspectiva privilegiada.

Como não fui bem-sucedido, passei a tentar me recompor com a argumentação de que a indignação que sentia era sem sentido e irracional pelo fato de a escravidão ter sido algo natural entre os povos antigos quando o destino envolvia vencidos em campo de batalha, também sem sucesso.

Além do impacto da jornada revivida, também contribuía para a minha agonia a frustração por não estar prestando a devida atenção às cenas que se desenrolavam na grande tela e por não me preparar devidamente para a próxima parada, se é que isso era possível numa viagem na qual não tinha a mínima ideia de onde, quando e por quanto tempo se dariam as escalas.

Apesar da confusão emocional, ainda me mantinha lúcido o suficiente para não perder de vista o objetivo daquele tour cronológico: eu estava ali para aprender, para preencher as lacunas surgidas na minha busca por mim mesmo, e elas não eram poucas, e não para me deixar levar por um turbilhão causado por uma arqueologia sentimental.

Além disso, estava convicto de que a jornada naquele local e naquela época havia sido muito importante para meu aprendizado, afinal de contas, mesmo não tendo encontrado Mariah, Pavlo, Kuntur ou Montse na Pérsia e na Grécia, o expresso do passado, ou quem sabe eu mesmo, havia escolhido aquela estação específica.

De qualquer ponto de vista que usasse para tentar dar contornos lógicos à experiência revivida, a conclusão era a mesma: o mais sensato era extrair o máximo que pudesse da experiência, da maneira mais racional possível. No entanto, a despeito de tudo, o orgulho que tantos dissabores trouxeram para Darius ainda parecia sobreviver em mim, depois de séculos e inúmeras jornadas na Terra.

Decepcionado comigo mesmo, me ocorreu, não sei como e por que, desviar meu pensamento para minha família e os momentos felizes que passamos juntos. Ao usar meu centro de gravidade sentimental, o amor por minha família, para me livrar da força que me mantinha orbitando em torno daquela experiência e suas consequências, que ainda possuíam o condão de conturbar minha consciência, os sentimentos negativos foram se dissipando, a razão foi ganhando espaço e finalmente consegui me recompor.

Uma vez livre das fortes emoções, lembrei-me do amparo emocional de Noah nos momentos intranquilos desde que despertei na praia e desejei que ele estivesse comigo naquele momento. No entanto, eu sabia que aquela viagem era só minha e que teria que lidar com ela da maneira que meu preparo me permitisse.

Analisando tudo com mais calma, reconheci que meus pensamentos e minha atitude foram os verdadeiros responsáveis pelo que se abatera sobre mim durante toda a minha jornada e não pude evitar um sorriso ao identificar a prova cabal, fruto de experiência própria, de que o que acabáramos de trocar em uma das sessões, ou seja, que nossos estados futuros são uma construção de nossa autoria dentro dos limites impostos pelas leis naturais, era uma verdade inquestionável.

Não era preciso muito esforço para concluir que havia inúmeras alternativas mais agradáveis para o jovem persa que eu era.

Para começo de história, eu poderia ter optado por não me engajar numa guerra sem sentido. Meus pais tentaram me demover da ideia de me engajar naquele conflito que, eles intuíam, seria duradouro e sangrento, enquanto eu, jovem altivo e orgulhoso, optara por não dar ouvidos à experiência, ao bom senso e à intuição materna.

Uma vez em terras helênicas, após minha captura, minha história poderia ter sido bem diferente se tivesse me espelhado sabiamente em outros escravos que tiveram mais sorte. Em vez disso, optara por alimentar o ódio e o sentimento belicoso, que reforçaram a energia psíquica que manteve o conflito entre os dois povos por muito tempo.

Outro ponto importante é que, além de escravo, eu era persa, um inimigo para os gregos o que, por si só, já era um bom motivo para me comportar de maneira menos desafiadora, não sobressaindo dentre os demais escravos.

A verdade, que doía mas libertava, era que, ao me engajar numa batalha perdida, terem poupado minha vida e me feito escravo, algo comum na época, fora o melhor desfecho possível e que até a captura após a derrota, o destino falara mais alto, apesar de contar com minha ajuda, mas, a partir dali, as coisas se inverteram e minha influência sobre os eventos da minha jornada passara a preponderar.

Porém, outro ponto me chamou a atenção na jornada grega: o amor, um sentimento indefinível na linguagem humana, que tem o poder de emergir nas situações mais inusitadas da vida.

Tendo convivido com os filhos de Cleon (filho) desde o nascimento, me apegara a eles a ponto de ter adoecido quando o primogênito faleceu, aos cinco anos de idade. Era, pois, inegável que os amava, apesar de serem netos de alguém que chegara a odiar com todas as minhas fibras.

Além disso, em muitos momentos, ficou patente que Cleon (filho) me tinha mais por um irmão mais velho do que por escravo. Mesmo quando tentava demonstrar autoridade para reafirmar sua posição de senhor, seu olhar e sua linguagem de corpo o traíam e um sentimento fraterno podia ser percebido.

Ao longo de nossa convivência, eu fora responsável por ensiná-lo muito do que aprendera, o que nos tornou muito próximos. Por esse motivo, era notório que havia uma confusão de sentimentos a meu respeito dentro de si e a possibilidade de não me ter mais por perto se viesse a ser libertado, o que certamente aconteceria, lhe trazia insegurança. Seu sentimento por mim era possessivo e minha presença no seu entorno, sob suas ordens, trazia uma falsa segurança de que poderia garantir a reciprocidade de um sentimento do qual ele necessitava.

No íntimo, ele temia que eu o odiasse, assim como a toda sua família; ao continuar sendo meu senhor, ele se iludia a respeito do controle da situação. Éramos todos, eu, ele, sua família e os demais escravos, seres infantis, na aurora de uma civilização planetária, ferindo uns aos outros e gerando cicatrizes profundas e indeléveis na busca pelo amor verdadeiro, que só somos capazes de sentir em dimensões muito mais elevadas da consciência.

De repente, minhas reflexões foram interrompidas pela chegada a mais uma parada na linha do tempo e me vi caminhando numa longa fila, ao lado de várias pessoas...

"*Gênova, abril de 1129. Encontro-me deitado. Tenho estado febril, sinto fraqueza e sou acometido de delírios de tempos em tempos. Quando a mente clareia, os eventos da minha vida afloram na consciência e eu, tomado pela emoção, aproveito para fazer um balanço de tudo que vivi. Minha vida se descortina em minha mente como um longo pergaminho que é desenrolado por mãos invisíveis. No entanto, apesar das ricas experiências ao longo de décadas de existência, o rolo se detém sempre que minhas lembranças atingem a bela e misteriosa Jerusalém.*

Sozinho, na escuridão do meu quarto, sussurro baixinho, como se confessasse um segredo de alcova para um interlocutor invisível: 'Jerusalém, Jerusalém! Tragédia, amor e aprendizado que levarei comigo para sempre'. As palavras lançadas na escuridão desenterram memórias sufocadas com muito esforço e me deixo levar até os dias de marcha rumo à cidade santa.

Era o primeiro dia do mês de junho do ano de 1099. A primavera, que sempre trazia suas flores, aromas, pássaros e insetos, se preparava para ceder lugar ao calor sufocante do verão e tudo que eu observara ao longo do caminho era a sequidão do solo, do ar e da alma. Carregara suprimentos durante trinta horas seguidas, com direito apenas a alguns rápidos cochilos de duas em duas horas. Estava exausto. De dia, o calor era intenso, mas a noite sempre nos brindava com um frescor revigorante e até um frio suportável.

Estávamos a caminho de Jerusalém. Nossas tropas, que ainda se recuperavam das batalhas na Antióquia, minguaram desde que partimos de Constantinopla dois anos antes. Aos poucos, nos tornamos uma fração do exército formado três anos antes. Apesar das baixas, nossos cavaleiros e soldados continuaram determinados a retomar a cidade santa seguindo a convocação do papa Urbano II.

Todo aquele orgulho por estar defendendo o mundo civilizado e nossa fé, que nunca fora minha de fato, e a excitação pela possibilidade de conhecer locais e pessoas diferentes e viver grandes aventuras no misterioso mundo civilizado ficaram impactados pelas primeiras batalhas e mortes. Entristeceu-me muito abandonar os feridos e incapacitados pelo caminho, aí incluído um valoroso amigo que conheci no acampamento em Gênova antes de me juntar à campanha militar e religiosa.

Sabia que a maioria das pessoas que via na fila interminável a caminho da Cidade Santa nunca retornaria ao seu mundo de origem e crescia dentro de mim a sensação de que o que nos propusemos a fazer em terras tão distantes, massacrando homens, mulheres e crianças em nome de uma fé que esteve sempre ativa na boca, mas nunca no coração, não parecia certo. Sentia que nossa missão não se justificava e o arrependimento por ter me juntado ao séquito da morte passou a me acompanhar nas horas de vigília e nos sonhos. Dormia mal e tinha pesadelos todas as noites.

Apesar de tudo, prossegui com a esperança de que o bom senso prevaleceria entre os homens que detinham o poder, de que poderíamos resolver tudo sem acumular baixas nos dois lados e que conseguiríamos retornar a Gênova ainda naquele ano de Nosso Senhor Jesus Cristo, em nome de quem as mortes se acumulavam sem pesar ou arrependimento.

Passei a questionar-me constantemente se ele aprovaria tudo o que estava acontecendo, ou choraria de tristeza pelo fato de seus autointitulados representantes na Terra estarem brandindo espada de Pedro e infligindo danos permanentes na alma e no físico de muitos inocentes. Sabia que conhecia a resposta para a pergunta, mas, por precaução, resolvi manter-me mudo a respeito. Não comentei minha terrível vacilação com ninguém. Guardei também minha culpa por uma suposta fraqueza diante da nobre missão.

Meu nome é Afonso. Nasci em Porto Cale no ano de 1076 e cresci às margens do rio Tejo. Antes de partir para Gênova, vivi uma vida bucólica e alegre, envolvido com a pesca e a plantação de oliveiras, atividades de subsistência da família, que sempre foi muito pobre. Aos 18 anos, idade em que deixei o lugar onde nasci, ainda não sabia ler e escrever, mas já sonhava em ganhar o mundo, conhecer lugares e povos diferentes. A vida de peregrino e aventureiro se originou e foi alimentada pelas histórias contadas por mercadores com os quais interagia no porto. Lá, ouvindo relatos de cidades cheias de vida e riquezas, como Veneza, Roma e Gênova, passei a sonhar com aventuras naquelas paragens e resolvi partir, para o desgosto e tristeza de meus pais e irmãos.

Pisei em Gênova três meses depois de partir e tratei logo de buscar alguma ocupação que me propiciasse o sustento. Minha jornada em busca de trabalho foi árdua por não possuir habilidades e conhecimentos valorizados no local e por não dominar o idioma ali falado. Depois de algum tempo passando fome pelas ruas, consegui trabalho como estivador no porto em troca de comida e abrigo. Fiquei feliz por trabalhar para sobreviver, mas o sonho de me lançar em aventuras continuava vivo e ardente no meu coração.

Após mais de um ano trabalhando, vivendo e aprendendo diferentes idiomas no porto, ouvi falar de importante caravana formada por nobres e soldados que seguiam para Jerusalém. Animado com a perspectiva de marchar rumo à Cidade Santa e iludido de que seria prontamente aceito no grupo, informei-me sobre o local onde poderia me encontrar com os elegantes e destemidos viajores, abandonei o porto e fui ao encontro deles.

Chegando ao acampamento temporariamente estabelecido nas cercanias de Gênova, percebi que não seria tão fácil me engajar no grupo. Não desisti, mesmo diante da recusa ao meu alistamento. Insisti até que encontrasse quem pudesse me informar sobre quem eram e o que buscavam no Oriente os garbosos combatentes.

Depois de algum tempo, consegui a atenção de um ajudante de cargas genovês de nome Domenico, que vivia em Lion e que partira da cidade com as fileiras. Domenico me explicou a missão do grupo e sua *função nele e, imediatamente, me encantei com a possibilidade de me juntar à campanha.*

Passei a viver nas proximidades do acampamento, dormindo ao relento, e a manter contatos diários com Domenico na esperança de conseguir ser admitido. Depois de muita insistência, Domenico consentiu em falar com o comandante do grupo a quem ele servia, um nobre altivo de Toulouse, para lhe solicitar autorização para que eu me juntasse aos serviçais.

Depois de dois dias de silêncio, veio a resposta: estava autorizado a prestar o nobre serviço de carregador, cuidador de cavalos, embora nada soubesse a respeito, e auxiliar na montagem e desmontagem dos acampamentos. Partimos no outono do ano de 1096, felizes, animados e certos de que nossa empreitada contra os muçulmanos, judeus e toda a raia miúda contrários à nossa fé estava fadada ao sucesso pelo próprio mérito.

A caravana passou por Roma, Bari, cruzou o mar Adriático e, daí em diante, foi por terra até Constantinopla, tendo sido o périplo relativamente tranquilo e animador. Alguns meses depois, já no ano de 1097, nos dirigimos para Niceia e sitiamos a cidade. A partir desse sítio cruel, meu ânimo com a empreitada arrefeceu.

Após Niceia, presenciei batalhas cruéis nas cidades de Dorileia, em Anatólia, e na Antióquia, onde testemunhei a força maligna e destruidora que reside no inconsciente dos homens de bem e que aflora em momentos de crise, conflito e medo. Partimos para Jerusalém no começo do ano de 1099 e lá chegamos sem muitos percalços.

Junho de 1099. Iniciaram-se as batalhas pela Cidade Santa. Depois de algumas semanas de disputas violentas, muitos mortos e feridos, finalmente logramos êxito e celebramos: Jerusalém estava novamente em nossas mãos, seja por qual motivo tenha sido.

Mesmo com as hostilidades oficialmente cessadas, continuei a testemunhar atrocidades vis cometidas pelos vencedores: alguns ditos inimigos

eram sumariamente executados. Não havia clemência quando alguém era condenado sem um rito adequado e direito à própria defesa. Muçulmanos eram mortos pela espada e judeus queimados vivos. As cenas eram horríveis e constituíam o verdadeiro inferno no coração da cidade santa.

Após uma das execuções, chocado e com lágrimas nos olhos, que para todos os efeitos eram motivadas pela imensa alegria pela vitória dos seguidores do Cristo, procurei um canto escuro num dos becos da cidade e chorei copiosamente. Em meio aos soluços, recordei-me de meus pais com os semblantes tristes por minha partida para Gênova e pedi-lhes perdão, permanecendo no canto escuro, envergonhado e profundamente arrependido por ter me engajado naquela loucura.

Permaneci encolhido e escondido até que os raios do Sol, sempre indiferente aos deprimentes espetáculos humanos, banharam a cidade e me expuseram. Naquela noite, senti uma saudade pungente dos meus dias de infância e, compreendi, da maneira mais sofrida, o que traz significado a uma vida.

Passados alguns dias e ainda profundamente decepcionado, recebi a incumbência de auxiliar no tratamento dos feridos. Dirigi-me a uma ampla instalação onde fui recebido pelo responsável por coordenar o serviço de auxílio aos feridos e doentes, um judeu que falava várias línguas, de meia-idade e olhar sereno, que me recebeu com um sorriso acolhedor como se eu fosse um amigo de longa data."

Do ponto de vista de observador externo, reconheci Noah de imediato, o que me causou surpresa e alegria. Sem me conter, exclamei sorrindo:

— Então, é neste ponto de nossas trajetórias que nos conhecemos, meu querido amigo. Nunca imaginei ter uma amizade milenar...

"Pela perspectiva do serviçal que um dia sonhou com aventuras em mundos distantes, nos apresentamos, ele como Noah e eu como Afonso. Pouco tempo depois, ele me contou que fora poupado, apesar de ser visto

com desconfiança pelos cristãos, por ser capaz de se comunicar com diferentes povos da Ásia Menor e do entorno do Mare Nostrum, ou mar Mediterrâneo. Além de ser um intérprete requisitado, Noah era um profundo conhecedor das artes da cura dos males do corpo, conhecimento adquirido em uma longa temporada no Egito, e que se tornara extremamente valorizado naquele local devido à quantidade de feridos e doentes espalhados por todos os cantos.

Com o passar do tempo ao lado de Noah, aprendi que mais do que a habilidade de promover a cura física, ele detinha conhecimentos importantes para a cura da alma. Eu estava diante de um homem sensível, que acumulara vasto conhecimento por ser aberto, transparente e estar sempre disposto a se relacionar e aprender com povos de língua, cultura e religião diferentes da sua. Apesar de suas valorosas habilidades, suas características mais marcantes eram a extrema generosidade e a capacidade de ouvir, sem fazer julgamentos.

Como parte da introdução à minha nova e nobre tarefa, Noah me conduziu até uma grande enfermaria improvisada onde feridos e moribundos jaziam em agonia. A atmosfera era carregada no ambiente, os gritos e gemidos eram constantes e o cheiro de sangue apodrecido, que permanecia no piso por todos os lados, suor e sujeira provocava náuseas. Com o passar dos dias, porém, acabei me acostumando com o ambiente insalubre e só percebia o ar fétido quando contrastava o cheiro nauseabundo com os ares puros do exterior.

Sem conhecimento prático algum sobre como cuidar de doentes e feridos, permaneci por um bom tempo sem tomar iniciativa nas tarefas diárias e aguardava sempre a orientação paciente de Noah que, antecipando-se a uma descoberta que só aconteceria séculos depois, me ensinou que a higiene era fundamental no processo de cura das feridas e me pediu para limpá-las todos os dias com uma mistura de água, aguardente forte e cinzas.

Da minha posição de espectador, não pude deixar de sorrir ao constatar que utilizávamos um sabão rudimentar, que possuía propriedades antissépticas, ainda que limitadas, na limpeza das feridas contaminadas.

Um determinado dia, Noah me apresentou a uma ajudante judia proveniente de Jaffa, que havia sido engajada por ele nas tarefas. A ajudante se chamava Eloah e, assim que a conheci, sua beleza singular me chamou a atenção. Ela media cerca de um metro e sessenta centímetros, sua pele era morena clara, seu nariz aquilino e seus olhos castanhos, grandes, brilhantes e oblíquos, transmitiam ternura e firmeza ao mesmo tempo. Seus cabelos, também castanhos, ficavam, na maior parte do tempo, presos atrás da cabeça e, quando soltos, quase chegavam à cintura. Apesar de sua timidez, ficava claro para todos que a conheciam que estavam diante de uma pessoa determinada e de forte personalidade.

Eloah havia sido treinada por Noah e sabia muito bem o que fazer. De imediato, ela assumiu a função de coordenadora e passou a me orientar por meio de demonstrações de como executar de forma adequada as tarefas de limpeza, de aplicação de unguentos nas feridas e de ministração de chás e poções cujas composições somente Noah e ela conheciam."

De um ponto de vista externo à cena, reconheci minha dedicada coordenadora e exclamei:

— Que surpresa! Você está comigo mais uma vez!

Noah acabara de me apresentar à minha velha amiga de outras eras, Mariah.

"Como Afonso, que vivenciava, há cerca de mil anos, um encontro presumivelmente fortuito e sem maior importância, fui tomado por uma forte sensação de déjà-vu assim que encontrei Eloah e, mesmo ela mantendo os olhos voltados para o chão quando a cumprimentei, senti que estava diante de alguém que me era familiar.

Semana após semana, cuidamos dos soldados e cavaleiros feridos nas batalhas e, como é comum nos momentos de sofrimento e fragilidade, quando os homens se igualam e eliminam-se as máscaras e subterfúgios, afeiçoei-me a dois pacientes em particular: um cavaleiro chamado Dante e um soldado de nome Camilo.

Os dois eram originários de Roma e, assim que recobraram a consciência, mostraram-se abertos, falantes e dispostos a narrar fatos e histórias pessoais as quais eu, infelizmente, não conseguia traduzir para Eloah, que se limitava, o tempo todo, a sorrir e a cuidar das feridas de ambos."

Meu primeiro contato com Dante e Camilo se deu no hospital improvisado em Jerusalém, mas, como espectador de minha própria história, reconheci os dois combatentes: Montse era Camilo e Pavlo era Dante.

"Durante semanas, convivemos os quatro: eu e Eloah prestando serviços humanitários às vítimas das batalhas, na maior parte do tempo em silêncio, enquanto Dante e Camilo me entretinham com histórias próprias e de terceiros e faziam comentários elogiosos e perguntas direcionadas à Eloah, ignorando o fato de que ela nada podia entender. Mesmo assim, Eloah respondia com um leve sorriso sempre que percebia que a palavra lhe era dirigida.

Numa manhã ensolarada, ao observar uma cena em que dois católicos cruzados tentavam conversar com uma judia, elogiando-a e agradecendo-a por tanto zelo e gentileza no trato com eles, um pensamento oriundo dos recônditos da alma de um peregrino analfabeto e rude aflorou em minha consciência: a linguagem do amor é universal e, a despeito de nossas crenças, raças e culturas, na base de tudo o que fazemos e pensamos, desde os atos e pensamentos mais nobres até os mais abomináveis, só existe a vontade e a pressão que dela origina para amar e ser amado: entre o nascimento e a morte, só existe o amor.

A cena descrita permaneceria na minha memória durante toda a minha jornada, enquanto o aprendizado dela resultante, um pequeno e importante passo no avanço da consciência, permaneceria comigo para sempre.

NOVENTA DIAS

Nos possíveis momentos de folga, após o cumprimento das obrigações, durante as noites iluminadas por tochas, passei a interagir mais com Noah, que estava sempre acompanhado de Eloah. O que começou como breves sessões sobre cuidados e boas práticas de saúde para mim e Eloah, logo se expandiu para outros temas. Aos poucos, Noah nos foi revelando conhecimentos adquiridos em trocas com pessoas oriundas dos quatro cantos do mundo. A distribuição generosa e gratuita de conhecimento requeria dele uma dose gigante de paciência e muita energia, pois tudo era esmiuçado em duplicidade, em duas línguas diferentes, para mim e para Eloah.

Após cerca de dois meses de tratamento, Dante e Camilo, que já conseguiam se movimentar com certa dificuldade e sem ajuda, se juntaram a nós nas sessões noturnas. Em nossas tertúlias, enquanto a luz bruxuleava criando sombras que se moviam nas paredes, ouvíamos a voz grave e magnetizadora de Noah, que se sobressaía em meio aos sons de roncos e gemidos, nos relatos de conhecimentos milenares aos quais poucos tinham acesso naqueles tempos.

Durante a maior parte do tempo, Eloah se mantinha em silêncio ouvindo nossos diálogos truncados pelas traduções simultâneas e pela busca constante de termos apropriados para dar um significado mais preciso a alguma ideia ou conceito. Depois de algumas sessões, passei a ansiar pela presença de Eloah, que sempre faltava aos encontros quando algum paciente demonstrava febre ou agitação ao anoitecer, e notei que meu coração se acelerava na sua presença.

Ansioso pelos encontros noturnos, passei a executar minhas tarefas diárias com atenção aos mínimos detalhes, tentando impressionar Eloah e buscando me distrair, de tal maneira que não percebesse o passar lento e entediante das horas até os nossos encontros. Nestes, os conteúdos das palestras de Noah eram riquíssimos e suficientes para sustentar meu interesse. No entanto, o fato de estar ao lado dela os tornava especiais.

Mesmo enamorado, evitei, durante algum tempo, alimentar vãs esperanças e tentei lutar contra um sentimento que, aos poucos, dominava meu coração repetindo para mim mesmo, o tempo todo, que logo retornaria a Gênova e que a possibilidade de um relacionamento entre mim e Eloah era tão ou mais remota que a possibilidade de retornar à minha terra natal.

Apesar das reprimendas a mim mesmo por pensamentos recorrentes relacionados à Eloah, eu não conseguia evitar imaginar cenas em que conversávamos, ríamos e nos olhávamos em silêncio, até que a paixão vencia a timidez e o medo da rejeição e, num surto de coragem, eu arriscava um toque suave de dedos, um alisar de cabelos e, por fim, um beijo. Vencidas todas as resistências internas, imaginar cenas românticas com Eloah passou a ser meu passatempo diário predileto.

A partir de certo ponto, no entanto, ela mudou seu comportamento na minha presença: de sorridente e espontânea desde que chegara à nossa enfermaria improvisada, passou a agir de maneira solene e formal, principalmente comigo. Assim que notei a mudança, cheguei a temer que, em função da paixão que me consumia, eu tivesse agido, inconscientemente, de maneira inadequada ou desrespeitosa. Em decorrência da cisma e do receio de agravar ainda mais a situação, voltei a reprimir meus pensamentos e desejos. Entretanto, meus devaneios românticos logo retornaram quando flagrei Eloah, repetidas vezes, me observando a distância.

Nos nossos encontros noturnos, percebi também que ela, assim como eu, se esforçava para evitar um encontro de olhares que me causava taquicardia. Entretanto, era impossível evitar os encontros nada acidentais de olhares, os quais não atrevíamos sustentar, temendo tornar evidente um interesse mútuo que ia além da amizade voltada para a execução harmoniosa e eficiente de nossas tarefas. A constatação de que Eloah também se interessava por mim rompeu meu comedimento e passei a dar vazão a ideias e planos que consideravam o meu estabelecimento definitivo e a constituição de família na Terra Santa.

Tudo pareceu caminhar para um desfecho feliz quando Noah se dispôs a me ensinar sua língua e sugeriu que eu reforçasse o aprendizado dialogando com Eloah. Aceitei a oferta antes mesmo que ele terminasse de detalhar como se dariam as aulas.

Àquela altura, minha prioridade já deixara de ser retornar a Gênova e passara a ser conversar com Eloah sem um intermediário que pudesse me constranger. Com a perspectiva de me comunicar diretamente com ela, passei a construir planos para conhecê-la melhor e expor, num futuro próximo, os sentimentos que já me pressionavam por demais o peito.

Quando da minha chegada a Jerusalém, não pensava em outra coisa a não ser retornar para Gênova e de lá, quem sabe, retornar para o verdadeiro lar de minha infância. Assim que Jerusalém foi declarada um protetorado governado pelo nobre Godofredo, achei que seria a hora adequada para retornar, mas meu plano foi sabotado pela paixão por Eloah e pelas sessões noturnas com Noah, nas quais me esforçava para absorver tudo o que pudesse.

Enquanto nossos dias eram sempre exaustivos e, às vezes frustrantes e tristes, quando alguém que parecia estar a caminho da recuperação piorava e falecia, nossas noites eram sempre alegres e animadas. Após as refeições frugais do início da noite, Noah nos falava de certo Zaratustra da Pérsia, nascido havia cerca de 1500 anos e autoexilado na porção mais oriental do império Aquemênida, para quem a jornada terrestre era sagrada.

Para Zaratustra, viver a vida era o único caminho para a santificação do homem. Amar, dançar, aprender a se alegrar e ser leve em espírito eram maneiras mais adequadas e eficientes de alcançar a plenitude e ajudar o próximo do que viver de acordo com regras de conduta construídas com base em recompensas após a morte. Para Zaratustra, o alargamento intelectual e religioso apodrece o homem por dentro, pois ele se distancia da humanidade quando se torna, aos seus olhos, superior ao homem comum.

Noah falava-nos do iluminado Buda Shakyamuni, que viveu como um príncipe chamado Sidarta Gautama até os 29 anos de idade e saiu em peregrinação pelo mundo para se iluminar, mais ou menos na mesma época de Zaratustra. Falava-nos da lei do carma, a ação do homem no universo, da roda de Samsara e de tantos outros conhecimentos estranhos disseminados após a partida de Buda, que fincaram raízes desde a terra dos marajás até os confins do mundo no extremo oriente.

Falava-nos de Confúcio e Lao-Tsé do oriente, também nascidos 15 séculos antes, e seus ensinamentos. Falava-nos de Sócrates, nascido também na mesma época, de sua busca incessante pela verdade, de sua capacidade de guiar seus interlocutores a novas perspectivas sobre um determinado assunto sem a influência de ideias preconcebidas, de sua maneira de instigar o pensamento por meio de perguntas, de sua vida coerente com aquilo que apregoava até sua morte, determinada por aqueles que o julgaram e condenaram por corromper a juventude, por não acreditar nos deuses gregos e por se unir a deuses malignos.

Falava-nos do grande repositório de registros construído pela dinastia ptolomaica no Egito, cerca de 14 séculos antes de nossa época, que possuía conhecimentos importantes perdidos em um incêndio acidental que, alguns defendem, nada teria de acidental e sim que teria ocorrido por ordem do primeiro imperador romano Júlio César. Falava-nos do Torah e do pentateuco, do nosso senhor Jesus Cristo e de Abu Alcácime Maomé, considerado pelo Islão o último profeta do Deus de Abraão.

Durante suas palestras, nós quatro absorvíamos tudo atentamente, magnetizados pelo conhecimento que nos era entregue generosamente."

De minha perspectiva atual, notei um fato interessante: na mesma época em que eu sofria e me revoltava com minha condição de escravo, nas cercanias de Atenas, o mundo recebia luminares que semeavam conhecimento com o objetivo de auxiliar a humanidade a expandir a consciência.

Ao perceber o sincronismo dos eventos, questionei-me se o aparecimento de consciências avançadas em vários locais do mundo, aproximadamente na mesma época, seria uma mera coincidência ou o fruto de um planejamento maior por seres de inteligência e moral mais elevadas que as dos habitantes do planeta.

"Aproximadamente um ano após minha chegada em Jerusalém, um acontecimento me fez decidir pelo retorno a Gênova. Antes da decisão e cerca de um mês após o início das aulas com Noah, nas quais demonstrara extremo interesse e disciplina, consegui estabelecer um nível precário de comunicação com Eloah.

No início, nossa comunicação se resumia a cumprimentos, descrições simples de objetos e das tarefas do dia a dia. Algumas semanas mais tarde, já conseguia transmitir algo sobre minha vida pregressa. Assim que meu vocabulário me permitiu, como só falasse sobre mim, passei a sondá-la sobre seu passado e seus planos para o futuro. Quando eu a inquiria, ela respondia de maneira lacônica ou dizia não ter entendido minha pergunta.

Depois de alguma insistência, ela finalmente me falou sobre sua família e seu compromisso em Jaffa: assim que concluísse os trabalhos em Jerusalém, ela deveria retornar para sua cidade para se casar com um jovem de uma família local conhecida.

Ao tentar me explicar o compromisso já firmado, seus olhos se entristeceram e sua postura firme e serena se desmanchou. Com algum esforço, ela conseguiu evitar que as lágrimas descessem pelo seu rosto enquanto tentava explicar o que deveria e seria feito.

No entanto, ela não pôde evitar que as mesmas lágrimas se esgueirassem para os cantos dos olhos e umedecessem as janelas pelas quais eu pude vislumbrar, desde o dia em que nos conhecemos, inteligência, argúcia, bondade e lealdade a si mesmo, aos seus e aos princípios e valores que prezava.

Senti profundamente o golpe: estava apaixonado e tinha certeza de que era correspondido, mas, por mais que o sentimento fosse mútuo, as chances de compartilharmos um futuro, que eu sabia serem remotas, se tornaram inexistentes de maneira abrupta.

Naquele momento triste, percebi que deixara que minha imaginação corresse frouxa e alimentasse esperanças vãs. Pude também visualizar o encaixe das peças nos seus devidos lugares e compreendi que nosso futuro relacionamento nunca passara de um devaneio meu. Nunca me sentira tão tolo.

Suportei a agonia amorosa em silêncio, até porque não havia remédio para minha desilusão. O sentimento que tínhamos um pelo outro nunca seria forte o suficiente para vencer a força das tradições, dos costumes, dos compromissos e do preconceito. Procurei sufocar meus sentimentos e comuniquei a decisão de retornar a Gênova a meus superiores.

Nunca imaginara que me sentiria tão mal quando a tão desejada aprovação para meu retorno a Gênova fosse dada. E assim aconteceu: obtive aprovação para me juntar à caravana que partiria para Constantinopla em meados de julho do ano 1100. Assim que a obtive, informei meus novos amigos sobre a partida.

Camilo e Dante já se encontravam quase totalmente recuperados e me desejaram, com algum pesar, sorte em meus caminhos. Apesar de termos ficado amigos, tinha certeza de que não mais os veria, mesmo que retornassem a Roma: Dante era um nobre; Camilo, um soldado; e eu, um reles plebeu, o que tornava a nossa convivência em situações normais praticamente impossível. Mais uma vez, falavam mais alto as tradições e as regras de convívio social construídas, no caso em questão, para garantir privilégios de poucos. Tudo era revolta no meu coração.

À noite, como era de costume, me encontrei com Noah e Eloah e comuniquei-lhes a decisão sem delongas. Noah demonstrou tristeza no início, mas logo se alegrou por mim, como era de se esperar. O mesmo não poderia ser dito sobre Eloah cujos olhos se entristeceram e se avermelharam assim que conseguiu entender, sem a ajuda de Noah, minha mensagem.

Tudo parecia triste naquele dia, até a luz das tochas parecia mais fraca do que o normal. Mesmo com a parca claridade do ambiente, pude contemplar os sulcos destacados da face confrangida de Eloah, uma imagem que me acompanhou até o último dia da minha jornada.

Após o breve silêncio que se seguiu ao meu comunicado, se esforçando para não demonstrar uma grande decepção com minha partida, mas com os ombros caídos e os olhos voltados para o chão, Eloah me desejou sorte na sua língua de maneira quase inaudível e se retirou antes que eu tivesse a chance de responder algo. Noah, sempre discreto e perspicaz, já há muito notara o sentimento entre nós, mas se manteve em silêncio nos observando, tendo se recolhido logo após Eloah.

18 de julho do ano de 1100. Parti para Constantinopla e, em seguida, para Gênova, deixando meu coração crucificado na Terra Santa, para onde nunca mais retornaria. Apesar do Sol sempre brilhante no trajeto de volta, havia um vazio na alma que tornava tudo cinzento e os dias se arrastavam; só a possibilidade de um dia rever meus pais e irmãos em Porto Cale me trazia algum alento.

Cheguei a Gênova na Páscoa do ano seguinte. Passados alguns meses da minha chegada, conheci Margarita, a mulher que viria a se tornar minha esposa e que conseguiu amenizar a lembrança dos amigos de Jerusalém e a saudade pungente e dolorosa que sentia de Eloah. Três anos após o casamento, tivemos o primeiro filho de seis.

Os dias se sucederam e a lucidez que a maturidade pode propiciar aos homens me trouxe a certeza de que eu, homem de recursos limitados, nunca mais veria meus familiares e a terra onde nascera e crescera.

De volta ao leito em Gênova. Margarita, meus filhos e netos encontram-se no meu entorno enquanto agonizo devido a uma tuberculose recalcitrante. Algumas horas mais tarde, mais precisamente no dia 5 de abril, às 10h da manhã, concluo mais uma jornada no planeta."

A viagem veloz no vagão do tempo foi retomada e, mais uma vez, me perdi em reflexões, enquanto as cenas da minha vida se desenrolavam na grande tela.

Que jornada! – pensei. Ao contrário da minha odisseia grega, minha jornada no Mediterrâneo, Ásia Menor e Oriente Médio foi marcada pela liberdade de ir e vir, mas, assim como na Grécia, ela se caracterizou por uma renúncia a algo de grande valor: em terras helênicas, fui forçado a renunciar à liberdade e não me foram permitidos os direitos básicos de um ser humano, enquanto em Jerusalém, renunciei a um amor, tendo vivido com um vazio no peito por muito tempo.

A decisão de viver com Eloah não cabia só a mim, mas eu decidira não lutar por um amor que certamente traria sofrimentos: diante da falta ao compromisso assumido, Eloah jamais viveria em paz consigo mesma, e teria que lidar, pelo resto da vida, com os conflitos familiares advindos de sua decisão.

Enquanto a esfera percorria a linha do tempo, eu refletia sobre o que constituía a liberdade e quão plena ela poderia ser. Dada a minha condição de escravo, na Grécia, a liberdade se resumia ao convívio comigo mesmo, com meus pensamentos e sentimentos e a luta constante para controlar ou transcender sentimentos e atitudes que puseram em risco minha vida. Lá, a renúncia aos sentimentos destrutivos, quando possível, visava ao meu bem-estar, uma vez que o ódio, presente o tempo todo, não só me tornara alvo de castigos constantes, como adoecera meu corpo e minha alma.

Na jornada que acabara de reviver, a renúncia visava à sobrevivência e ao bem-estar de alguém com quem realmente me importava: meu foco era o outro e não eu. Em Jerusalém, minha Cruzada particular, embora dolorosa, passou ao largo da ira e do ódio, sendo marcada apenas pela tristeza e o imenso vazio de não ter a pessoa amada ao meu lado. No entanto, ambos os casos envolveram difíceis renúncias que me conduziram a reflexões e propiciaram uma expansão da consciência, ainda que tímida.

Em ambas as experiências, ser livre tornou-se vencer a mim mesmo, ou seja, significou conviver e aceitar aquilo que me foi oferecido e não simplesmente poder optar por aquilo que desejava. Nos dois casos, tornar-me capaz de elaborar experiências e sentimentos destrutivos, conflitantes e confusos, de adquirir diferentes perspectivas de experiências amargas sem me perder em emoções negativas e inúteis, sem me revoltar, e de poder alcançar um entendimento mais amplo e profundo da vida foi o meu prêmio.

Diante de tudo, o entendimento da liberdade como sendo a possibilidade de fazer escolhas diante das alternativas que se apresentam, mesmo que essas escolhas levem à estagnação do espírito, se tornou obsoleta.

O que antes era liberdade, passara a ser apenas o pré-requisito para alcançar verdadeira liberdade: a possibilidade de escolher entre a revolta, por um desejo não satisfeito, e o crescimento. As duas experiências mostraram que, diante das escolhas feitas, os caminhos vão se abrindo, as condições para o crescimento vão surgindo e o indivíduo tem a liberdade de escolher entre vencer a si próprio, estagnar ou retroceder.

Outra diferença marcante entre as duas jornadas foi a intensidade e a duração do meu apoio a um conflito entre povos, que destruiu vidas inutilmente. Na Grécia, chegara ao fim da minha jornada tendo sido incapaz de apagar completamente a chama do ódio e da vingança contra os gregos. Mesmo tendo me afeiçoado à família de Cleon, desejei, até o fim dos meus dias, que os gregos fossem vencidos pelos persas em combate.

Logo, meus pensamentos e sentimentos forneceram combustível para a atmosfera psíquica belicosa por décadas e, como demonstrara minha reação após reviver a jornada grega, tais sentimentos deletérios ainda eram capazes de causar comoção milênios depois do acontecido.

No entanto, na última jornada revivida, constatei, para minha alegria, que fora capaz de perceber o erro de ter me engajado numa luta sem sentido assim que as primeiras pessoas começaram a se ferir e a morrer, bem antes de chegar a Jerusalém. Ao me desiludir com a escolha feita, passei a desprezar a campanha que me atraíra, as religiões e suas lutas para promover a conversão forçosa de adeptos e para ampliar conquistas em nome de quem jamais apoiaria tamanha estupidez.

Embora tenha logrado apenas um pequeno avanço no entendimento das coisas no período entre as duas jornadas, percebi que a humanidade como um todo avançara menos ainda, e compreendi que seus avanços são sempre mais lentos do que o avanço que um indivíduo, ou um pequeno grupo, pode alcançar, o que me remeteu ao que Noah me dissera quando ainda nos encontrávamos na praia.

Um motivo de desapontamento foi ter constatado que, no início do segundo milênio da era cristã, a verdadeira mensagem do Cristo chegara aos corações de poucos. O que prevalecia entre a maioria dos homens da minha jornada em Jerusalém e que, infelizmente, ainda prevalece entre os homens do século XXI, era o desejo de dominação e de conquistas de riqueza pela força, camuflado por alguma justificativa que legitima atos atrozes aos olhos da sociedade.

Em ambas as jornadas, lançara-me em aventuras, a despeito de conselhos e ponderações daqueles que me amavam. Mas de que serve a experiência alheia para o indivíduo se são suas escolhas que lhe propiciam a oportunidade de exercer a verdadeira liberdade e avançar? – questionei-me.

De modo geral, ambas as jornadas foram marcadas por pinceladas breves de plena alegria, geralmente envolvendo coisas simples, sobre um fundo de matiz melancólico, tendo eu emergido de ambas as experiências como quem emerge de um abismo profundo em busca de ar e luz, sabedor de que o abismo sempre parece ser mais ameaçador do que ele realmente é.

Subitamente, uma nova parada.

"O ano é 1565 da era cristã. Meu nome é André, tenho vinte e cinco anos de idade, descendente de judeus sefarditas, e estou a bordo de uma nau em direção ao Brasil por ordem do Tribunal do Santo Ofício.

Mesmo sendo de origem judaica e, por este motivo, alvo de constante vigia, nunca me esforcei para esconder minhas ideias consideradas heréticas tanto pelos cristãos como pelos judeus, para o sofrimento de meus pais que sempre temeram por meu destino.

Expus-me em demasia para alguém com minhas origens e sofro agora as consequências de meus arroubos inconsequentes que, felizmente, não chegaram a tragar meus pais para o redemoinho que me aguarda.

A viagem é longa e desgastante, mas pelo menos já me acostumei ao balanço do mar e não mais coloco para fora do estômago o pouco que tenho à disposição para comer: um grande avanço para um marinheiro de primeira viagem.

Chegamos à capitania de São Vicente em 20 de setembro de 1565, um dia abafado e quente. Permaneço em São Vicente por três meses aguardando o momento de me dirigir ao Colégio Real Jesuíta na Vila de São Paulo dos Campos de Piratininga. Ali, cumprirei parte de minha sentença auxiliando os jesuítas no que for possível.

É dia 15 de dezembro de 1565 e, finalmente, chego à Vila de São Paulo depois de uma escalada exaustiva da magnífica muralha verde de montanhas que pode ser avistada de longe, do alto-mar.

Esperava encontrar algo muito precário, mas, desolado, me deparo com uma comunidade que mais se assemelha a uma aldeia de bárbaros que só dominam seus instintos mais primitivos pela força do medo das chamas do inferno e da crença numa redenção após a morte.

Naquele ambiente pobre e insalubre, encontro-me com os jesuítas que executam a missão de conversão e catequese dos pagãos deste mundo novo e entrego-lhes minha nada invejável carta de apresentação. Diante da minha situação, entrego-me de corpo e alma ao trabalho e às incursões pelas redondezas, sempre acompanhado dos habitantes locais, sem os quais nossas caminhadas exploratórias seriam impossíveis. O que encontro nessas curtas jornadas representa uma fração do que existe nessas terras de além-mar, mas já é suficiente para me impressionar.

Percorrendo trilhas já marcadas ou pelas picadas desafiadoras, deparo-me com uma vegetação majestosa, aves, macacos e serpentes de diferentes tamanhos, formas e cores, abundantes fontes de águas e sons de cantos de pássaros, de insetos e de quedas d'água que compõem uma melodia magistral. Não fossem os parcos recursos, as duras condições de vida e uma série de doenças que acometem as gentes originárias daqui e de fora, poderia imaginar que me encontro no jardim primordial do Éden.

Pouco tempo depois de chegar à vila, percebo que alguns portugueses vivem em concubinato com pagãs locais sem se preocuparem com o pecado que estariam cometendo, conforme as mesmas leis e a hipocrisia que me condenaram.

Além das uniões não aprovadas oficialmente pela igreja, há relatos de mortes de nativos por portugueses desterrados, algumas com requintes de crueldade, que não são consideradas assassinatos e são facilmente ignoradas pelos administradores locais. Apesar das irrefutáveis mostras de sua generosidade e ingenuidade, o homem originário dessas bandas é relegado a uma condição inferior à nossa e só lhe é reservada alguma consideração quando aprende a se comunicar conosco e professar nossa fé de maneira forçada, sem que lhe seja permitido questionamento.

Não consigo encontrar quem esteja disposto a comentar o que acontece naquele posto avançado da humanidade. Todos fazem vista grossa, inclusive a maioria dos clérigos. O que acontece de maneira

velada me afeta sobremaneira e questiono-me se estamos aqui para salvar ou condenar as pobres almas que deveriam ter sido muito mais felizes antes de nossa chegada.

Findo o período de exploração, sinto uma solidão que me consome. A saudade de tudo e de todos que deixei em terras de Portugal me dói. Minha linguagem de corpo, minha apatia e o pouco que falo evidenciam minha profunda tristeza, que é notada por todos, principalmente por um frei jesuíta de nome Manuel, que procura estreitar relações comigo. No início, demonstro pouca disposição para interações, principalmente com membros da igreja. Aos poucos, porém, cedendo às suas investidas, abro-me para as conversas despretensiosas que, pouco a pouco, vão se encaminhando para temas mais delicados e densos com o objetivo, eu suspeito, de vigiar-me e testar-me.

Passadas algumas semanas, encontro-me discutindo com frei Manuel assuntos controversos como a verdadeira fé cristã, o amor ao próximo, inclusive àqueles que não professam a mesma fé que nós, as contradições da Igreja, a reação à Reforma Protestante, a missão da ordem fundada por Inácio de Loyola e a razão para o silêncio dos clérigos daqui a respeito dos erros e crimes costumeiramente cometidos nessas terras. Engajo-me entusiasticamente nos debates, apesar de acreditar estar complicando ainda mais, novamente de maneira imprudente, minha situação.

Contrariando minhas expectativas, frei Manuel não se mostra interessado em reportar as atitudes heréticas de um convertido degredado, mas sim entender o que penso, ajudar-me a aliviar o coração e, imagino, preencher as lacunas de sua própria fé.

Por nossos colóquios, o suposto agente do Santo Ofício encarregado de vigiar-me torna-se a meus olhos um humanista, aberto e respeitoso, alguém que luta contra suas dúvidas e fraquezas para seguir, dentro do possível, os ensinamentos do Cristo; desarmo-me e Frei Manuel ganha definitivamente meu respeito e atenção plenos. Aproveito o surgimento de um amigo onde menos esperava para aliviar meus pesares e abrir-me a ponto de revelar o que penso acerca de Deus, da igreja e do que penso ser o papel do verdadeiro cristão neste paraíso manchado pelo sangue. De nossos debates e trocas, surge uma amizade sincera.

Passados quinze meses naquela vila, obtenho a aprovação para retornar a São Vicente, despeço-me de meu amigo frei e desço a muralha verde em direção ao litoral. Uma vez em São Vicente, a pedido de frei Manuel, procuro uma nativa de nome Isabel, criada até os dez anos de idade pelos jesuítas de São Paulo, e seu irmão. Durante seu período de catequese no colégio fundado pelos freis, Isabel gozou de acolhimento e proteção. No entanto, ela agora é motivo de preocupação, uma vez que se encontra em São Vicente, terra onde perambulam degredados e outros tipos menos confiáveis. Frei Manuel pediu-me que me certificasse de que os irmãos se encontram bem e que lhes preste o auxílio que porventura necessitarem.

Isabel fora criada com o irmão Pedro, um ano mais novo que ela, na Vila de São Paulo, motivo pelo qual escaparam da exploração sexual e do abuso de suas forças de trabalho. Devido à argúcia dos dois adolescentes, ambos foram encaminhados para a sede do governo da capitania para maiores aprendizados visando à prestação de serviços úteis à conquista definitiva das novas terras.

Depois de alguma procura, encontro os irmãos abrigados em uma casa de apoio ao donatário Martim Afonso de Souza. Isabel já é uma formosa mulher com ares de criança, no frescor dos seus quinze anos de idade e Pedro, um garoto no auge da puberdade. Ambos se portam com muita dignidade, demonstram muita perspicácia e se comunicam bem em português."

De minha posição simultânea de observador e ator daquelas cenas, reconheço Kuntur imediatamente e alegro-me imensamente. Ele é Pedro, da tribo dos Guaianases, habitante das terras brasileiras há quase quinhentos anos, que o destino encaminhará para terras ainda mais distantes.

"Apresento-me ao senhorio dos dois, transmito-lhe a preocupação de frei Manuel e coloco meus préstimos à disposição. Depois de alguns dias, fica acertado que agirei como um tutor para ambos e que lhes ensinarei o que for possível e necessário para que se tornem habitantes civilizados deste fim de mundo.

Isabel e Pedro demonstram uma curiosidade e uma vontade de aprender que ainda não havia encontrado em nenhum outro forasteiro ou nativo das terras brasileiras e passo a lhes ensinar boa parte do que tive a oportunidade de aprender. As horas passam devagar quando me encontro sozinho e como Apuama, andeja e veloz, quando estou transmitindo conhecimento para os dois. Durante algumas preleções, não deixo de perceber o rosto moreno delicado e os cabelos longos de Isabel que, de tão negros, lisos e sedosos, são capazes de refletir a fraca luz alaranjada e suave das velas. Logo encontro-me atraído por seu sorriso ingênuo e fácil, que mostram dentes brancos e perfeitos. Nove meses foram suficientes para que eu me apaixonasse e passasse de tutor a esposo de Isabel, princesa órfã da tribo dos Guaianases.

O ano é 1575 da era cristã. Vivo em uma casa modesta em São Vicente com minha esposa Isabel, meu cunhado Pedro e meus três filhos. Desde os momentos alegres e despreocupados de minha infância que não me sinto tão feliz! Isabel está grávida de nosso quarto filho e temo por sua saúde. A gravidez anterior transcorreu de maneira tumultuada e quase a perdi em um parto regado a sangue. Depois de dar à luz, foram necessários três meses para que Isabel se recuperasse e uma nova gravidez, embora bem-vinda agora, nunca esteve nos planos.

Pedro trabalha como guia para os portugueses que se aventuram na floresta e para os jesuítas que sobem e descem a serra que serpenteia majestosa o litoral. É um guia muito valorizado e muito requisitado. Há pouco tempo, não se contendo de alegria, Pedro nos trouxe informações sobre o caminho do Peabiru, um mito para a maioria dos que aqui vivem, conforme pude verificar, sobre uma rota facilmente transitável que ligaria São Vicente às montanhas ricas em prata, que podem ser encontradas após uma longa marcha na direção do Sol poente.

Animado, Pedro declarou que intenciona acompanhar uma expedição em busca dessa riqueza. Devido à sua capacidade de comunicação e ao conhecimento sobre a selva, ele tem sido assediado por vários forasteiros em busca de riquezas que supostamente os aguardam em algum lugar. Por esse motivo, além de minha preocupação com a saúde de Isabel, temo por Pedro porque sei que ele seria facilmente enganado por exploradores inescrupulosos a se aventurar na busca do Eldorado, outra das muitas fantasias sobre riquezas que chegou até nós trazida pelos espanhóis.

Pela contagem das luas, Isabel deverá dar à luz em quatro semanas. Minha preocupação com sua gravidez se mostrou acertada: os problemas da gravidez anterior ressurgiram com maior intensidade e Isabel sofre. Hoje, Pedro nos informou que, em duas semanas, partirá com destino às montanhas, o que nos entristeceu e agravou ainda mais o já crítico estado de Isabel.

Pedro partiu há uma semana e Isabel entrou hoje em trabalho de parto. Aflito, aguardo ansioso a atuação da parteira. Uma angústia me consome e quase não me aguento de pé, depois de três dias sem dormir. Temo pelo pior.

Desolação, dor, raiva e impotência. Amaldiçoo a todos: a igreja, os clérigos, o Santo Ofício, Pedro, por abandonar a irmã, Portugal e até Deus. Isabel e nosso quarto filho se foram. O pior aconteceu. Me encontro só, frágil, abandonado e com três crianças pequenas. Por três semanas, nem sequer me levanto da cama e não sei quem olha por meus filhos.

O ano é 1577. Não consegui recobrar o ânimo por completo desde que Isabel me deixou há quase dois anos. Encontro-me em más condições físicas, dói-me todo o corpo, minhas mãos tremem, a vertigem me acompanha e mal consigo executar tarefas rotineiras. Busco ajuda nas raízes e

medicamentos dos nativos, sem sucesso: nenhuma poção, por mais milagrosa que seja, será capaz de curar uma doença que não é física, mas da alma. Antecipo-me ao pior, ou simplesmente desejo o pior, e procuro quem possa cuidar de meus filhos caso eu lhes falte.

Hoje é dia 15 de fevereiro de 1578 e me encontro no leito aguardando o derradeiro suspiro que me alivie as dores do corpo e da alma. Há 13 anos, fui condenado pelo tribunal do Santo Ofício a viver em degredo neste Éden vilipendiado por pessoas de caráter duvidoso. Aqui, apesar da revolta e da tristeza, encontrei, ainda que por pouco tempo, o amor e a felicidade. Vivi da maneira mais correta que pude, mesmo estando longe de olhos vigiadores, julgadores e castigadores. Submeti-me a uma sentença injusta, mas aqui, longe dos homens supostamente sábios, encontrei a verdadeira sabedoria, a pureza no coração e a humildade do homem que se enxerga como um igual a seus irmãos da Criação, que não busca agradar a um Deus vingador para aliviar as faltas pequenas e graves, mas apenas viver uma vida digna, aproveitando de maneira sensata o que a natureza lhe oferece.

Aqui, pude ter um vislumbre do Éden onde ainda se encontram homens puros que estão, aos poucos, sendo dele expulsos não por Deus, mas pelo próprio homem dito civilizado que busca o que lhe abarrota os cofres, mas esvazia o coração. Para meus filhos, acredito estar deixando memórias felizes e úteis ensinamentos que compensam os momentos de tristeza inerentes a qualquer jornada na Terra. Para aqueles que me julgam e pensam que me entreguei à morte contrariando a lei de Deus, deixo um breve registro: jamais me entreguei, apenas parto pelo meu caminho do Peabiru pessoal, o caminho que me levará à minha montanha da felicidade, à minha princesa da tribo dos Guaianases."

Impactado e pensativo, parti novamente na esfera que percorria os trilhos da minha caminhada sobre a Terra. A cada parada, nos aproximávamos da estação do presente, mas a cada experiência revivida, um turbilhão de emoções se interpunha como obstáculo para a observação das cenas na tela infinita.

Após deixar a São Vicente do século XVI, não havia indignação, ódio, autopiedade ou desejo de vingança no coração, mas uma decepção comigo mesmo, que servia de obstáculo para uma análise racional dos fatos, do aprendizado, das falhas e dos sucessos.

Mais uma vez, me deparara com minha rebeldia renitente e com minha incapacidade de lidar com a lenta evolução da sociedade. Ainda sob os efeitos da malfadada aventura em Jerusalém, passara a lançar sobre o mundo meu desprezo pelas religiões, dogmas, regras de conduta hipócritas e mesquinhas, pela autoridade constituída, assim como pela cosmovisão prevalecente entre clérigos, letrados e homens de poder da época.

Mesmo tendo tido jornadas anteriores em que cometera este mesmo erro, não havia sinais de que me tornara capaz de demonstrar compaixão e paciência para com aqueles que ainda se encontravam presos a ideias e conceitos irracionais pelo medo, pela insegurança, pelo egoísmo e pela sede de poder.

Além do mais, mesmo tendo sido alertado por meus pais para o risco da minha imprudência, optara mais uma vez por testar limites e arriscar, algo que se tornara rotina na minha trajetória ao longo dos séculos.

No entanto, tudo eram favas contadas e, diante das escolhas feitas, as quais jamais serão alteradas, o mínimo a fazer, estando confortável dentro da esfera que escorregava pela linha do tempo, era me esforçar, colocar de lado decepções inúteis e extrair lições e aprendizado da maravilhosa experiência revivida; e elas, certamente, existiam em abundância.

Um ponto que chamara minha atenção foi que, mesmo tendo me comportado novamente como um rebelde, um iconoclasta, ao menos tinha sido capaz de manter-me coerente às minhas ideias, crenças e valores, mesmo que a um alto custo.

Além disso, uma vez que meu destino havia sido selado por minha incontinência verbal, não me perdi na revolta e no desejo de vingança: assim que pisei os pés no Brasil, a natureza exuberante, a ingenuidade e a inocência dos nativos, os esforços empreendidos pelos bravos homens, que tentavam sobreviver em um mundo selvagem, e a dedicação fervorosa dos jesuítas foram capazes de abrandar a ira contra os que me condenaram e fazer brotar a ternura, a compaixão e o amor no meu coração.

De repente, Eloah surgiu em minha mente e questionei-me sobre os caminhos que teria seguido após nosso encontro em Jerusalém. Na jornada brasileira, eu fui capaz de encontrar novamente o amor. Se ainda havia um vácuo no meu coração deixado por Eloah, Isabel certamente o preenchera com sobras.

No entanto, ainda era capaz de sentir a ternura no meu coração quando me recordava de Eloah, o que só confirmou que jamais nos esquecemos daqueles com os quais cruzamos nas nossas jornadas e que os sentimentos por eles nutridos só são acessíveis, na maioria das vezes, quando nos elevamos até as camadas superiores da nossa consciência.

Muito me alegrou constatar que o esquecimento só existe enquanto estamos fortemente solidários ao cérebro, ou seja, quando nossa consciência habita um corpo físico, o que me trouxe a certeza tranquilizadora de que é impossível deixar de ser o que se é, mesmo diante da loucura, da doença e da morte do corpo.

Já habituado aos altos e baixos emocionais decorrentes das reflexões às quais me entregava dentro da esfera, procurei recuperar o equilíbrio pleno e, assim que o atingi, fui capaz de constatar que nossa evolução nem sempre é estável em direção a uma consciência cada vez mais ampla. Algumas vezes simplesmente estagnamos, enquanto outras vezes parecemos retroceder e é nesse caminhar, que eu esperava ser cada vez mais estável, que chegamos à felicidade plena. Diante disso, não havia dúvidas: todos somos merecedores de uma nova chance e devemos aproveitá-la.

Mais uma parada e logo se iniciou mais uma visita ao passado.

"Estou de volta ao palco europeu para cumprir alguns compromissos abandonados. Estamos no fim do verão do ano de 1871 da era cristã. Meu nome é Markus e nasci em Danzig, Prússia, em 1851. Aos dezenove anos de idade, fui convocado para lutar na guerra entre a França e a Prússia que fora motivada, oficialmente, por uma disputa em torno do trono espanhol, mas que, comenta-se pelos salões, revolve em torno de outros interesses políticos maiores.

Nós, indivíduos sem voz ativa numa sociedade estratificada e de pouca mobilidade social, somos peças de uma engrenagem gigante que se move cheia de inércia esmagando pobres almas por onde passa. Somos deslocados para aqui e acolá sem a menor consideração com nosso bem-estar físico e mental. Por sorte, tenho a camaradagem de meus companheiros de batalhas aos quais devoto toda minha lealdade e amizade. Talvez fôssemos melhor tratados se fôssemos prisioneiros franceses.

Faço parte da divisão que luta na cidade de Sedan contra as forças comandadas pessoalmente pelo imperador Napoleão III. Felizmente, os deuses, assim como o armamento e a disciplina superiores, conspiram a nosso favor e nossa vitória é uma questão de tempo. A maioria de nosso batalhão é originária da região onde nasci, mas contamos com um contingente de bravos soldados oriundos da região do rio Pregel, situada no extremo leste do império.

Hoje é dia primeiro de setembro e comemoramos a vitória em Sedan. Anton, meu companheiro de batalhão e amigo fiel oriundo de Königsberg, se aproxima e nos informa que marcharemos rumo a Paris em breve. Estamos exultantes."

De minha posição de observador, reconheço Anton: mais uma vez, o destino escala Pavlo para me fazer companhia, agora em uma jornada assaz agitada.

"Marchamos rumo a Paris. Desde a vitória em Sedan, Anton tem se mostrado impiedoso e raivoso com nossos inimigos. Em várias oportunidades, tivemos de demovê-lo da ideia de humilhar e espancar o inimigo feito prisioneiro sob o argumento de que, assim como nós, eles também são peões no tabuleiro de xadrez e lutam bravamente para defender a pátria sob a qual marchamos.

Hoje é dia 20 de setembro. Paris, a capital do mundo, está sitiada. Nossas ordens são para impedir a entrada e a saída de víveres e pessoas e forçar a capitulação total da cidade e da França, cujo imperador foi feito prisioneiro em Sedan. O moral dos franceses é baixo, ao contrário do nosso, pois contamos com a adesão de estados alemães para a formação do segundo Reich, governado pelo imperador Guilherme I.

No nosso batalhão temos tido dificuldade de conter a ânsia de vingança de Anton. Não sabemos ainda o que motivou uma mudança tão drástica no seu comportamento afável e alegre a que nos habituáramos. Ainda ontem ele tirou a vida de dois civis franceses que se esgueiravam pelas margens do Sena em busca de alimento para suas famílias. Ao se deparar com os dois, Anton ordenou que retornassem, atirando em seguida, sem dar-lhes a oportunidade de seguirem sua ordem. Sua atitude foi rapidamente investigada, mas nenhuma punição será aplicada, pelo que fomos informados.

Ao interpelá-lo sobre o que para mim configura um crime, ele me disse não se sentir arrependido e que todos os franceses são, de alguma forma, responsáveis por ele ter que deixar a família e os amigos para lutar uma guerra que simplesmente despreza e, que se pudesse, aniquilaria os franceses até o último homem. Pondero que não entendo esta guerra mais do que ele, que toda guerra é, a meu ver, fruto da estupidez humana, que a França já está de joelhos e que, por isso, deveríamos ter retornado a nossos lares.

Reitero que nossa luta agora deve ser para que não percamos nossa alma para o ódio e a revolta, uma vez que conseguimos assegurar nossa sobrevivência, que franceses e prussianos são filhos do mesmo Deus e que, assim que a paz for atingida, retornaremos para nossos lares, sendo importante que, ao retorno, possamos conviver com nossos pensamentos quando estivermos tentando adormecer no silêncio noturno sem sermos atormentados pelo remorso e pelo sentimento de culpa por atrocidades cometidas de maneira irrefletida.

Agradeço a Anton por sua amizade e lealdade e digo-lhe que ele é o irmão que pude escolher. Elogio sua bravura e enfatizo que ele combateu o bom combate e que é hora de iniciarmos em nossas mentes a transição para a vida civil que se aproxima. Anton ouve tudo atentamente, se mantém em silêncio por alguns minutos, agradece-me pela amizade e se retira para seu alojamento.

20 de maio de 1871. Finalmente retornamos para casa. Despedi-me de Anton na esperança de poder encontrá-lo novamente no futuro. Uma vez em Danzig, reencontro meus pais, irmãos e amigos, e torno-me à sensação da vizinhança por breves semanas, nas quais não me canso de contar e recontar histórias vividas desde que parti. Sou tratado como herói e todos querem conversar comigo. Deveria estar feliz, mas me encontro em estado de melancolia e sinto-me deslocado. Passado o período de euforia com minha chegada, tudo volta ao normal e meu único desejo é ficar quieto e só.

10 de janeiro de 1872. Dois fatos me alegram o dia: recebi carta de meu amigo Anton, na qual informa que se casou e que se encontra de mudança para Kiev, no império Russo, e me foi presenteada uma edição de jornal que trata da imigração alemã para o Brasil, na América do Sul, onde povos germânicos já teriam recebido terras férteis doadas pelo governo. Sinto-me feliz por Anton e minha imaginação corre solta ao pensar na possibilidade de me tornar proprietário de terras em um país desconhecido.

15 de junho de 1872. Estou cruzando os mares, arriscando tudo numa imigração para o Novo Mundo. Meu destino é o Brasil, mais precisamente a cidade de Porto Alegre, capital da província do Rio Grande, onde espero

construir minha vida na companhia de patrícios que me antecederam na mesma jornada. A bordo da insignificante embarcação que me abriga no meio do oceano infinito, meu sangue fervilha ao imaginar o que posso encontrar e realizar em meu novo lar.

20 de dezembro de 1874. Vivo feliz em Porto Alegre. Sou casado com Ana, descendente de portugueses e nativos oriundos da cidade de Santos. Já consigo me comunicar bem em português. Depois de cinco anos morando em Porto Alegre, trabalhando no comércio de carnes e pele, meu sogro decide retornar a Santos, uma vez que já conhece bem e possui contratos de longo prazo com os fornecedores de produtos e serviços vitais a seu negócio. A partir de Santos, ele acredita que poderá gerenciar melhor sua empresa e me convida para me juntar a ele.

20 de maio de 1875, chego de mudança ao porto de Santos, na província de São Paulo. Ana está grávida de nosso primeiro filho.

15 de abril de 1930. Depois de uma vida feliz junto de Ana, encerro minha jornada terrestre na companhia de minha amada, de meus 6 filhos, 20 netos e 10 bisnetos."

Antes que a esfera partisse novamente, de minha posição de observador, pude constatar que, passados trezentos anos, finalmente fui agraciado com a tão desejada oportunidade de reencontrar e conviver longamente com minha princesa da tribo dos Guaianases – Ana era Isabel! – exclamei surpreso.

Já em movimento, me veio a sensação de que aquela teria sido a última parada dentro do processo de recapitulação a que me submetera. Assim sendo, não perdi tempo e me pus a refletir sobre a venturosa jornada.

Finalmente, pude experimentar uma vivência sem grandes atribulações e sofrimento. Na minha migração voluntária do continente europeu para o Brasil, encontrara a liberdade, a alegria e a paz de espírito dos que amam e são amados. A costumeira rebeldia cedera lugar à ponderação e à serenidade e a intuição se tornara forte o suficiente para me conduzir a situações propícias ao aprendizado.

No entanto, mesmo tendo aprendido bastante com as sessões de troca já realizadas, não me arriscaria a definir o que era causa e o que era consequência: se minha jornada era resultado de um planejamento prévio ou simplesmente o resultado de atitudes e pensamentos construtivos nutridos durante minha existência.

Talvez o reencontro com Isabel tivesse sido definido a priori, antes de aceitar mais uma jornada. Talvez este evento tão marcante na minha vida pudesse não ter acontecido se minha conduta tivesse sido diferente. Talvez, talvez, talvez... Talvez nem devesse me debruçar em tais conjecturas, pensei, me esforçando para me concentrar em diferentes aspectos da jornada.

Com certo alívio, constatei que o conflito no qual forçosamente me envolvera não fora capaz de roubar minha alma. A despeito das atrocidades e do risco da embriaguez da vitória sobre inimigo moldado pelas forças políticas dominantes, fora capaz de manter a serenidade e demonstrar uma incipiente sabedoria potencialmente redentora. Se o que testemunhara fosse uma demonstração cabal de um lento, mas consistente aprendizado, haveria de celebrar quando retornasse à minha jornada atual se, obviamente, fosse capaz de manter tudo na memória após o despertar.

Fazendo uma avaliação completa das jornadas revisitadas, emocionou-me a compreensão inédita da dinâmica da vida de uma perspectiva muito elevada, não de uma só jornada, mas do conjunto delas, ou seja, de como as peças vão se movendo, de jornada em jornada, no grande tabuleiro que é o planeta, de um continente a outro, de uma sociedade à outra, de uma geografia à outra e de um conjunto de relações humanas a outro.

Suspeitei que, de tempos em tempos, um novo lócus em torno do qual a vida e as relações gravitam se forma, propiciando uma

oportunidade valiosíssima para a reciclagem de ideias, conceitos e relacionamentos, para a construção e solidificação dos valores morais e para a expansão da inteligência em todas suas dimensões, enquanto a consciência vai se tornando um mosaico multicolorido e harmonioso cada vez mais amplo.

Tão rápido como começou, o movimento foi interrompido e já me vi ao lado de Montse, Kuntur, Pavlo e Mariah, que também encerravam suas viagens em seus respectivos vagões.

Todas as nossas viagens se desenrolaram sincronizadas de tal forma que meu encontro com cada um era vivenciado, ao mesmo tempo, por mim e por aqueles com quem me encontrava como se os trilhos que guiavam nossas trajetórias se cruzassem precisamente no momento em que revivíamos uma determinada experiência.

Ali, nos jardins do Centro de Estudos, alegres e emocionados, eu e meus velhos novos amigos nos abraçamos e agradecemos em silêncio as oportunidades de aprender uns com os outros, tanto no passado como no presente.

REFLEXÕES SOBRE O PASSADO

Meu passado não é só meu.
Guardo em mim atos, pensamentos e sentimentos meus e os que
absorvi de tantos outros que encontrei pelo caminho.

...

Antes de retomar qualquer atividade de troca, nós cinco decidimos conversar sobre as respectivas viagens ao passado a fim de entendermos melhor as jornadas vivenciadas e seus desdobramentos.

Iniciamos, então, uma troca de reflexões sem regras preestabelecidas e Montse, Pavlo e Kuntur engajaram-se em uma conversa não reservada, que envolvia aspectos específicos de seus encontros, enquanto busquei Mariah para uma conversa a dois.

— Quantas jornadas você reviveu, Mariah? – perguntei-lhe.

— Além daquelas nas quais nos encontramos, somente três – ela respondeu.

— Sei que houve várias jornadas entre as que revivi, mas não saberia precisar quantas. Acredito que em um nível ainda mais elevado de nossas consciências ocorreu um planejamento que levou em consideração o que cada jornada revivida representou para nós, nossos encontros e o que contribuiu para que nos encontrássemos novamente. Acredito também que nos comunicamos tanto durante o planejamento como durante as jornadas revividas.

— O importante é que, de qualquer ângulo que avaliemos o processo no qual nos engajamos, é impossível não se maravilhar com a precisão com que ele se deu. – ela completou.

Minha intuição me indicava a mesma coisa, ou seja, que nós construímos todas as viagens e suas paradas em um nível bem elevado de nossas consciências e que mantivemos uma comunicação plena durante todo o processo.

— Minhas jornadas – continuou Mariah – ficaram centradas na Europa continental, depois de um longo período no Oriente Médio. Depois de nosso último encontro em Jerusalém, revivi mais duas jornadas por lá e um conjunto de relações e compromissos me levaram definitivamente para a Europa, onde ainda me encontro, como você bem sabe. Tive um papel muito importante na última jornada revivida, que se deu antes da atual. Em função de toda a bagagem de valores, tradições e cultura adquiridos na região onde hoje se situa o estado de Israel, bagagem esta que, como sabemos agora, se torna, permanentemente, parte de quem somos, minha missão era amenizar os impactos nas pessoas do meu círculo de relações da onda antissemita que se espalhou pela Alemanha na primeira parte do século XX. Eu não tinha poder político ou recursos para cumprir minha missão numa escala ampla, mas deveria atingir o máximo de pessoas possíveis no âmbito das minhas relações pessoais. Não foi nada fácil, considerando que a hostilidade direcionada para os que fossem simpáticos às pessoas de origem judaica era grande. Aqueles que não aderiam ao espírito do tempo, ao Zeitgeist, eram hostilizados até mesmo por amigos e parentes que, ensandecidos, embarcaram na loucura ainda incompreensível nos dias atuais. Fiz o que pude, mas certamente poderia ter feito mais, se não tivesse temido tanto por mim e por minha família.

Senti no seu último comentário um pesar pelo entendimento errôneo de que falhara na missão. Aproveitei para expressar a minha gratidão pelo pouco que convivemos, intencionando desviar o assunto e impedir que Mariah se prendesse a um sentimento de culpa que só diminuiria a riqueza de nossas reflexões naquele momento. Ressaltar momentos felizes de nossas jornadas me pareceu uma boa estratégia para evitar o lamaçal da culpa indevida.

— Minha querida, também não saberia dizer quais e quantas jornadas tive entre as que revivi. E mais, não saberia dizer se nos encontramos outras vezes além das duas do atual processo, mas tenho certeza de uma coisa: as duas jornadas com você foram marcantes em minha trajetória. No passado muito remoto, quando nossas consciências ainda lutavam contra as limitações de um corpo rude e menos avançado que os nossos atuais, pude enxergar ternura, lealdade e generosidade em você. Sei que nossa luta diária não era fácil e que nossa programação genética preponderava sobre as aspirações mais elevadas, mas por seus olhos eu pude observar uma parte do que você é, já naquela época, e me senti bem e feliz por tê-la ao meu lado. Já em Jerusalém, sua essência transpareceu completamente e me apaixonei como jamais me apaixonara por alguém...

Quando mencionei minha paixão, Mariah enrubesceu e sorriu timidamente. Desconcertada e sem saber como reagir à minha declaração honesta, acabou me atropelando em minhas considerações que, pelo menos, ajudaram-na a escapar da armadilha da culpa.

— Eu também – disse ela, interrompendo minha fala de maneira atabalhoada. – Quanta dor numa renúncia, não é verdade? O sofrimento me fez questionar onde ficam armazenados os sentimentos intensos e importantes vivenciados de jornada em jornada. Nossa curta convivência em Jerusalém também me marcou profundamente e jamais pude esquecê-lo até o fim dos meus dias em Jaffa. Eu sei que o amor possui faces distintas – continuou Mariah – e que se renova sempre, tanto que aprendi a amar a pessoa com quem me casei depois de sua partida, assim como amei outras pessoas em minhas novas jornadas, como se o registro dos amores passados fosse relegado a um arquivo longe do alcance da consciência e cada experiência de paixão e amor, em cada nova jornada, fosse única e primeira. Não que isso seja de todo ruim porque se se vão os amores, vão-se também as dores a eles associadas, mas fico me questionando sobre o destino desses sentimentos tão relevantes em nossas vidas...

— Eu acredito, Mariah, que nada desaparece por completo e que todos os registros podem ser alcançados à medida que a consciência se expande. Assim como alcançamos o que é negativo, que pode nos jogar para baixo, somente no momento certo, quando estamos minimamente preparados, o que nos eleva também fica disponível para ser acessado na medida e no momento adequados. Nossa viagem ao passado, por exemplo, deve ter sido uma mera expansão pontual de nossas consciências por meio da qual acessamos tudo que armazenamos com o passar dos séculos. O que me impressiona nisso tudo é o volume de informação que somos capazes de armazenar, todos os detalhes na forma de sons, imagens, cores, cheiros, sentimentos e tudo mais, e como nosso cérebro físico é limitado. Se durante minha vivência na qual a encontrei em Jerusalém, fosse instado a rememorar algum evento vivido, certamente conseguiria recuperar apenas o que fosse mais relevante, que sobressaísse e estivesse relacionado a sentimentos profundos, positivos ou negativos. Esta seria uma rememoração pelo cérebro. Durante nossa viagem ao passado, no entanto, pude reviver tudo em detalhes que jamais imaginara ter apreendido. Nada me escapou. Essa constatação me fez concluir que tudo, tudo mesmo, reside em nós o tempo todo e que é impossível fugir do que fizemos, do impacto que causamos nos outros, o que pensamos e o que sentimos que, no final das contas, compõem o que somos.

— Pensando bem – disse Mariah –, começar uma nova jornada como um papel em branco faz todo sentido, pois temos a oportunidade de reciclar relacionamentos, sentimentos, conhecimento e aprender sem o obstáculo da culpa, do arrependimento e de outros sentimentos que nos distraem. Além do mais, se mantivéssemos tudo ativo na memória o tempo todo, tenderíamos à mesmice, a repetir as experiências e resultados e estaríamos condenados a evoluir lentamente ou talvez nem evolução haveria. Recomeçando a cada nova jornada, temos a oportunidade de sentir novamente as emoções das primeiras experiências que são tão marcantes: o primeiro amor, o primeiro beijo, a primeira conquista com o esforço do nosso trabalho e por aí vai. Não sei se aconteceu com você Elias, mas a convivência com Noah foi um ponto de inflexão em minha evolução. Até encontrá-lo em Jerusalém, vivi cada jornada alienada, focada apenas no espaço-tempo, apegada e limitada às impressões dos cinco sentidos, às tradições, dogmas e doutrinas de cada época, sem ânimo para questionar, refletir e até mesmo considerar que poderia haver algo além do *status quo*. Não tive coragem de abrir a porta e deixar a luz do Sol, ainda pálida, entrar. Suas narrativas funcionaram como uma semente que germinou, pois a partir do momento que o conheci nada foi como sempre havia sido por séculos.

Não tinha me atentado para o impacto daquele ponto comum em nossas trajetórias: os encontros com Noah. De fato, as jornadas revividas após o encontro com ele mostravam uma mudança no meu modo de pensar e agir. Não saberia dizer o que se passou comigo entre a Grécia e a vida no Mediterrâneo durante a primeira Cruzada, mas minha repulsa a qualquer forma de religião autoritária e castradora ficara clara na jornada revivida após o périplo no Mediterrâneo e Oriente Médio.

No início, minha reação à opressão religiosa foi a rebeldia e a agressão aos poderes constituídos e costumes estabelecidos, em detrimento da crítica construtiva e o ensinamento pelo exemplo, e o resultado na primeira jornada brasileira foi o sofrimento na forma de um degredo. No entanto, consegui contornar o desafio do isolamento no paraíso tupiniquim ao aprender a amar a natureza intocada e a inocência dos povos indígenas, tendo até encontrado um amor verdadeiro na última parte da jornada.

O amadurecimento, ainda que incipiente, ficara evidente na jornada seguinte; minha postura durante a guerra entre a Prússia e a França me trouxe certo orgulho e eu tinha certeza de que muito do que ouvira em Jerusalém permanecera ativo em mim, ainda que de maneira inconsciente. Após a rápida reflexão, respondi:

— Sim, Mariah, o encontro com Noah foi um marco importante para mim também e seus ensinamentos permanecem comigo até hoje, ou melhor, creio que permanecerão comigo para sempre. Nossas reações e pensamentos enquanto no espaço-tempo — continuei — são influenciados pelo que reside na nossa alma, psique ou como queiram chamar, por nossa programação genética e pelo que nos cerca enquanto vivemos. Por isso, acredito que temos que ser indulgentes conosco e não esperar grandes saltos de aprendizado entre jornadas próximas, sendo que essa proximidade deve ser medida em séculos e não em anos. Se um grande sofrimento não se dissipa numa só vida e a cicatriz permanece para sempre, para nos lembrar de nossas quedas, ainda que não cause mais transtornos, por que deveria ser diferente com uma alegria tão enriquecedora como nossos encontros noturnos em Jerusalém, não é mesmo? No entanto, uma miríade de influências pode atrapalhar o melhor julgamento, mesmo após adquirirmos um vasto conhecimento, e isso pode atrasar o amadurecimento. É por isso que devemos aprender a acessar esse conhecimento de maneira consciente visando consolidar o avanço que é evidenciado por atos e pensamentos adequados, sem nos rendermos ao contexto desfavorável, que sempre se apresenta enquanto perambularmos pelo espaço-tempo. Nossa evolução é contínua, minha querida amiga, ainda que alguns soluços nos façam retroceder alguns passos de tempos em tempos. Apesar disso, creio que nossa evolução enquanto Sapiens sapiens atingirá um limite imposto pelo corpo físico. A partir de determinado momento, necessitaremos de corpos mais avançados que nos permitirão expressar de maneira mais adequada nossas consciências expandidas. Precisaremos de novos corpos para uma nova linguagem, mais completa e rica de significados, que nos permita expressar o conhecimento, pensamentos e sentimentos elevados e sofisticados que, de outra maneira, estariam submetendo o limitado corpo atual a uma elevada pressão pela demanda por expressão. Mas, eu tenho uma pergunta e gostaria de ouvir suas respostas – dirigi-me aos quatro, uma vez que Pavlo, Kuntur e Montse, que conversavam em separado, haviam se juntado a nós quando concluía minha última consideração: por que acham que foram chamados a este encontro neste momento específico e por que acham que nos juntamos, os cinco, nas trocas?

— Estávamos conversando exatamente sobre isso – disse Montse – e a conclusão é que cada um dos três possui uma trajetória distinta com uma convergência em dois pontos: uma correção na trajetória após o encontro com Noah e uma necessidade de ajuste em nossa última jornada. Posso começar a responder, se me permitirem.

Mediante nosso assentimento, Montse iniciou suas considerações.

— Estávamos conversando entre nós, mas captamos parte da conversa de vocês dois e sabemos que falaram sobre a importância da semente plantada por Noah em nós. Pois bem, o mesmo ocorreu comigo. É claro que nosso encontro em Jerusalém foi só o início de tudo e, no meu caso, a semente demorou um pouco mais para germinar. Como todos sabem, minha trajetória após Jerusalém não me enche de orgulho e meus tropeços acabaram tornando minhas jornadas subsequentes mais curtas do que poderiam e deveriam ser. A rebeldia também foi um traço marcante em mim por séculos e foi necessária uma mudança mais drástica para que eu tivesse maiores chances de sucesso na última jornada: a mudança de sexo. Não que o sexo seja fator fundamental para o sucesso ou fracasso de alguém em uma missão, mas a influência do corpo, dos hormônios e do contexto no qual o corpo está submetido são importantes. Ao me encontrar em um corpo feminino, – continuou Montse – fiquei submetida às forças opressoras e ao preconceito que ainda tolhem as mulheres no planeta. Além disso, passei a ver o mundo por novas lentes propiciadas por um corpo fisicamente mais frágil, de certa forma mais complexo e menos submetido às cargas do hormônio masculino. Tudo isso proporcionou uma situação mais favorável para que eu amenizasse minha rudez, minha brutalidade e minha tendência a subjugar o outro, como se toda relação fosse uma batalha campal: deixei física e, em seguida, espiritualmente, de ser o macho alfa. Como disse, o contexto amenizou as condições para minha atuação, mas não garantiu meu sucesso porque, como bem sabemos, a todos é garantido o direito de livre escolha. Embora não tenha revivido todas as jornadas de minha existência, tenho razões para crer que minha última jornada tenha sido uma das melhores, se não a melhor, do ponto de vista das atitudes e pensamentos que denotam um avanço moral e intelectual. Diferentemente das de vocês, ela já se encerrou, mas minha intuição me diz que nosso encontro está servindo como preparo para jornadas mais promissoras no futuro e o que nos une, creio eu, é que todos recebemos a mesma dádiva, tropeçamos um bocado e fomos chamados para um encontro para revivermos nossa trajetória, reciclarmos conhecimentos e nos prepararmos para contribuir para uma transição planetária urgente.

— Que bonito, Montse! – disse Kuntur – Estou emocionado.

— Então, aproveite a emoção do momento e brinde-nos com suas sempre ponderadas considerações – emendou Montse.

— Está certo. Vocês tiveram o privilégio de conhecer Noah no mesmo momento e no mesmo local. Já estou com ciúme! – disse Kuntur em tom de brincadeira. – Eu tive o privilégio de conhecê-lo em outro momento, quando ele preambulava pelo Egito e, assim como aconteceu com vocês, minha trajetória foi alterada a partir dali. No entanto, também me perdi por uns tempos. Alguns séculos após ter conhecido Noah, recebi a incumbência de auxiliar os povos indígenas do Novo Mundo não como homem europeu, mas como um habitante da nova fronteira, inserido no ambiente e na cultura dos povos considerados primitivos. Ao ser inserido no meio desses povos originários, estariam estabelecidas condições mais favoráveis para que eu fosse um elo efetivo entre o homem europeu e o índio por entender a alma deste último e intuir fortemente a do homem europeu em decorrência das jornadas anteriores. Assim como no caso de Montse, ao me tornar um indígena, o lado oprimido de uma relação desigual, tive que me esforçar muito para amenizar uma rebeldia que naturalmente se instala naquele que depois de um longo tempo na pele do opressor, torna-se, instantaneamente, o oprimido. Essa mudança brusca de perspectiva nos força a importantes reflexões, mas representa um risco enorme de revolta e agressividade...

Antes mesmo que Pavlo e Mariah respondessem minha pergunta, concluí que a rebeldia era um fato marcante nas trajetórias dos cinco amigos. Minha constatação foi percebida por Kuntur, que esboçou um leve sorriso, ao ter certeza de que trilháramos um mesmo caminho, e continuou sua exposição:

— Minha missão era ajudar meus irmãos indígenas numa transição dolorosa e inescapável promovida pelo choque de civilizações díspares e, ao mesmo tempo, mostrar ao homem branco que, uma vez submetidos às mesmas condições, éramos capazes de nos tornarmos tão sofisticados quanto ele. Também fazia parte do escopo de minha missão evidenciar de maneira branda, pacífica e equilibrada que nossa inocência não decorria de estupidez ou incapacidade cognitiva, mas era resultado de um desenvolvimento associado ao meio ambiente e de escolhas diferentes das deles. É desnecessário dizer que me perdi. Quando me encontrei com Elias no Brasil, tive uma boa oportunidade de reciclar o que aprendera com Noah nas nossas sessões noturnas com minha irmã, Isabel. De certa forma, você, Elias, recriou condições semelhantes às vividas com Noah em Jerusalém, conforme me relataram. Naquelas sessões, tínhamos novamente um triângulo, sendo que ali seu sentimento de amor foi direcionado à Isabel...

Aquela consideração de Kuntur me causou surpresa. Não sabia que ele tinha conhecimento de nossas sessões a três em Jerusalém nem tampouco de meus sentimentos com relação à Mariah. Também não havia me atentado para o fato de que nossas tertúlias em São Vicente mimetizavam os encontros em Jerusalém e que, em ambos, me apaixonara perdidamente. Não tive coragem de olhar para Mariah, mas senti que ela me olhava com ternura.

— Desculpe-me se fui inconveniente, Elias, mas não foi minha intenção, – disse Kuntur –, apenas quis enfatizar o fato de que eu havia recebido uma injeção de ânimo por você antes de prosseguir com minha missão, só isso.

— Não se preocupe comigo, Kuntur – respondi, ainda um pouco desconcertado. Tudo que aconteceu comigo e que pode nos ajudar a amadurecer deve ser compartilhado. Além do mais, era impossível não se encantar por Eloah... No entanto, o que mais me surpreendeu no seu comentário foi o fato de não ter me dando conta do impacto das reuniões em Jerusalém na minha alma a ponto de replicá-las séculos depois. No entanto, acredito que haja um dedinho do Noah aí – adicionei sorrindo. – Por favor, continue com suas boas considerações.

— Bom, mesmo com todas as condições favoráveis, eu me desviei do caminho. Em vez de ajudar meus irmãos das tribos brasileiras, preferi me dedicar à busca do Eldorado e fui parar na região andina, onde estabeleci minha teia de relacionamentos, meu lócus no planeta, e onde ainda hoje me encontro. Também considero minha última jornada meu ápice e tenho certeza de que estamos aqui nos preparando para um futuro promissor, mas que ainda será turbulento até que atinjamos tempos mais benignos.

— E quanto a você, Pavlo? – perguntou Mariah.

— A minha narrativa é muito similar à de Kuntur e Montse de um ponto de vista mais amplo, ainda que com diferentes nuances. O que caracteriza minha trajetória é que, apesar de ter recebido elementos para um despertar, busquei, durante séculos, a honra, a glória e a admiração na guerra, sem me atentar para o fato de que empreendia, na verdade, uma guerra contra mim mesmo, contra minha insegurança, minha falta de autoestima e de amor-próprio, meu medo terrível de não ser amado se me tornasse quem realmente sou. Ter um inimigo significava ressaltar minha existência, que se tornava mais irrelevante para o mundo à medida que cedia a meus impulsos. Significava ter clareza sobre quem sou, minha individualidade, marcar uma fronteira clara entre o outro e eu, e assim criar uma importância imaginária para minha existência, que crescia dentro de mim cada vez que o outro era derrotado: minhas vitórias alimentavam o ciclo vicioso uma vez que legitimavam meus sentimentos e minha concepção de mundo. Sem perceber que, ao errar, só aumentava o vazio existencial, seguia lutando contra os moinhos de vento. Ocorre que o efeito viciante da subjugação do outro tinha vida curta, o que tornava necessário que me engajasse em conflitos em série para saciar o vício da alma. Porém, lá no fundo, no íntimo, eu sabia que não estava perdido, pois conhecia a direção que deveria tomar no meio daquele nevoeiro. Faltavam-me apenas coragem e confiança para me entregar e deixar que a luz tênue da intuição me guiasse: precisava desesperadamente caminhar na direção daquele Dante, o cavaleiro de coração puro de outrora, repleto de coragem e sedento de conhecimento.

Ao concluir a sentença, Pavlo olhou para mim e disse:

— Eu e Elias fomos companheiros na guerra franco-prussiana e meu querido amigo aqui, o qual tenho imensa alegria em reencontrar, tentou me arrancar da indolência moral na qual ainda me encontrava naquela época. Refletindo sobre aqueles dias, percebo que você, caro Elias, realmente absorveu os ensinamentos de Noah. Não foram sessões noturnas nem surgiu um novo amor para você durante nossas conversas nos acampamentos militares na França – disse rindo –, mas foram belas e generosas as tentativas de me encorajar a iniciar a caminhada em busca do Dante em mim, pelas quais serei eternamente grato.

— Não sabia que o bullying também existe onde estamos. Mas, vou ficar quieto porque seu relato está maravilhoso. Continue, por favor – repliquei sorrindo.

— Desculpe-me, amigo, mas não pude evitar cutucar aquele que aprendi a admirar e que se tornou, para mim, um exemplo a ser seguido.

Mais uma vez me vi desconcertado com o comentário, desta vez do velho amigo Dante, mas me mantive em silêncio. Percebendo que eu nada responderia, Pavlo prosseguiu:

— Bom, ainda não fui capaz de escapar dos meus fantasmas durante o conflito do século XIX. Fiz besteiras das quais me arrependi, como vocês sabem, mas a segunda parte de minha jornada foi mais tranquila junto de minha família cujo amor me propiciou a coragem para, finalmente, iniciar minha caminhada de volta à Jerusalém que permaneceu no meu coração. O problema é que não se abandona um relacionamento cheio de vícios de maneira impune. Como um amante abandonado que procura a ex-parceira para reatar um relacionamento tóxico, a guerra me encontrou novamente. Dessa vez, o engajamento foi compulsório, mas acredito que tenha evitado as armadilhas repetidas do passado. Diante de tudo, posso dizer que meu caso é semelhante ao de vocês e, por fim, acredito que minha vinda para cá tenha sido bem providencial: fui extraído de uma guerra indesejada, em um momento em que demonstrava algum amadurecimento, para uma reciclagem que reforçará minha caminhada na direção correta. Concluindo: no meu caso, nunca houve um momento mais adequado para estar aqui junto de vocês.

— Sua trajetória é linda, Pavlo! – disse Mariah. – Ela é linda justamente por ser imperfeita e por mostrar, como as nossas, que dentro de cada indivíduo reside uma luz pronta para guiá-lo nos momentos mais escuros, tanto quando ele está ativo no espaço-tempo como quando ele vaga em outras dimensões.

— Isso me acalma e me enche de esperança, Mariah: saber que a maioria das respostas para meus questionamentos futuros, quando retornar ao espaço-tempo, estão dentro de mim. Seu comentário tornou evidente uma realidade comum a todos nós: não se trata de religião, ciência, tecnologia, filosofia ou coisa que o valha. Só acertamos a direção que devemos tomar quando mergulhamos em nós mesmos e buscamos a claridade da luz que reside em nós, plantada na origem da Criação, quando tivemos um vislumbre da malha infinita e do êxtase de ter nossas consciências solidárias à Fonte Criadora. Seu comentário também me proporcionou a resposta para a pergunta que martelou em minha mente desde o momento em que iniciamos o intercâmbio: o que seriam as afinidades que nos juntaram no grupo dos cinco? Até agora, procurei identificar tais afinidades nos relatos de vocês sobre suas respectivas jornadas atuais e os processos de deslocamento de suas consciências para cá, sem perceber que estava balançando minha bateia no córrego errado. – completei.

— Se estivesse se referindo ao processo de mineração do ouro usando a linguagem verbal no espaço-tempo, jamais seria capaz de entender o que quis dizer, Elias. Graças a Deus, nossa comunicação aqui é mental – disse Montse, rindo.

— Pois é – respondi. – Figuras de linguagem perdem o sentido aqui. Mas, voltando ao meu ponto, eu estava focando nas nuances e não nos traços marcantes. É claro que guardamos algumas semelhanças de personalidade, concepção de vida e na maneira como lidamos com as questões inerentes às nossas jornadas atuais, mas nunca se tratou disso: nossa afinidade está relacionada ao que existe de comum em nossas trajetórias, à maneira como elas se deram até agora e ao que logramos resgatar do fundo escuro de nossas consciências até o momento. Está relacionada ao nosso nível de despertar, à frequência com que acessamos a luz interna mencionada por Mariah e à intensidade do amor puro da Fonte Criadora que já somos capazes de sentir e doar. Fazendo uma analogia com uma fonte luminosa: é como se fôssemos faróis que brilham em intensidades semelhantes, mas não iguais, emitindo luzes com frequências também semelhantes. Eu estava focado nas nuances das cores e não na trajetória de cada um para atingir o pouco que atingimos, ou seja, nossa capacidade de iluminar o entorno.

— Fico feliz que tenha ajudado, Elias – disse Mariah, cujo olhar, ao fazer o comentário, me remeteu aos nossos momentos em Jerusalém. Se restava nela alguma dúvida sobre onde residem sentimentos importantes do passado, deve ter se dissipado por completo ao me dirigir novamente aquele olhar, que denotava o resgate, embora breve, de um sentimento milenar preservado, mas incapaz, atualmente, de tomar sua consciência por completo e causar uma paixão avassaladora.

— Aproveitando o ensejo, Elias, só falta o seu relato. – disse Kuntur.

— Sim, é verdade – respondi. – A parte importante é que minha trajetória é semelhante à de vocês, mas todos merecem mais detalhes...

Fiz então um resumo de minha trajetória destacando a rebeldia e o início do amadurecimento ainda carente de consolidação e ressaltei alguns pontos da jornada atual, principalmente meu encantamento com o mundo das grandes corporações e a rotina massacrante do trabalho sob pressão constante para atingir resultados que não dependiam, na sua maioria, de mim e de meus colegas. Fiz questão de deixar claro que as escolhas feitas eram minhas, assim como deveriam ser as consequências por tê-las feito.

— Ao longo de anos – concluí meu relato –, busquei garantir o conforto material da família me submetendo ao desgaste do trabalho excessivo e estressante, ignorando o fato de que o homem só mantém sua dignidade na medida em que serve, que empresta seu esforço, inteligência e criatividade a uma missão que visa melhorar a vida de seus irmãos de maneira saudável, devendo reservar tempo para si e para os que ama, com o objetivo de formar, no seio de sua família, indivíduos íntegros e despertos, capazes de amar, serem amados e de contribuírem para o desenvolvimento sustentável da sociedade. Ao ignorar isso, o homem, mesmo já tendo despertado, se perde e passa a contribuir para a formação de um ambiente que propicia o surgimento de psicoses, distúrbios de ansiedade, depressões e outras doenças mentais e do espírito. Assim como Pavlo, que corria o risco de se perder novamente nas armadilhas emocionais da guerra, eu estava em vias de iniciar um recuo na minha trajetória se continuasse a ignorar deliberadamente a direção a ser retomada. Nesse sentido, o choque do veículo com o meu na avenida movimentada representou uma ruptura de uma trajetória potencialmente malfadada e o estágio com vocês tem sido providencial para uma correção de rumo ao meu retorno.

— Que belo relato, amigo! – exclamou Pavlo. – Em resumo, devemos todos agradecer por esta magnífica oportunidade de ajuste em nossas trajetórias, certo? Eu entendo que a forma mais adequada de agradecimento é o aproveitamento completo de todas as atividades que ainda restarem para o nosso grupo. Assim sendo, que tal retornarmos aos trabalhos de troca?

— Vamos! – gritamos ao mesmo tempo eu, Montse, Mariah e Kuntur.

PARA DENTRO

Two lions

Two lions run after me
I quicken the pace
They are large and strong
But I can't see any face

Two lions run after me
I rush and climb the wall
It's not safe enough
They get closer and I fall

Two lions run after me
My heart beating fast
No exit I can use
How long will I last?

Two lions run after me
Need to catch my breath
Still can't see their faces
If I could, I'd see my death

Two lions catch up with me
But the fear is dissolved
I'm standing up and proud
For my painful issues are resolved

Dois leões

Dois leões me perseguem
Eu acelero o passo
Eles são grandes e fortes
Mas não vejo suas faces

Dois leões me perseguem
Eu corro e subo no muro
Ele não é seguro o suficiente
Eles se aproximam e eu caio

Dois leões me perseguem
Meu coração acelerado
Não há saída
Por quanto tempo durarei?

Dois leões me perseguem
Preciso recuperar o fôlego
Ainda não posso ver suas faces
Se pudesse, veria minha morte

Dois leões me alcançam
Mas o medo se foi
Estou de pé e orgulhoso
Pois meus dramas foram resolvidos

...

Assim que amenizadas as emoções elicitadas pela viagem ao passado e pelas conversas que se seguiram, nos recompomos, e Devdan, que nos aguardava nos jardins do Centro de Estudos, nos dirigiu as seguintes palavras:

— *À semelhança do intercâmbio anterior, amigos, vocês se depararão a partir de agora com o segundo pilar da jornada de aprendizado: o conhecimento que permite lançar luz sobre a informação que reside em nós, que influencia nossos atos, emoções e pensamentos muito mais do que a própria razão, que permanece ativa e supostamente contida nas profundezas inconscientes do ser para, quando menos esperamos, sobrepujar nossas defesas e sabotar o controle do processo mental. Tanto o conhecimento que permanece inconsciente como a bagagem sobre a qual já lançamos luz formam o que somos. Assim sendo, devemos ser corajosos o suficiente para trazer para a consciência e desmistificar tão importante cabedal a fim de nos tornarmos completos. O conhecimento sobre o que nos rodeia é, sem dúvida, importante para o programa do qual vocês fazem parte, mas a expansão da consciência só se dá, de fato, quando fazemos a viagem interna para o resgate daquilo que somos e que permanece no lado escuro da nossa mente ou psique. Desejo-lhes, então, um proveitoso intercâmbio e que a Fonte Criadora nos ampare a todos.*

Já habituados ao processo e com o intuito de evitar perda tempo, partimos para a segunda parte do intercâmbio.

"*Tudo no espaço-tempo clama por união: matéria atrai matéria e o homem anseia, de maneira consciente ou inconsciente, por sua adesão plena à infinita malha universal enquanto luta para vencer a separação forçada entre as consciências que compartilham o planeta durante as jornadas no espaço-tempo.*

Enquanto luta pela sobrevivência no espaço-tempo, o homem pode ser capaz de intuir a grande malha universal, mas, na maioria das vezes, só é capaz de vivenciar a união plena no seu círculo restrito de convivência formado por consciências que se unem pelo amor verdadeiro.

Apesar da união ser aspecto fundamental da Lei Maior, as forças que promovem a desunião ainda são fortes, ativas e, em muitos casos, preponderantes no planeta Terra a ponto de terem dado origem a dois polos de conhecimento e comportamento sobre a natureza humana. Em um desses polos, centrados na porção denominada oriental do planeta, composto pelas civilizações mais antigas da esfera azul, o homem se dedicou com mais afinco ao conhecimento e ao desenvolvimento de práticas voltadas para seu mundo interior, para uma busca incessante de sua libertação da influência da matéria e para o abandono gradual da individualidade e de seus desejos, até sua integração plena com o universo.

Neste polo, não há separação entre o espaço-tempo, o mundo exterior, e a consciência, o mundo interior. O que há são diferentes dimensões às quais o homem vai tendo acesso quando expande sua consciência à medida que se liberta da influência do espaço-tempo, do universo que impressiona os cinco sentidos, e se integra ao todo durante uma sequência de jornadas terrestres, indefinida a priori, aos quais ele se submete. Para o homem desse polo, o indivíduo permanece preso nessa sequência de jornadas até que desperte e inicie sua jornada de autodescoberta.

No outro polo, na banda ocidental, o homem promoveu uma separação rigorosa entre o espaço-tempo, o universo em que habita, domínio dos cinco sentidos físicos e as coisas do espírito, domínio das sensações internas que não podem ser explicadas de maneira lógica e que não se imiscui no domínio dos sentidos físicos. Para o homem desse polo, há uma dualidade marcante nos mundos habitáveis: enquanto permanece em sua jornada terrestre no espaço-tempo que, segundo ele, é única, luta, vence e evolui à medida que conquista mundos, sobrepuja a natureza, satisfaz seus desejos e transpõe os desafios que se apresentam pelo avanço tecnológico, da manipulação da matéria e da energia, e uma vez que sua jornada se encerra, o *homem segue definitivamente para a dimensão onde residem as consciências, a dimensão do espírito.*

Para ele, ambos os mundos são quase estanques, a percepção da dimensão das consciências pelos que se encontram nas jornadas terrestres, por tratar-se de experiência subjetiva, não racional, fica relegada a um plano inferior quando comparada à percepção dos fenômenos comprováveis do espaço-tempo, e a ação da dimensão das consciências sobre o espaço-tempo só é possível e aceita em circunstâncias excepcionais, quando ocorre a observação da ação pelos cinco sentidos, mesmo que tal ação não possa ser explicada de acordo com as leis naturais conhecidas.

Neste polo, predominou a jornada externa, a busca incessante do conhecimento sobre tudo que é externo a si próprio, ao qual o homem denominou ciência, cujo objeto só atinge a categoria de conhecimento quando confirmado por métodos rigorosos subordinados aos cinco sentidos, à relação de causa e efeito e às leis naturais. Mesmo o processo de busca do autoconhecimento, da expansão da consciência, do aclaramento da porção inconsciente de sua psique, foi retirado do mundo dos espíritos, onde residia até pouco tempo, e alçado à categoria de ciência mediante estudos de narrativas e experiências subjetivas não confirmáveis pelo método científico.

Uma vez que o homem moderno ocidental elegeu a ciência como método para a expansão da consciência, tornando a busca do autoconhecimento um de seus ramos, fez-se necessário que seus fenômenos fossem explicados com base em ações do espaço-tempo, do mundo exterior, e do próprio homem sobre sua psique, sua mente, respeitando-se as leis naturais e eliminando-se totalmente qualquer influência do domínio do espírito nesses fenômenos. Assim sendo e como não poderia deixar de ser, surgiram explicações que em nada contrariam as leis naturais para a existência da consciência, da porção inconsciente e seu conteúdo e do funcionamento mental, que passou a ser o resgate de volta à razão do conteúdo que jaz inconsciente, embora ativo, na mente, acumulado durante a única jornada que o homem é capaz de vivenciar e que foi explicado como sendo fruto de pulsões biológicas, de conflitos internos, da programação celular, do conhecimento acumulado coletivamente pelo homem ao longo de sua evolução como espécie, entre outros.

É claro e notório que nenhum dos polos é autossuficiente, mas se complementam. Nem a consciência é resultado de um esquema biológico que pode ser explicado pelas leis naturais conhecidas nem o que compõe a psique humana é resultado de uma só jornada no planeta Terra.

A expansão da consciência requer, de fato, que se resgate para o domínio da razão aquilo que jaz nas sombras e que direciona o comportamento e os pensamentos humanos muito mais que sua razão e sua lógica, mas o que reside na sombra durante uma determinada jornada do indivíduo vai muito além do que ele adquire naquela específica jornada, que não é única.

No entanto, a explicação do homem ocidental sobre o conteúdo inconsciente e sua origem não está incorreta, apenas incompleta: o funcionamento mental é forte e predominante, mas não totalmente, influenciado pelo que o homem aprendeu durante a jornada que vivencia, embora sua psique contenha conhecimentos adquiridos em jornadas anteriores à sua atual existência que residem nas profundezas abissais escuras tal qual criaturas que aguardam o momento de voltar à superfície, à luz, para se alimentarem, agitando as águas antes calmas.

A jornada do homem na Terra se assemelha a uma travessia marítima solitária de um porto a outro. Nessa travessia, que poderá ser curta ou longa, o barco escolhido para a missão será submetido a tempestades, calmarias, falta de recursos e danos e, uma vez que o homem deixa o porto inicial, embora a missão contratada seja atingir o porto do outro lado do oceano, ele poderá abandonar o barco e se lançar ao mar antes da chegada, se assim o desejar, tendo em mente que terá que assumir as consequências deste abandono. Mesmo podendo abandonar o barco antes da hora certa, o homem jamais retornará ao ponto de origem uma vez que se lança ao mar.

Antes de se submeter à nobre missão da travessia, da qual o homem tem toda a liberdade de declinar, ele tomará conhecimento das principais características do barco que utilizará, ou seja, dos atributos da embarcação que o abrigará na jornada rumo ao desconhecido. Durante seu périplo, a embarcação poderá receber melhorias, mas jamais terá seus principais atributos alterados.

Antes da partida, seu barco poderá estar em perfeitas condições ou apresentar, já de início, defeitos irreparáveis com os quais seu capitão solitário terá que conviver até o desfecho da aventura, no porto de chegada contratado ou antes dele, caso desista no meio do caminho.

Danos irreparáveis ou reparáveis pontuais mais ou menos severos poderão ser infligidos ao barco pelas intempéries, rochedos ou até outras embarcações, e seu desgaste contínuo ao longo do trajeto será inevitável.

Antes de embarcar no porto inicial, para seu benefício, o homem deterá conhecimentos adquiridos em outras travessias anteriores em mares e embarcações diferentes daquela da vez e que lhe poderão ser úteis. Todo o conhecimento adquirido em jornadas anteriores estará sempre à sua disposição e ele poderá alcançá-lo se não se distrair totalmente com o que seus sentidos captarem ao longo da nova travessia, se não for displicente, arrogante ou acreditar que sua jornada é única e só o que ele aprende naquele trajeto específico é útil.

Sua travessia será totalmente diferente das anteriores e será marcada por desafios novos, nunca enfrentados, ou desafios repetidos, os quais servirão de reforço para consolidar um aprendizado que lhe será necessário no futuro e nos quais ele tenha falhado em jornadas anteriores.

De posse de um barco totalmente diferente dos anteriores e enfrentando condições ambientais inéditas, muito do conhecimento adquirido nas travessias anteriores não será útil, assim como a memória de decisões e comportamentos que lhe conduziram a falhas. Tais memórias poderão conduzi-lo às mesmas falhas do passado se teimar em resgatá-las e permitir que assumam o timão da consciência durante a travessia da vez.

Objetivando um melhor aproveitamento da experiência e visando à sua proteção, antes de se aventurar na nova jornada, todo o conhecimento que já adquiriu será direcionado para a porção inconsciente de sua mente e ele iniciará a nova jornada pronto para absorver novos conhecimentos advindos das experiências que vivenciará.

No entanto, o conhecimento adquirido em jornadas anteriores, que poderia envergonhá-lo, deixá-lo orgulhoso, entristecê-lo, alegrá-lo e forçá-lo a repetir ou evitar falhas, que é parte perene do seu ser, permanece à sua disposição, podendo e devendo ser resgatado de maneira voluntária, por meio da vontade, da disciplina e de um esforço controlado, ou de maneira involuntária, quando esse conhecimento invade sua consciência auxiliando-o ou causando estragos não previstos.

Já o conhecimento adquirido nas novas experiências poderá ser direcionado tanto para sua porção consciente como para o reservatório inconsciente, no qual normalmente residirá mantido por forças repressivas que, de tempos em tempos, serão ludibriadas por artifícios engenhosos por ele engendrados. Tudo que é mantido no repositório do inconsciente almeja subir à superfície como um cetáceo que nada nas profundezas, mas que necessita do oxigênio que abunda na superfície.

Ao fim e ao cabo, tudo que o homem aprendeu, em todas as jornadas, que forma o todo que ele é, estará à sua disposição, poderá e deverá ser usado para tornar suas travessias futuras cada vez mais fáceis se ele aprender a resgatar, de maneira intencional, o conhecimento que jaz armazenado no porão de sua alma e usá-lo para tornar seu processo mental, seus pensamentos e atos alinhados com a Lei Maior.

É preciso que o homem inicie cada jornada o mais livre possível dos preconceitos, traumas, neuroses, aprendizados e outros impactos marcantes e duradouros sobre sua alma, espírito ou psique, para que, durante sua fase inicial de formação na atual jornada, ele tenha a oportunidade de obter novas impressões que sejam úteis.

Ocorre que em decorrência, principalmente, mas não somente, do desamor que ainda reina no planeta azul, nem tudo que imprime marcas no espírito durante sua formação contribuirá para seu avanço.

Muitas vezes, sua formação na jornada se torna desastrosa por responsabilidade daqueles que deveriam, por compromisso assumido, cuidar para que isso não ocorresse, e os danos são de tal forma intensos que chegam a influenciar e conter o avanço do indivíduo por muito tempo, forçando-o a seguir de maneira prolongada numa sequência de jornadas na qual seu avanço, na forma de expansão da consciência, é quase inexistente.

Esses acontecimentos indesejados, que não são raros, ocorrem porque aqueles que assumiram compromissos de cuidar e aos que serão cuidados é garantida a liberdade de escolha e, muitas vezes, uma das partes ou ambas acabam por optar por trajetórias diferentes das originais por motivos vários, o que pode levar a atrasos tanto dos cuidadores como daqueles de quem deveriam cuidar, forçando a manutenção dos compromissos antigos na lista das obrigações a serem cumpridas em que farão companhia aos novos compromissos que sempre acabam surgindo nas jornadas.

No entanto, ainda que o indivíduo que inicia uma jornada não receba os devidos cuidados compromissados que ampliariam seu cabedal de conhecimento intelectual, emocional e moral e sofra deformações contundentes no todo que o constitui, ele sempre poderá lutar com todas suas forças para que sua jornada não se torne inútil.

Em qualquer circunstância, o indivíduo poderá contar com os recursos morais, intelectuais e emocionais acumulados em existências anteriores dos quais sempre poderá lançar mão, sozinho ou com ajuda de outrem, bastando para isto que já esteja desperto e vigilante e que já saiba ou intua que, para ele, existem duas alternativas: manter-se numa sequência incessante de jornadas no espaço-tempo, sujeito às vicissitudes inerentes a sua dimensão atual ou iniciar a jornada de expansão gradual e contínua de sua consciência, que se caracterizará pelo resgate intencional, organizado e racional do vasto conteúdo que reside no porão de sua psique e que é parte imprescindível de quem ele é.

À medida que vai resgatando, lançando luz sobre o que se esgueira nas sombras de sua personalidade, o homem se torna capaz de conhecer quem é, de onde veio, o que o formou e a explicação para seus atos e pensamentos. Ao se tornar capaz de se enxergar, ele se torna capaz de enxergar também seu próximo, seu igual, que se formou em jornadas distintas das suas que o levam ao mesmo destino que o seu.

A partir desse momento, ele se percebe conectado a uma malha infinita de consciências, na qual cada ser é um nó luminoso cuja intensidade depende do quanto já avançou, ou seja, do conhecimento acumulado sobre si e sobre o universo e da capacidade de amar seu semelhante. A partir desse momento, ele é capaz de compreender que todos marcham na direção da Fonte Criadora, não julga mais aqueles que tropeçam pelo caminho, se atrasam ou procuram atrasá-lo, uma vez que tem em sua consciência os próprios tropeços e avanços, não é julgado pelos que como ele já avançaram e sente uma vontade arrebatadora de auxiliar os que se encontram desalentados ou presos nas armadilhas da vaidade, do egoísmo, do apego ao que lhes impressiona os sentidos físicos, da inveja, do medo, da rebeldia e da revolta porque sabe que sua graça é tão maior quanto maior for o número dos que brilham intensamente na malha infinita.

A jornada em direção à Fonte Criadora é a jornada de autodescoberta. Desde sua criação, o indivíduo segue acumulando conhecimento que se mantém indelével nas profundezas escuras de sua alma. Muitas das impressões obtidas ao longo das incontáveis eras trazem alegria, mas outras o fazem sofrer e ele só superará este sofrimento quando for capaz de trazer essas impressões opressoras para a consciência a fim de entendê-las, aceitá-las e com elas conviver, sem ser por elas oprimido. Em resumo: é preciso que o inconsciente seja esvaziado do seu conteúdo, que será transferido para a consciência e se transformará em razão e lucidez, momento a partir do qual o homem se torna real e completamente quem ele é.

A autodescoberta é uma jornada única do indivíduo que a empreende, devendo ser marcada pela solitude, mas nunca pela solidão. A marcha é unicamente sua, mas não existe nem faz sentido sem o outro, assim como nunca existirá avanço se o viajor não for capaz de estar consigo mesmo sem as aflições que atingem o homem que se entrega à reflexão na quietude da noite.

O homem necessita do outro para empreender sua jornada de autodescoberta porque é só por meio da interação com o outro, guiada pela necessidade de amar e ser amado, que o homem aprende. Numa jornada qualquer, entre o nascimento e a partida do espaço-tempo, só existe o amor e todo o resto não passa de ilusão. Enquanto interage com seu irmão, ele deve contar com a disciplina, a perseverança, a fé no impacto positivo das atitudes consonantes com a Lei Maior e se manter vigilante. Essas são as responsabilidades de quem almeja avançar no autodescobrimento enquanto a Fonte Criadora opera para que ele vivencie experiências edificantes e propicia o auxílio necessário pelas consciências mais avançadas.

Aqueles que buscam auxílio na Fonte Criadora, de coração e mente abertos, nos momentos escuros de sua existência, receberão o que necessitam para avançar na autodescoberta que, na maioria das vezes, não corresponde àquilo que solicitam e desejam. Esse descompasso entre o que solicitam e o que necessitam, muito comum entre os que se encontram nas suas jornadas terrestres, decorre do autoconhecimento limitado do homem e da sua incapacidade de enxergar o contexto maior no espaço e no tempo e dá origem, muitas vezes, ao desencanto, à imobilidade e à revolta que possuem o potencial de anular todo o esforço empreendido para superar os percalços não previstos e impedir o avanço.

Ao longo de sua jornada, o homem deve se ocupar de viver, de valorizar e realizar tudo o que puder, que couber dentro de sua jornada e que o leve a amar e ser amado verdadeiramente e com intensidade crescente, devendo este amor incluir todo ser vivo, desde aquele cuja consciência é a mais limitada possível até aquele que mais se aproxima dele em termos da capacidade intelectual e moral.

Ao se ocupar de viver, o homem enfrentará tormentas mais ou menos duradouras, mas sempre finitas, e deverá vivenciá-las da maneira mais plena possível, convivendo e aceitando o turbilhão de emoções que desfilarão no palco do seu coração, até que elas se transmutem em energia impulsionadora do seu avanço.

Ele jamais deverá virar as costas para o universo em que vive, mas sim vivenciar as experiências que se apresentam da maneira mais intensa possível, saboreá-las com responsabilidade, sensatez e humildade, tendo em mente que nada no espaço-tempo é duradouro e os desafios transpostos, que imprimirão marcas indeléveis no espírito, o tornarão mais forte e sábio.

Ele deve compreender também que algumas jornadas são mais amenas que outras e que não é a intensidade das experiências vivenciadas nem o número de jornadas, mas a maneira como reage às experiências, que marcarão seu avanço. Ele deve compreender que um avanço superior aos dos demais não o torna mais importante, mas apenas aumenta sua responsabilidade pelos que tropeçam e se perdem pelo caminho.

Ao longo de suas jornadas e entre elas, o homem vive pelo prazer. Enquanto vivencia uma jornada qualquer, ele acaba associando ao prazer físico o êxtase que ele apenas intui de fazer parte ativa da malha infinita, de ser parte do todo, de viver em comunhão plena com seus irmãos, de viver desconectado emocionalmente do passado, de nunca ansiar pelo futuro, de viver o presente infinito enxergando o passado e vislumbrando o futuro, de não se preocupar com sua sobrevivência, de não ser julgado e nunca julgar, de ser ele mesmo, sem máscaras ou subterfúgios, de se doar e receber, de amar e ter a certeza ser amado, de jamais sentir medo e insegurança, de se alimentar da energia cósmica infinita da Fonte Criadora e de ser ele mesmo Criatura e Criador.

Enquanto em uma jornada qualquer, o homem canaliza toda sorte de sentimentos, muitas vezes mesquinhos, destrutivos, egoístas, possessivos que, de uma maneira distorcida, o remetem ao êxtase que ele uma vez sentiu e tornará a sentir, para o prazer meramente físico.

Durante breves segundos, no orgasmo, o homem revive, ainda que de maneira muito tosca e limitada, o êxtase, o prazer, mais puro que ele já vivenciou ao se perceber como parte da malha universal. Intuindo ou se lembrando vagamente deste êxtase que o aguarda ao final da jornada, o homem muitas vezes se perde numa busca incessante desse prazer pelo ato sexual, para sempre encontrar, ao final, o vazio na alma e a frustração por ter vivenciado um prazer que nem de longe lembra aquele pelo qual ele anseia.

Muitos caem prisioneiros da busca por este prazer fugaz quando em suas jornadas e se perdem. Outros mais substituem o ato sexual por outras formas químicas de prazer carnal como maneira de vivenciar o êxtase puro e real e acabam por desperdiçar jornadas consecutivas até que se apercebam do erro que estão cometendo, que não se trata de erro por ser um atentado contra si ou terceiros passível de punição por um Deus vingativo, mas porque o faz descumprir compromissos assumidos, tornando as jornadas seguintes mais penosas por sua obra e conta.

Então, é correto dizer que o homem busca incessantemente o prazer e que abundam no seu inconsciente as consequências desta busca incessante, tais como culpa, desejos reprimidos, conflitos oriundos do julgamento de terceiros, entre outros. O que não é correto é limitar o conteúdo do seu inconsciente apenas a esta busca, a uma jornada única e ao prazer carnal porque desde sua criação, o indivíduo, durante sucessivas jornadas, acumula conteúdo e busca, sim, um prazer muito maior e puro propiciado pelo verdadeiro amor que provém da comunhão com a Fonte Criadora.

As forças opressoras e repressoras da sociedade, da cultura, da família e da religião atuam sobre o homem durante sua jornada e são responsáveis, na maioria das vezes, pelos demônios que são remetidos às masmorras da psique e lá mantidos sob contínua vigilância da consciência. Ocorre que estes demônios são ardilosos, conseguem burlar facilmente esta vigilância para aflorar na consciência e, uma vez lá, eles moldam pensamentos e atitudes os quais a razão pouco entende ou finge não entender.

Se a consciência obtém sucesso em manter estes demônios nos cantos escuros da mente, eles acabam por encontrar outros caminhos para logo se manifestarem não mais na consciência, mas no corpo físico, na forma de desarranjos que podem dificultar sobremaneira ou encurtar a jornada do indivíduo no planeta. Ocorre também que a vigilância cobra um alto custo devido seu alto consumo de energia física e psíquica. Por esse motivo, não consegue se manter ativa durante todo o tempo. Há momentos em que essa vigilância é afrouxada e esses demônios acabam ocupando o assento principal na consciência, para dali guiarem atos e pensamentos que desnudam o indivíduo sem que ele se dê conta ou deseje.

Nesse sentido, o mais eficaz e menos oneroso para o indivíduo é que ele busque conhecer e aceitar o que dele faz parte, sem o que ele não é completo. Na maioria das vezes, não há prazer no encontro e no enfretamento dessas criaturas, mas eles são necessários para que o homem entenda os motivos por trás de pensamentos e atos seus, para que ele tenha consciência de quem realmente é e para que corrija a trajetória que encurtará sua caminhada até a Fonte Criadora. É só pela razão, que lança luz sobre quem ele é e o que precisa fazer para avançar, que o homem retornará à sua origem e poderá reviver o êxtase de amar e ser amado plenamente.

A cada jornada, o conteúdo inconsciente do homem se altera. A cada jornada, ele tem a oportunidade de lançar luz sobre quem é, sobre os erros, acertos, traumas e conflitos do passado, mas a cada nova jornada mais conteúdo pode ser remetido para a porção inconsciente, o que, em tese, pode tornar a sequência de jornadas infinita.

Pudesse o homem contar com um mundo amoroso em suas jornadas, ele teria chances muito maiores de abreviar seu ciclo de jornadas na dimensão do planeta Terra. No entanto, não é só o ambiente no qual o homem se encontra imerso que conta; na verdade, seu papel no processo de expansão da consciência é preponderante, ou seja, mesmo que encontrasse um ambiente benigno em uma de suas jornadas, ainda assim poderia completar jornadas neste ambiente sem o mínimo avanço se permanecer dormente, indolente e magnetizado pelo mundo que o impressiona os sentidos físicos que o circunda.

Se um ambiente benigno fosse suficiente para que o homem obtenha avanços, bastaria que suas jornadas fossem transferidas para mundos avançados em que ele gozaria das mais perfeitas condições para obter avanços significativos. No entanto, mesmo nesses mundos avançados, o homem pode não lograr êxito se não despertar para a realidade da qual faz parte, despertar esse que tem maiores chances de ocorrer quando recebe os estímulos propiciados por uma sequência de jornadas em dimensões mais densas, menos evoluídas, e que são mais adequadas ao seu grau evolutivo.

Durante muito tempo, o homem acreditou que estivesse sob vigilância constante de deuses vingativos e castigadores e que as desgraças que se abatiam sobre ele eram fruto dos erros que cometia, resultado da ira desses deuses. No entanto, não existe vingança ou castigo: à medida que expande sua consciência, novas dimensões vão sendo descortinadas e colocadas à sua disposição para jornadas potencialmente mais venturosas nas quais o homem goza de liberdade crescente, confirmando que o que o homem pode experimentar depende do avanço que lograr alcançar.

Uma vez na Terra, o homem estará sujeito às condições prevalecentes no planeta até que esteja preparado para dar um passo adiante e gozar de mais liberdade com menos sofrimento. Assim sendo, o fato de vivenciar sua jornada em um ambiente adequado ao seu estágio evolutivo e o fato de que ele constantemente intui o êxtase que pode vivenciar em dimensões muito superiores servirão como um incentivo para que ele busque essas dimensões e consiga alcançá-las, desde que expanda o autoconhecimento e o conhecimento sobre o que o cerca.

O que parece ser uma contradição, ou seja, submeter o homem a jornadas de existências numa dimensão da qual ele deve aprender a abstrair-se é, na verdade, o acerto de uma lei que submete o homem a vivências nas quais ele sofrerá a influência dos fenômenos inerentes ao mundo que o cerca até que desperte e procure avançar para alcançar dimensões mais venturosas. Para obter avanços, ele deverá aprender a se desprender, de maneira natural, das coisas e dos assuntos da dimensão na qual vivencia jornadas em sequência, uma vez que o apego a tudo que ele percebe no seu entorno age como força de atração que mantém ambos, ele e seu universo, presos um ao outro.

Para conseguir se desprender, ele deverá buscar a si mesmo, tornar-se quem é, lançando luz sobre o conteúdo que se agita nas profundezas de sua psique. Essa busca da completude leva-o, naturalmente, a deduzir que é inteligência infinita, a entender a lógica e o acerto da sequência de jornadas às quais ele se submete, nas quais comete erros até que seus acertos passam a preponderar, e a ter a certeza de que o que o espera em dimensões superiores o levará a um estado de graça nunca experimentado.

A certeza de que vivenciará uma única jornada e que sua consciência se extinguirá uma vez que se conclua, naturalmente ou por sua ação voluntária, pode levar o homem a cometer desatinos. Há aqueles, no entanto, que mesmo tendo a certeza de que se extinguirão ao fim de suas jornadas únicas, vivem e trabalham sempre em harmonia com a Lei Maior. Apesar do travamento mental ao qual estão submetidos, esses indivíduos contribuem muito mais para a evolução planetária do que se o contrário fosse e, em algum momento de suas jornadas atuais ou futuras, eles perceberão e aceitarão a realidade inescapável da infinitude da cons-

ciência. *Já a certeza da infinitude da consciência nunca leva o homem à estagnação, mesmo que ele saiba que o que não atingiu em sua jornada atual pode ser alcançado na seguinte, porque aquele que está consciente de sua infinitude sabe que sua evolução é de sua inteira responsabilidade e que seu potencial de felicidade está atrelado à dimensão na qual sua consciência se manifesta, mesmo que seja capaz de intuir ou até perceber, pelos sentidos, as dimensões superiores e o que nelas o aguarda.*

Independente do grupo ao qual o indivíduo pertença, ou seja, àqueles que se veem limitados a uma só jornada, àqueles que têm dúvidas sobre a extensão de sua existência ou àqueles que estão certos de sua infinitude, todos farão um bem inestimável a si próprios e a todos com os quais convivem se buscarem o autoconhecimento por qualquer método que lhes esteja ao alcance.

A vida no planeta Terra é caracterizada por organizações humanas e suas ações compulsórias que visam, de maneira bem-intencionada, ao desenvolvimento intelectual e moral do indivíduo. Essas organizações foram cruciais para que a civilização no planeta atingisse o atual estágio evolutivo, mas o homem muitas vezes se surpreende com as falhas individuais que ocorrem no seio de grupos de maior evolução moral e intelectual.

Essas falhas se caracterizam pelo surgimento de indivíduos que destoam negativamente desses grupos, apesar de neles vivenciarem suas jornadas. Esses indivíduos agem deliberadamente contra o avanço de seus companheiros de jornada e são refratários a qualquer auxílio ou ensinamento que possa propiciar-lhes o avanço em suas jornadas, fazendo com que muitos duvidem de que a atmosfera psíquica do planeta esteja evoluindo na direção das dimensões superiores.

Aqueles que se surpreendem e se deixam afetar por essas falhas não se dão conta de dois aspectos cruciais relacionados à evolução do indivíduo: o primeiro é que, em um planeta como a Terra, seus habitantes apresentam uma larga variação no grau evolutivo, sendo possível encontrar desde homens que agem guiados puramente pelos instintos mais primitivos até aqueles nos quais predomina a razão e são aptos a amar verdadeiramente, o que torna possível, devido à intrincada teia de relações construída pelos habitantes do planeta desde sua origem, o surgimento de indivíduos que destoam do seu grupo e não conseguem cumprir com os compromissos assumidos antes de suas jornadas, apesar do ambiente em que se encontram inseridos; e o segundo é que todo avanço que o homem logra alcançar nasce dentro dele, o que torna a existência de um ambiente externo adequado a ele, que o impulsione, uma condição necessária, mas não suficiente para sua evolução.

Só o que está dentro do homem pode afetá-lo, sendo necessário que ele internalize as experiências transformadoras às quais se submete para que toquem a razão e o coração. Há situações, no entanto, em que as experiências são internalizadas, mas recalcadas de tal modo nas profundezas de sua psique que de lá só afloram furtivamente para darem origem a pensamentos e ações muitas vezes indesejados. Esse ciclo, que vai da experiência vivenciada, passando pela internalização, até a transferência de suas consequências para a razão, quando então se torna aprendizado, é específico de cada indivíduo e ninguém obterá privilégios por encurtá-lo ou sofrerá castigos por desperdiçá-lo ou alongá-lo pelo tempo que for.

Nenhum ensinamento decorrente de qualquer experiência envolvendo vários indivíduos será capaz de ser internalizado por pelo menos um deles se essa experiência não se originar do amor. Qualquer ensinamento pode atingir a razão, mas só o amor verdadeiro possui a senha para acessar o coração do homem, e só o que atinge seu coração promove o verdadeiro e útil aprendizado.

Qualquer ação originada e guiada pelo amor tem o poder de transmutar sentimentos de desamor daqueles aos quais ela se destina, assim como o desamor transmitido é transmutado quando respondido em harmonia com a Lei Maior. O amor tem o poder de desarmar e transformar porque na origem de todo e qualquer conflito, de toda violência e de toda revolta, está o desejo de amar e ser amado. *O homem deseja ser amado, mas também quer amar e, se ele tem a certeza de que é amado, não teme ser julgado, não teme por sua existência, não teme por sua liberdade, não teme ser quem é, não teme expor suas fraquezas, não teme ser cobrado e se encoraja na busca do autoconhecimento porque sabe que, independente do que encontrar dentro de si, antes que seus germes sejam eliminados pela luz antisséptica da razão, ele continuará sendo amado.*

Enquanto existir um só indivíduo no planeta que ainda não aprendeu a amar, o homem terá que conviver com o desamor, seja em que intensidade for, mas à medida que mais e mais homens despertam e buscam a expansão da consciência que propicia este aprendizado, maior será a velocidade com que o desamor desaparecerá da face do planeta, até o dia em que, em nenhum canto da magnífica esfera azul, será possível encontrar alguém que não transmita naturalmente seu amor pela humanidade e pelos demais seres vivos em tudo que faz, diz e pensa.

Antes que isso aconteça, porém, indivíduos resistentes às transformações que tornam a atmosfera psíquica do planeta cada vez mais harmônica com a Lei Maior podem se tornar alvo de expurgos para outros orbes menos evoluídos onde terão novas oportunidades de se submeterem a novas experiências de aprendizados, sempre contando com o amparo de consciências mais evoluídas. Mesmo que a tais indivíduos fosse permitido permanecer no planeta por jornadas consecutivas, o ambiente no qual estariam inseridos teria se transformado de tal maneira que eles próprios buscariam, voluntariamente, o exílio redentor.

À medida que o homem se conhece e ama, ele se torna capaz de se conectar mentalmente com seu irmão, eliminando a necessidade de usar o aparelho vocal e sua linguagem precária para transmitir suas ideias, emoções e sentimentos, o que muitas vezes dá origem a mal-entendidos e conflitos. Estando livre para se expor sabendo que é amado e com o coração esvaziado de sentimentos menos puros, ele não necessitará da intermediação do corpo, de subterfúgios, de escaramuças e truques para evitar transmitir o que deseja por medo de ser mal-entendido, de magoar ou por desejar iludir seu interlocutor. A partir do momento em que estiver apto a adotar a comunicação por meio de significados, intenções e sentimentos honestos e francos, o homem estará também apto a se juntar à grande fraternidade universal que permeia as galáxias do espaço-tempo e as incontáveis dimensões do universo.

A busca do autoconhecimento, além de tornar o homem mais capaz de amar, torna-o livre da influência do ambiente em que vive. Ao se conhecer, o homem torna-se quem é, torna-se consciente dos erros que tem cometido, dos motivos que o levaram a cometê-los e adquire sabedoria para evitar repeti-los.

Ao se conhecer, o homem deixa de buscar a autoafirmação naquilo e naqueles que o rodeiam e torna-se consciente de que, ao se tornar quem realmente é, terá adquirido o que é necessário e suficiente para que seja feliz. Finalmente percebe que ninguém, a não ser ele próprio, é responsável por sua felicidade, que suas mazelas, de qualquer espécie, se originam e são extintas nele e por ele mesmo, que nenhum prazer alcançado pelos seus sentidos é maior do que o prazer da alma que se conhece e é livre.

Ao se conhecer, o homem se liberta de tudo e todos, de maneira espontânea, sem o uso da força sobre sua natureza, torna-se senhor de si, independente, torna-se mais conectado a tudo e a todos do que nunca, e torna-se parte ativa da grande malha universal onde sempre acalentará o desejo de oferecer amor. No entanto, enquanto busca se conhecer, o homem deve se ocupar de viver.

À medida que vive, o homem deve procurar se livrar da culpa que nasce do desejo da punição redentora, da lógica de que todo o sofrimento que se origina do arrependimento será aliviado mediante a condenação e a punição. Ainda que o senhor do universo por ele imaginado não o puna, o próprio homem pune a si mesmo antecipadamente e, com isso, perde a oportunidade de aprender com seus erros, de caminhar para adiante e de evitar cometer os mesmos erros no futuro.

O homem deve se livrar da culpa porque ela se torna um visgo que o prende no mesmo ponto até que dela se livre. Ela é distração que impede o aprendizado, ou seja, que impede a ação da razão que lança luz sobre os motivos pelos quais ele errou. O sentimento de culpa é a criatura indesejável que nasce do arrependimento, este sim o marco inicial de todo aprendizado, o momento em que o homem inicia a jornada de resgate do seu eu que ainda permanece nas profundezas de sua psique.

À medida que se conhece, o homem se livra dos mitos, das superstições e da necessidade de ritos, regras e intermediários para se conectar com a Fonte Criadora, pois é na porção inconsciente de sua psique que residem as figuras, as imagens, os símbolos, os sentimentos e tudo mais que aprendeu sem compreender ao longo de suas existências.

É, portanto, pelo autoconhecimento que o homem adquire a verdadeira fé que prescinde das realizações miraculosas inexplicáveis, dos mitos, do Deus vingativo e punitivo, da punição nas chamas eternas e das demonstrações interesseiras de louvor. É na busca do autoconhecimento que o homem vai encontrar, primordialmente, conteúdos aprendidos durante a sua existência da vez.

Ao se esforçar para se conhecer e se deparar, na maioria das vezes, com o que tem vivenciado na jornada da vez, o homem duvida de suas múltiplas existências anteriores. Ele duvida por não se dar conta de que tudo o que vivencia na existência da vez está intimamente conectado ao que já residia em si antes dela, ou seja, ao alcançar o que lançou nas suas profundezas na sua existência do presente, ele estará inexoravelmente trazendo à superfície o que lá foi depositado no passado e que precisa ser resgatado.

À medida que se conhece, o homem se torna confiável, age conforme a Lei Maior, age conforme sua palavra, evita se comprometer com o que está além de suas capacidades, cumpre seus compromissos assumidos e é leal a todos. Por essa razão, indivíduos que conhecem a si próprios se relacionam de maneira mais leve, harmônica e sem a necessidade de árbitros e contratos que estabeleçam punições e incentivos para que as partes ajam conforme suas vontades manifestas.

Uma sociedade composta de indivíduos que possuem consciência plena de quem são age sempre objetivando o bem coletivo sem desrespeitar a individualidade, suas relações são estabelecidas e reguladas em contratos implícitos.

Nesta sociedade, o homem deixa de expressar aquilo que reside no seu inconsciente pelas manifestações artísticas, as quais servem para transmitir sentimentos e significados que a linguagem comum não consegue transmitir, para simplesmente vivenciar a arte: viver se torna sua manifestação artística.

Nesta sociedade, o homem, cuja linguagem transcende a que o homem atual utiliza, não necessita de intermediários para transmitir o que deseja. Seus próprios pensamentos são capazes de transmitir tudo o que deseja e tudo o que transmite parte da razão, tudo é claro, cheio de significado e facilmente compreendido pelo seu interlocutor.

Assim sendo, a busca do autoconhecimento é atitude lógica, racional e sua empreitada reserva ao homem tesouros os quais ele só pode, muito precariamente, intuir. Ao iniciar a busca por iniciativa sua, ela adquire vontade e vida próprias e nunca cessará até o dia em que homem retorna definitivamente à Fonte Criadora."

Uma vez interrompidas as trocas daquela etapa, permanecemos os cinco calados e pensativos por um tempo, até que Montse quebrou o silêncio:

— Amigos, essa troca foi muito impactante para mim e, pela introspecção de vocês, acredito que tenham sentido a força das mensagens tanto quanto eu. Estando correta, sugiro que aproveitemos o intervalo até a próxima atividade e reflitamos sobre as trocas. Podemos fazê-las em grupo se quiserem, mas eu prefiro reservar esse tempo para ficar comigo mesma. O que acham?

Todos se entreolharam em silêncio e eu interpretei os olhares como uma concordância com a ideia de um momento a sós, o que era bem apropriado em decorrência do tema geral da troca. Como ninguém, além de Montse, se manifestou, eu disse:

— Também vou aproveitar o intervalo e caminhar um pouco pelos belos jardins do Centro de Estudos. Acho que o momento demanda esta autoindulgência que, eu acredito, me permitirá refletir melhor sobre o intercâmbio de conhecimento que acabamos de concluir.

Todos sorriram em concordância e eu segui em caminhada pelos maravilhosos jardins do Centro.

Embora houvesse tantas surpresas encantadoras em cada canto daquele horto e valesse a pena dedicar toda a atenção possível às prováveis descobertas, minha mente estava voltada para o que acabáramos de trocar.

Se havia alguma dúvida em mim com relação à necessidade de buscarmos a nós mesmos, de nos tornarmos quem realmente somos e de nos amarmos para que nos tornemos capazes de amar plenamente a fim de avançarmos em nossa trajetória, ela deixara de existir. No entanto, eu me encontrava angustiado.

A aparente contradição entre a necessidade de fazer a viagem interna de autodescoberta e a de sobreviver no espaço-tempo, lutando para superar as dificuldades inerentes à nossa dimensão, me deixara angustiado, embora soubesse que não havia contradição alguma entre ambas as demandas.

Após refletir um pouco mais, concluí que não era a contradição, que não existia, que me deixara angustiado, mas sim a falta de coerência entre o enorme esforço empreendido para que avancemos nas duas frentes, a expansão da consciência e o cumprimento das obrigações em um mundo inóspito, e a autossabotagem desse esforço que realizamos todos os dias, de maneira consciente e inconsciente.

Do dia em que nascemos, pensei, ao dia em que morremos, empreendemos uma luta contínua pela sobrevivência. Lutamos contra doenças, para cumprir uma função social, nos esforçamos para aprender e adquirir habilidades que a sociedade valorize a ponto de nos remunerar satisfatoriamente, para encontrar e manter um emprego, para sobreviver em meio à violência sempre à espreita, lutamos, lutamos e lutamos.

Muitas vezes, a luta nos permite construir algo bom para nós mesmos, mas a um custo elevado. Com muito esforço, construímos um mundo relativamente estável e seguro no nosso entorno às custas de desequilíbrios em outros lugares e para outras pessoas. A luta diária pela segurança financeira, pela segurança física, pelo alimento e pela saúde, nossa e daqueles que nos são caros, gera, muitas vezes, desequilíbrios no meio ambiente, na saúde física e mental, financeira e nas condições gerais de outras pessoas que são estranhas ao nosso grupo social, seja este grupo formado apenas por pessoas que amamos ou, numa escala maior, com as quais nos identificamos pela cultura, raça, gênero, credo, entre outros. O resultado parece ser um jogo de soma zero, ou até mesmo de prejuízo, que dificulta sobremaneira a expansão da consciência numa escala planetária.

Ao considerar tudo, concluí que não havia como criticar, ou até mesmo julgar, a sociedade ocidental na sua busca pela vitória sobre as mazelas da vida no espaço-tempo pela ciência. Ninguém há de condenar, pensei, o homem que vem buscando vencer as doenças, a fome, a dificuldade de locomoção, a insegurança física e outras dificuldades por meio de artifícios, aparatos e métodos desenvolvidos pelo esforço racional da pesquisa e da ciência. Ninguém há de ser condenado por buscar desvendar os segredos do universo, por lutar para remover os obstáculos inerentes ao espaço-tempo, um por um, por séculos.

    O problema, concluí, não está em desejar e se esforçar para criar um ambiente mais benigno à vida do homem no planeta, mas sim fazer só isso, abandonando a busca por si, a expansão da consciência. O problema não reside no esforço para amenizar a jornada do homem no espaço-tempo, mas no abandono de si mesmo, que leva à criação de mais e mais obstáculos à medida que outros tantos são removidos do caminho.

    O descortinar da intimidade da matéria, por exemplo, que levou à criação de tecnologias tão benéficas como o tratamento de cânceres por radiação e a geração da energia vital ao funcionamento da civilização, resultou na criação de bombas poderosíssimas baseadas na fissão e na fusão nuclear. O reverso da criação de drogas que melhoram a qualidade e prolongam a vida é a criação de drogas sintéticas que alienam, causam psicoses e destroem o cérebro. O mesmo avião que transporta e une pessoas é aquele que bombardeia e mata. A tecnologia que auxilia, eleva, cura, salva e diverte é a mesma que destrói. Ou seja, a cada desafio vencido por meio da tecnologia, da ciência, sem a devida elevação espiritual, sem a expansão da consciência, outros mais são criados.

    Percebi que minha angústia não advinha da ilusória contradição entre a luta por uma vida mais amena e a elevação espiritual, mas do descompasso crescente entre elas, pois quanto mais lutamos para sobreviver às leis naturais e amenizar as condições de vida no planeta sem a devida expansão da consciência, mais dificuldades criamos para nós mesmos.

    Ao considerar tudo, lembrei-me do Brasil com suas mazelas e percebi, espantado, o quão profícuos temos sido em criar mais dificuldades do que as que conseguimos eliminar. Lembrei-me da horrorosa escravidão que tem gerado desequilíbrios por gerações e gerações e não consegui conter as lágrimas. A emoção que tomou conta de mim chegou a me surpreender, mas logo me dei conta de que a experiência na Grécia dava, novamente, os ares de sua graça em minha mente, permitindo-me constatar, finalmente, que ainda levaríamos muito tempo para curar as feridas das almas de tantos que sofreram e geraram riquezas e benfeitorias das quais nunca puderam usufruir.

Se a jornada vivida na Grécia ainda tinha o poder de elicitar sentimentos dolorosos em mim milênios depois de ter experimentado o cativeiro, os sofrimentos e a injustiça impostos a milhões de pobres coitados, há pouco mais de seis gerações, certamente haveriam de causar danos por séculos, a não ser que o fluxo de ódio e sede de vingança fosse completamente interrompido pelo perdão irrestrito dos algozes pelas vítimas.

O problema, concluí com um arrepio na nuca, é que as vítimas do passado continuavam sendo as mesmas vítimas de hoje, nas favelas e nos grotões onde reina a pobreza, a insalubridade e a insegurança, o que requereria perdões em série e uma mudança definitiva na nossa sociedade para sanar o problema de vez. Como as mudanças têm sido lentas, ainda necessitaremos de seguidos perdões se quisermos atingir a paz social. Ao constatar que alcançar a paz desejada ainda representava um grande desafio, lembrei-me da fala do Cristo sobre perdoar setenta vezes sete.

Como não poderia ser diferente, trazer o Brasil para o centro de minhas reflexões representou lançar luz sobre a desigualdade social, a violência que campeia nas cidades, as hordas que passam fome no celeiro do planeta, os abandonados nas ruas, os que lutam bravamente por melhores condições de vida, os que morrem vítimas da violência nas cidades e pude distinguir, com nitidez, a mancha escura da escravidão na origem de tudo.

Apesar da angústia que havia tomado conta do meu coração, fui capaz de mudar o foco do meu pensamento com relativa facilidade. Iniciara meu passeio focado nos problemas e nas dificuldades e, ao me dar conta disso, dirigi, de maneira consciente, meu foco para o programa maravilhoso do qual estava participando.

Pensar no programa e tudo que fora capaz de aprender até aquele momento dissolveu a angústia e me proporcionou uma tranquilidade surpreendente, o que indicava o aumento da confiança na minha capacidade de lidar com os desafios que me aguardavam no futuro. Ao constatar o reforço na autoconfiança e a na capacidade de alterar, de maneira consciente, o foco do pensamento, sorri, pus a mão sobre o tronco de uma árvore próxima e me dirigi a ela como se conversasse com uma amiga de longa data:

— É isso aí, minha amiga! Parece que o programa está surtindo os efeitos esperados. Confesso que comecei vacilante, mas sinto uma vibração crescente, uma energia interna que aumenta a cada segundo desde que cheguei aqui. Não sei se você se importa com isso, mas estou animado.

Assim que concluí minha frase, as folhas da árvore, que já eram de um verde intenso jamais visto no planeta, se tornaram mais verdes e brilhantes. Foi então que compreendi que tudo ali estava conectado e me questionei se o mesmo não ocorria no planeta, com a diferença que lá nos encontramos, na maior parte do tempo, cegos, surdos e mudos, ou seja, completamente alheios ao que está fora do escopo da luta pela sobrevivência. Ao pensar nisso, não contive o sorriso por me deparar, mais uma vez, com a prova de que toda e qualquer atividade naquele programa estava voltada ao aprendizado da importância da expansão da consciência: cada interação com quem ou o que quer que fosse gerava ou reforçava o aprendizado.

A resposta da amiga árvore da Nova Atenas me encheu de alegria. Beijei seu tronco olhando para as folhas, agradeci-a e decidi voltar para junto dos meus amigos para mais uma etapa do programa. Como nunca, desde que despertara na praia, me sentia preparado para o futuro.

O DESFECHO DO PROGRAMA

> *Depois de tanto sofrimento, tantas alegrias e realizações, tanto amor dado e recebido e tantos tropeços, eis que chega o começo.*

...

Terminado o intercâmbio, nos transportamos para a sala onde nos encontramos pela primeira vez dentro do Centro de Estudos. Lá estávamos nós, os dez sorridentes e ansiosos aprendizes indagando mentalmente uns aos outros sobre os próximos passos. Devdan, de pé, aguardava impassível e sereno, à frente do grupo, que todos se concentrassem para a retomada das atividades. Assim que a algazarra mental amainou, ele iniciou aquela que seria a fala de encerramento do nosso programa.

— Meus queridos, é com emoção que lhes informo que me dirijo a vocês pela última vez no âmbito deste programa do qual, tenho certeza, vocês extrairão o maior proveito possível. Após minhas palavras, vocês terão tempo para as despedidas entre vocês e das pessoas que os acolheram aqui. É importante que saibam que elas acompanharam todos os passos de vocês neste período de semanas em que estivemos juntos. Digo semanas em alusão ao tempo decorrido no planeta Terra que, como puderam constatar, nada tem a ver com a cronologia de onde estamos. Ao concluirmos esta preleção e as despedidas, alguns de vocês retornarão para os entes queridos, enquanto outros serão deslocados para outras atividades tão interessantes quanto as que acabamos de executar. Aqueles que retornarão o farão porque seus corpos já se encontram aptos a receber suas consciências e a despertar, onde quer que estejam. Aqueles que ainda permanecerão por aqui continuarão aguardando a completa recuperação de seus avatares ou seguirão a jornada nesta dimensão, se já tiverem concluído suas missões no planeta. Para aqueles que retornam, gostaria de lhes informar que estarão sempre conectados a nós que aqui permanecemos e que receberão a devida e merecida ajuda nos momentos de dificuldade, sempre que a solicitarem. Este auxílio, uma vez solicitado, será prestado na forma de transmissões mentais que poderão ser aceitas ou rejeitadas, conforme a liberdade de escolha que é garantida a todos. Alguns de vocês poderão sentir este auxílio com mais intensidade do que os outros, mas a sensibilidade de todos será maior do que aquela que é comumente observada no planeta. No longo prazo, todos vocês se recordarão dos intercâmbios vivenciados aqui, mesmo que nada deles se lembrem ao despertar. As recordações chegarão para todos em momentos diferentes: alguns a terão mais cedo, enquanto outros, só mais tarde. Já o mesmo não pode ser dito a respeito dos detalhes das respectivas viagens ao passado, das quais os senhores tiveram o privilégio de participar. Somente um membro de cada grupo se lembrará das visitas ao passado e terá autorização para narrá-las, se assim o desejar e se dispuser a fazê-lo. É preciso, no entanto, alertar a todos que tanto os nomes aqui adotados por cada um de vocês como a aparência física com a qual vocês aqui se apresentam no momento em nada correspondem aos nomes e às aparências que os senhores possuem na existência física. Isso acontece porque todos aqui têm a liberdade de se apresentar da maneira que mais lhes agrada. Diante dessa liberdade, muitos acabam adotando as feições e denominações que os caracterizaram em jornadas marcantes e momentos felizes do passado. É óbvio que, se a liberdade de manifestação é garantida a todos, algum ou alguns de vocês poderiam ter escolhido exatamente o nome e aparência que os define nas atuais *jornadas. No entanto, nos certificamos de que isso não ocorreria visando garantir a privacidade de vocês mesmos e de todos aqueles que fazem ou fizeram parte do convívio de cada um de vocês e que ainda se encontram no planeta. O retorno para alguns de vocês não será fácil, é preciso dizer. Aqui vocês experimentaram facilidades que não encontrarão na dimensão em que vivem. Além do mais, alguns corpos demorarão para recuperar a capacidade que tinham antes do evento que os impactou e trouxe até aqui. No entanto, com o devido tempo e paciência, assim posso certificar, todos se recuperarão a ponto de poderem exercer as atividades do dia a dia e cumprirem com a missão que lhes é confiada. Já os ensinamentos trocados durante os intercâmbios, estes pertencem a vocês e nunca lhes serão extraídos, tomados ou roubados, permanecendo ao alcance de suas consciências para sempre. Reafirmo que o que aprenderam no estágio conosco será de grande valia a partir de agora. Ao retornarem, vocês sentirão de maneira contundente a pouca importância que ainda é dada ao despertar, à busca do autoconhecimento e ao tesouro que permanece no inconsciente do homem. Vocês sentirão de maneira mais intensa a valorização exagerada da razão, da ciência, do que é apreendido pelos cinco sentidos e do sufocamento crescente das coisas fora do âmbito deles, ou seja, de tudo aquilo que jaz no fundo da psique, que possui significado subjetivo e que elicita emoções, mas que não pode ser comprovado pelos métodos que chancelam tudo que o homem valoriza. Vocês sentirão mais fortemente a necessidade e a vontade de se conectar com todos os seres, de preservar o planeta, de amar incondicionalmente e se tornarão mais capazes de sentir as vibrações de cada ser vivo, de sentir a influência das dimensões superiores e, sobretudo, de sentir a nossa presença e nossa influência, que será crucial nos momentos em que se deixarem abater. Vocês se tornarão mais capazes de entender as manifestações que brotam do fundo da alma de cada indivíduo, na forma das artes e das atitudes amorosas que promovem a comunhão dos homens. Enfim, vocês estarão transformados e carecerão de suporte para que superem a sensação de deslocamento e de não pertencimento que sentirão em muitos momentos do resto de suas jornadas.*

Este é o momento certo de falarmos sobre religião, tema que, como puderam perceber, não foi abordado durante todo nosso programa. Alguns já sabem, se não todos, que o homem não necessita de intermediários, rituais, dogmas, regras e leis para estabelecer uma comunicação direta com a Fonte Criadora e para iniciar sua jornada, de maneira resoluta, rumo a Ela. No entanto, ignorar ou desprezar o que tantos religiosos e membros de igrejas puros de coração realizaram em prol da humanidade seria um desrespeito e um desamor muito grandes. É certo que as religiões são fruto da ignorância do homem sobre si mesmo, mas também é certo dizer que muitos que construíram, praticaram e praticam as muitas religiões do mundo amam a humanidade, desejaram e desejam acertar e merecem nossa total consideração e respeito. No entanto, o despertar e a autodescoberta não são privilégios de um grupo, um povo ou nação e todos os seres humanos possuem a mesma capacidade de retornar ao seio amoroso da Fonte Criadora e de lá auxiliar seus irmãos menos favorecidos, sendo por este motivo que nosso programa é aberto a todos, indistintamente, que podem contribuir para a harmonia universal. Assim como vocês, outros muitos, de diversas raças, credos e dos quatro cantos do mundo já estiveram por aqui e hoje compõem as fileiras dos bons combatentes. Assim sendo, qual seria o benefício de incluirmos nas nossas trocas um tema assaz controverso que só nos desviaria do nosso ambicioso, mas factível, objetivo? Aproveito para repetir que o planeta já recebeu a visita de muitos iluminados em todos os seus cantos em diferentes épocas e que estes iluminados deixaram de herança conhecimentos que desviaram o planeta de rotas perigosas e destrutivas. Muitos desses iluminados continuam a zelar do nosso planeta e de seus habitantes, ou seja, eles jamais nos abandonaram e alguns ainda retornarão à Gaia para mais jornadas esclarecedoras. É importante que saibam que o planeta possui um líder espiritual amoroso que intercede por nós junto às esferas ainda mais elevadas e que já esteve entre nós em épocas remotas. Enquanto peregrinava no planeta semeando sua palavra de acolhimento fraterno, nosso líder procurou mostrar humildemente que o homem normal podia ascender às alturas e de lá realizar tanto quanto ele, bastando para isso que despertasse e acreditasse em sua palavra. Este mesmo líder, neste exato momento, envia vibrações poderosas e mobiliza um séquito de bons indivíduos que os acompanharão no restante de suas jornadas.

A vocês nada de especial é requerido após o nosso programa que não possam fazê-lo. A Fonte Criadora sabe o que se passa dentro de nós e sabe que vocês estão à altura da missão que lhes é confiada que se trata somente de viver, viver intensamente, de acordo com a Lei Maior, a Lei do Amor, valorizando o que deve ser valorizado: as relações amorosas entre os seres do planeta. Vivendo, vocês devem se ocupar de buscar a transformação interna e, como consequência disso, transformar o entorno de vocês, e não o contrário. É chegado o momento de cada um de vocês deixar de exigir mudanças do seu semelhante e passar a focar em si próprio, que é a única pessoa que cada um de nós pode transformar. É hora de praticar a mudança de Gaia a partir de nós mesmos e de eliminar as expectativas a respeito do resto da humanidade.

É hora de enxergar todos os seres do planeta como uma só massa inteligente, a despeito da forma, da cor da pele, do sexo, da religião, da espécie e de outros atributos perceptíveis pelos sentidos que não refletem a natureza especial de cada um. É hora de cada um ser o exemplo que todos tentarão emular. É hora de só ser! Não poderia encerrar nosso encontro sem abordar uma questão que todos aqui carregam dentro de si, de forma consciente ou inconsciente, sobre as práticas e meios que impulsionam a expansão da consciência dos que já estão despertos. O que digo é que a expansão se dá de maneira natural naqueles que já abandonaram o nevoeiro que os cegava e que desejam se conectar com todos os seus irmãos de qualquer espécie, que desejam amar mais e, sobretudo, conhecerem a si próprios. Aos despertos, digo que basta viver a vida, até porque o gérmen da busca por si já foi neles inoculado e dará origem, no seu devido momento, à árvore da vida, que dentro deles crescerá e gerará frutos e sementes multiplicadoras. Não obstante, enquanto vivem alegres, cheios de gratidão e confiantes no porvir, os despertos podem se utilizar de práticas que aceleram o crescimento desta árvore. Ao longo de sua existência como seres dotados de consciência, o homem intuiu, buscou e adotou práticas benéficas as quais, infelizmente, têm sido trocadas pelas distrações, sensações e prazeres canalizados para a consciência pelos sentidos. Qualquer cidadão já nasce hoje imerso num mundo de estímulos propiciados pela tecnologia e pelas drogas naturais e sintéticas destinadas ao cérebro e deverá se esforçar sobremaneira se quiser se abstrair de tudo para encontrar a si próprio. Felizmente, a abstração pode ser alcançada ao se criarem oportunidades para práticas milenares já conhecidas e outras só desenvolvidas recentemente como a introspecção e higiene da consciência por meio da meditação, da análise de todas as poderosas mensagens oníricas que brotam na consciência durante o sono e da busca corajosa do conteúdo do inconsciente durante a vigília, com ou sem o auxílio de mentores íntegros e já despertos. Além disso, podem auxiliar no processo de expansão o refúgio, de tempos em tempos, para reflexão no ambiente original do homem, no qual ele possa se cercar e se conectar de maneira respeitosa e amorosa à natureza, à convivência com crianças, de modo que possa reviver, por breves e salutares momentos, as sensações prazerosas da pureza e da inocência, a expressão artística própria e a exposição às manifestações artísticas de terceiros que elicitem emoções engrandecedoras e incentivem a busca do conteúdo interno. Não poderíamos deixar de mencionar também a prática do jejum, a convivência nas comunidades, o estudo e o aprimoramento contínuos e, como não poderia deixar de ser, verdadeira prece, intensa, confiante e cheia de gratidão, direcionada à Fonte Criadora.

Finalmente, despeço-me de vocês deixando claro que o amor que sinto por cada um que aqui se encontra é imenso, que recebi a honrosa incumbência de acompanhá-los no restante de suas jornadas e que nossa ligação remonta a eras passadas, embora não tenha sido objeto de apreciação na viagem que fizeram ao passado. No momento propício, nos encontraremos novamente para que tomem conhecimento dos momentos que já passamos juntos e entenderão, finalmente, porque fui encarregado do privilégio de coordenar nosso encontro que agora se encerra.

Depois de alguns segundos em silêncio, de olhos cerrados e com as mãos em posição de prece em frente ao peito, Devdan pronunciou a oração que encerrou nosso programa:

Fonte da Vida cuja manifestação inteligente está em tudo,
Recebe e ecoa minhas vibrações,
Ajuda-me a ter um vislumbre, a intuir a Tua essência
E a aceitar, com coragem e determinação, os Teus desígnios,
Em todas as dimensões da minha consciência.

Alimenta o meu ser e sacia a minha fome do espírito,
Ajuda-me a reconhecer e mitigar minha rebeldia,
A entender e aceitar as limitações dos que fazem parte da rede universal,
A abrir os canais da minha percepção ainda limitada
E a adquirir sabedoria para ecoar o que promove a harmonia universal.

O RETORNO AO FUTURO

Nervoso e aflito, penso no meu futuro,
mas logo me acalmo, pois ele a Deus pertence.
Quando ele chega porém, percebo que Deus foi
apenas o guardião da minha própria obra.

...

Após a despedida, Devdan se retirou e nós cinco nos dirigimos novamente aos jardins do Centro de Estudos. Ali, abracei cada um dos meus novos velhos companheiros de jornada e despedi-me já com uma saudade enorme no coração. A cada um desejei saúde, muita disposição e coragem para cumprir a missão a nós confiada, me coloquei à disposição para qualquer necessidade e prometi um reencontro no futuro, mesmo sem ter a certeza se teria condições de cumprir tal promessa. Em seguida, o grupo se dispersou, cada um seguiu seu destino e me dirigi, intuitivamente, para onde a esfera prateada nos transportara assim que deixamos a praia.

Ao chegar ao ponto elevado, de onde podia contemplar a Nova Atenas e seus magníficos edifícios, meu coração se encheu de alegria e gratidão pela maravilhosa experiência pela qual passara e da qual saíra transformado. O Sol se punha magnificamente no horizonte. Decidi me sentar para contemplar o esplendor do ocaso sem me preocupar com o que o futuro me reservava.

— Você realmente entendeu a mensagem final de Devdan! – disse-me Noah, em posição de lótus ao meu lado, visivelmente emocionado e com o Sol alaranjado denunciando lágrimas em seus olhos.

Sua aparição repentina não me surpreendeu, tamanha era a certeza de que o encontraria naquele local.

— Sim – eu disse – cercar-me da natureza, admirá-la no seu esplendor e simplicidade, sem me preocupar com o que veio e o que virá. Isso me remete ao Sermão da Montanha.

Noah sorriu e replicou:

— Mas é o Sermão... Lembra quando nos encontramos em Jerusalém? Você engajado em uma luta em nome do Cristo, que ele certamente repudiaria, e tudo que ele desejava de nós naqueles dias é que nos sentássemos, cristãos, muçulmanos e judeus, e admirássemos o pôr do Sol para que recuperássemos o juízo... Teria sido uma maneira inusitada de encerrar aquela disputa: milhares de soldados se despindo de suas armaduras, com suas espadas semienterradas nas areias, sentando-se lado a lado admirando o pôr do Sol por 15 minutos. Acho que assim que o Sol desaparecesse por completo, o transe seria quebrado, todos se entreolhariam e se sentiriam uns perfeitos idiotas.

Era a primeira vez que via Noah tão humano, ordinário, alguém como eu. Durante todo o nosso processo e mesmo nas cenas de Jerusalém, embora se tratasse de uma pessoa muito simples, o enxergava como alguém superior, quase sobre-humano. Talvez fosse o efeito mágico do pôr do Sol. Se aquele ocaso poderia encerrar uma disputa sangrenta há mil anos, talvez tivesse o condão de limpar as lentes pelas quais eu enxergava o mundo e as pessoas.

Ciente dos meus pensamentos, Noah comentou:

— É o pôr do Sol – e deu uma bela risada, daquelas que têm o poder de relaxar todas as fibras do ser, enquanto o Sol se movia lentamente para os últimos acordes de sua sinfonia de luzes.

— Meu querido amigo, agora preciso passar algumas informações úteis – disse Noah olhando-me serenamente, assim que o Sol desapareceu no horizonte. – Você foi escolhido para manter as lembranças de tudo que tem vivenciado aqui e tem a nossa autorização para relatar tudo que tem visto, ouvido e sentido nesses dias tão enriquecedores. No entanto, relatar sua experiência ou não será uma escolha sua. Se optar por fazê-lo, eu ajudarei, mas deve estar ciente de que apenas uma pequena parcela dos que ouvirão ou lerão seu relato o levarão a sério. Para a maioria, seu relato não será mais do que fruto da sua imaginação, efeito das drogas ministradas ao longo do tratamento, loucura ou delírio, mas você não deve se deixar abater e se deter pelas críticas ou comentários raivosos. Aos poucos, relatos semelhantes têm sido levados ao público de diversas maneiras por corajosos colaboradores e têm contribuído, de maneira gradual, para a formação de um consenso acerca do que são a consciência e a vida. Mesmo que opte por não relatar nada para o grande público, eu estarei ao seu lado todo o tempo por livre e espontânea decisão e por solicitação do majestoso líder espiritual do planeta, em nome de quem você ajudou a carregar espadas e víveres em Jerusalém e a cuidar das doces criaturas que habitavam o planalto do Piratininga.

Enquanto Noah falava, um sentimento de pequenez me invadiu a alma, passei a fitar o solo enquanto os pensamentos fluíam aos borbotões, a emoção fechou minha garganta e as lágrimas rolaram até o chão. Não conseguindo emitir qualquer palavra, apenas abracei longamente meu amigo.

Depois do longo abraço, procurei satisfazer uma curiosidade que surgira ao longo dos debates em grupo.

— Noah, você tem me acompanhado há muito tempo?

— Sim, Elias – ele respondeu – Apesar de sua rebeldia, percebi logo após nosso encontro em Jerusalém que você tinha um bom potencial

para me ajudar a disseminar conhecimentos úteis no planeta. Você não se lembra de nossos encontros entre suas jornadas. Revivê-los não esteve no âmbito deste nosso encontro atual, mas sempre que pude procurei ajudá-lo no reforço do aprendizado necessário ao cumprimento dos compromissos assumidos por você mesmo. A cada jornada sua, percebi um passo, ora tímido, ora mais ousado, na direção certa e não poderia jamais deixá-lo sozinho à mercê das poderosas forças que atuam no planeta escola. Então, procurei acompanhá-lo o tempo todo, como você já deve ter percebido. Em alguns momentos, fiquei muito orgulhoso de você, principalmente quando replicava o que havia aprendido comigo – disse, fazendo menção às sessões entre mim, Isabel e Pedro.

Fiquei orgulhoso também quando percebi, na sua jornada prussiana, o seu amadurecimento.

— Então, algumas ideias que tive ao longo de minha trajetória partiram de você? – perguntei.

— Jamais, meu amigo – respondeu Noah –, você é dono de suas ideias e ideais e é soberano de suas vontades. Durante nossas conversas mentais, minha palavra chegava até você na forma de uma intuição que o remetia a algum ensinamento, mas jamais a uma solução ou decisão. Além do mais, sempre procurei deixar bem claro que a palavra final, as consequências e os louros pelas escolhas eram seus, somente seus.

— E os demais membros de meu grupo, você também os acompanha? – questionei.

— Eventualmente. Nunca me distanciei de todos vocês, mas meu contato com você era mais intenso e frequente.

— E agora, quais são os próximos passos? Retorno daqui para meu mundo? – perguntei, novamente.

— Ainda não. Tenho uma pequena surpresa para você. Antes do seu retorno, visitaremos o futuro do planeta, que se consolida a cada batida dos ponteiros do relógio e à medida que são mantidos os padrões de atitude e pensamento da maioria de seus habitantes. Ressalto que o que testemunhará não é o futuro certo, imutável, mas aquele que chegará caso o juízo não chegue de vez para a maioria das mulheres e homens ligados à Terra. Como você bem sabe, existem infinitas possibilidades para os estados futuros e o que mostrarei é apenas uma delas no momento visitado. Encare a trajetória do mundo no tempo como a trajetória de um foguete no espaço. Sabemos exatamente onde o foguete se encontra hoje e, baseando-nos em sua trajetória atual e em sua velocidade, podemos dizer exatamente onde o bólido estará a cada segundo no futuro. Visitaremos o local onde o foguete estaria em determinado momento futuro. Note que estou usando o verbo no futuro do pretérito porque quero enfatizar que este local pode ser alterado se os parâmetros da trajetória da nave forem modificados. Como visitaremos um ponto distante no futuro, alterações mínimas na trajetória hoje poderão levar a espaçonave a um ponto totalmente diferente do qual visitaremos. Essas pequenas alterações podem ser promovidas por pessoas como você e outras que participam todos os dias de programas como os nossos. Entendeu?

— Sim, entendi, mas como visitaremos algo que ainda não existe, que é apenas uma probabilidade, uma chance entre infinitas? Como é possível visualizar atores e objetos que ainda não existem? Fico confuso com tudo isso.

— Meu caro Elias, sabia que perguntaria algo assim e, para sua decepção, adianto que as respostas completas para seus questionamentos não são permitidas...

— E eu já imaginava que sua resposta seria essa, meu amigo Noah... – repliquei rindo.

— Mas, calma, – interrompeu-me Noah – há algumas coisas que posso adiantar. O futuro possível é uma projeção mental coletiva cuja definição é tão maior, quanto maior for a probabilidade de se materializar. Você está certo quando diz que há infinitas possibilidades, mas algumas possuem chances tão remotas de acontecer que a visualização delas, ou melhor, a experimentação delas é pouco precisa. Se o futuro que visitaremos fosse algo concreto e imutável, não faria sentido falarmos em liberdade de escolha, pois tudo já estaria definido, não é mesmo? O futuro é uma projeção mental e o passado que vocês visitaram é apenas um registro comparável a um holograma, sendo que este último sim, é imutável – explicou Noah.

— E que holograma! – exclamei – Nele, pude reviver imagens, cheiros, sons, sentimentos meus e de meus interlocutores e detalhes numa exatidão estonteante.

— Mas o que garante que os sentimentos que sentiu ao reviver as cenas não estavam registrados no holograma, mas foram resgatados de você, que estão armazenados em você e fazem parte do que você é, Elias? Então, você me pergunta sobre os sentimentos dos seus interlocutores que você também foi capaz de capturar e eu respondo com mais uma pergunta: será que não registramos os sentimentos de todos com os quais interagimos todos os dias, mesmo não sendo capazes, na maioria das vezes, de sermos empáticos durante essas interações? Será que não temos, registrados em nós, as alegrias, a gratidão, o ódio, a inveja, admiração, o amor e tudo mais que causamos naqueles com os quais cruzamos nas nossas jornadas, mesmo quando não nos atentamos para estes sentimentos? De qualquer maneira, trata-se de um holograma e tanto, mas que não é nem de longe o mais completo que se possa experimentar.

— Como assim? – perguntei, surpreso – Ainda existe algo melhor?

— Imagine poder experimentar tudo o que experimentou e mais a observação de outras dimensões além do espaço-tempo, com todos os que atuaram em determinado momento do passado – respondeu Noah. – Imagine também caminhar na dimensão tempo livremente, para frente e para trás.

— Que louco! – exclamei.

— Sim, e muita gente faz de tudo para ser normal, Elias. Mas vamos seguir em frente?

— Claro que sim! – respondi, já sentindo o movimento na dimensão tempo com o qual já me habituara. Só que dessa vez, não havia cena alguma nas paredes do túnel.

Depois de alguns instantes em que permaneci calado, compenetrado e ansioso, paramos em alguma estação do futuro.

"De nossa posição elevada, eu podia divisar o solo trincado e seco de onde emanavam ondas de calor que distorciam a imagem do que parecia ser uma cidade no horizonte. Para qualquer direção que olhasse, não percebia a presença de ser vivo algum.

Nos aproximamos velozmente da cidade cuja silhueta tremulava no horizonte. Pelas características das edificações mais antigas, pensei se tratar de alguma cidade europeia e logo recebi a mensagem mental de Noah:

— Estamos sobrevoando Viena.

Espantado, perguntei sobre o rio Danúbio e os principais marcos da cidade.

— O que pode resistir a uma seca que já dura mais de 100 anos – respondeu Noah – e a várias explosões nucleares em todo o continente em um passado não tão distante? Graças a estruturas subterrâneas, algumas poucas pessoas ainda circulam por esta região realizando pesquisas que visam monitorar o resultado de ações de recuperação da Europa continental. Essas estruturas protegem os pesquisadores das altas temperaturas, que podem facilmente chegar a 50 graus centígrados, da alta incidência de raios ultravioleta e dos resquícios de radiação tóxica. Observe este quadro com atenção porque ele se repete em outras cidades do planeta.

Assim que Noah mencionou outras cidades, passamos a nos deslocar em altíssima velocidade para outro local situado na direção do oceano

Atlântico. Pude perceber o que imaginei ser Paris, que tinha ares de cidade completamente abandonada há muitos anos.

— Sim, contemple a Cidade Luz, que foi realmente abandonada, assim como muitas outras antigas zonas urbanas que se situam em regiões seriamente afetadas pela grande guerra global, que quase destruiu completamente o planeta há cerca de 130 anos — exclamou Noah.

Continuamos a nos mover na direção oeste e, em poucos segundos, já sobrevoávamos o oceano Atlântico cujas águas apresentavam uma coloração acinzentada por refletir um céu não menos deprimente. Cruzando a grande massa de água naquela velocidade, logo divisei outro centro urbano a distância.

Ao nos aproximarmos, reconheci Nova Iorque cujo cenário era bem diferente da Nova Iorque tão conhecida: boa parte dos prédios mais antigos estava dentro do mar, que avançara por sobre todas as áreas costeiras mais baixas de todos os continentes. A maior parte das edificações estava totalmente destruída enquanto alguns poucos prédios resistiam intactos, mas completamente inúteis, numa cidade fantasma e escura. Tudo era tristeza ali.

— Todas as cidades costeiras ou que se situavam próximas ao litoral em cotas baixas foram tomadas pelas águas dos oceanos — disse Noah.

Continuamos nossa marcha em ritmo acelerado na direção sudoeste e cruzamos grandes extensões de terras áridas entremeadas por bolsões de uma vegetação rasteira muita rala, que parecia lutar contra condições extremamente adversas para sobreviver. Ao cruzar algumas regiões urbanas, pude observar os traços de destruição deixados pelo impacto pontual de explosões e pelo longo desgaste promovido pelo clima inclemente e instável. Tudo ali indicava que a entropia do planeta aumentara assustadoramente.

A única coisa que me impedia de um colapso emocional ao contemplar tamanha destruição naquele tour global era o fato de me encontrar aferrado à explicação de Noah sobre estarmos visitando uma projeção mental coletiva, que repetia para mim mesmo a todo instante, embora tudo fosse tão real que era difícil acreditar que nada daquilo acontecera ainda.

Alguns segundos depois de termos partido de Nova Iorque, divisei um complexo industrial gigantesco que operava junto de usinas destinadas à captação de energia solar. Usar o Sol como fonte primária de energia naquele local fazia todo sentido uma vez que a radiação solar que atingia o solo do planeta era intensa, que a energia proveniente da fissão e da fusão, mesmo para fins pacíficos havia sido banida por receio de um novo holocausto, e que o uso de combustíveis fósseis era considerado crime contra a humanidade.

— Lá, opera uma usina que sequestra gases danosos à atmosfera numa escala gigantesca, Elias. Alguns desses gases são transformados em compostos sólidos enquanto outros são injetados na crosta. Tudo é feito por grandes máquinas que operam de maneira quase autônoma devido às condições insalubres de uma grande área que circunda o globo, desde abaixo do trópico de Câncer até altas latitudes ao norte. Esta usina é o resultado do esforço global promovido pelos povos que hoje habitam o planeta. O hemisfério norte está quase todo comprometido devido ao enorme número de ogivas que explodiram sobre a Rússia, a Europa, a América do Norte, as Coreias, a China, o Oriente Médio, a Índia e o Paquistão. Os mísseis balísticos foram direcionados de parte a parte para os países envolvidos no conflito e para os que não estavam envolvidos, mas que possuíam ogivas termonucleares. A medida drástica de atingir os países que não tinham envolvimento direto com a deflagração do conflito visou eliminar a possibilidade de que estes países adquirissem supremacia no mundo pós-Armagedom.

Subitamente, nossa trajetória foi alterada novamente, desta vez de sudoeste para sul. Depois de alguns segundos, Noah me informou que nos encontrávamos sobre o que outrora fora a nossa majestosa Floresta Amazônica. Cruzamos grandes extensões de savanas e algumas poucas plantações

cortadas por alguns rios raquíticos. O emaranhado de cursos de água da Amazônia do meu tempo fora substituído por alguns poucos rios menos volumosos. Pelo menos ali ainda havia água doce, pensei.

— *Sim, mas a vazão de águas aqui é apenas uma fração do que foi em outras épocas. A Cordilheira dos Andes já não fornece água à nascente do Amazonas e o regime de chuvas sobre a região foi drasticamente alterado. Como já era de conhecimento de muitos, o solo amazônico sempre foi pobre e a transformação de grande parte da floresta em savanas foi acelerada: em cerca de 100 anos, muito do que era a grande floresta desapareceu. O rápido desaparecimento também ocorreu no Congo e na Indonésia, de modo que as grandes florestas equatoriais foram drasticamente reduzidas. No caso da Amazônia, a extinção da massa verde que espraiava bilhões de toneladas de água na atmosfera quase zerou os índices pluviométricos das áreas adjacentes. Como a gigantesca massa de água que migrava em grandes altitudes na direção sudeste minguou, grande parte da América do Sul secou* — *completou Noah.*

No que seria hoje o centro da floresta, pude observar uma vegetação semelhante à da Amazônia dos nossos dias. A vegetação mais densa cobria um território quase perfeitamente quadrado, que estimei ter cerca de 500 quilômetros de lado.

— *Vislumbre a Amazônia de hoje, Elias, um arremedo daquilo que você conhece, atualmente território de todos os povos do planeta, santuário protegido e cuidado por todos com muito carinho e zelo. Nenhum ser humano habita este refúgio da vida de maneira permanente. Ele recebe a visita apenas de cientistas e cuidadores. Alguma coisa foi preservada.*

Continuamos seguindo na direção sul e sobrevoamos grandes extensões de terras áridas onde hoje se situa o pantanal mato-grossense. De nossa posição elevada era impossível enxergar animais pequenos e seres humanos, mas por algum motivo eu sabia que a região de ricas fauna e flora nos meus dias estava relativamente desabitada: ao me concentrar naquele outrora majestoso ecossistema, pude sentir somente a presença de insetos e pequenos répteis.

Em dado momento, ainda sobre o Pantanal, a direção de nossa trajetória foi alterada cerca de 90 graus à esquerda, quase na direção leste. Pouco tempo depois já sobrevoávamos uma grande zona urbana composta de edificações semiabandonadas cercadas por uma vegetação semelhante a um capim braquiária mais amarelo e menos denso do que aquele que é hoje encontrado com facilidade nos pastos do interior do Brasil. Assim como no Pantanal, não havia vibrações que indicassem mamíferos ou outros animais de grande porte naquele gigantesco centro urbano abandonado e decadente em cercanias.

— Estamos sobre a grande São Paulo, cuja região foi assolada por grandes incêndios alimentados pela vegetação seca e facilitados pela baixa umidade e pelas altas temperaturas, Elias. Essa região e outras situadas no hemisfério sul, com exceção de alguns pontos na Ásia e Oceania, foram poupadas na última grande guerra, mas as zonas tropicais e subtropicais do planeta foram as que mais sofreram com o desequilíbrio causado pelos danos ambientais antropogênicos. Embora as condições de vida sejam mais benignas neste hemisfério do que as que observamos na porção norte do planeta, depois da grande guerra e com o fim dos estados nacionais, grande parte da população migrou para terras situadas em latitudes superiores a 50 graus sul. Contudo, deixarei este ponto para o momento adequado. Durante muito tempo, o homem se preocupou com o aquecimento global e seus impactos, ou seja, a mudança do regime das chuvas e a agudização dos fenômenos climáticos, sem se atentar para o impacto do colapso das correntes marítimas que ampliou as mudanças no clima do planeta. Alguns ciclos que mantinham o equilíbrio do clima na Terra foram drasticamente alterados ou interrompidos, amplificando os fenômenos esperados e criando outros inesperados. A desgraça aumentou com a liberação massiva da energia das explosões atômicas, que alterou o eixo de rotação e o campo magnético do

planeta, dando origem a ocorrências sísmicas intensas e ao enfraquecimento da proteção contra radiações nocivas provenientes do Sol. Uma vez cessada a guerra, a vida no planeta foi submetida ao inverno atômico causado pelas suspensões que alcançaram a mesosfera. Décadas após a guerra, a temperatura e a luminosidade, que se mantiveram baixas em grande parte do globo, aumentaram gradativamente após a sedimentação do material suspenso. Sem as suspensões que impediam a entrada de luz e calor, a temperatura do planeta voltou a subir até atingir o patamar atual, que é bem mais alto do que o que era encontrado antes da guerra, devido à grande destruição dos biomas. O que já era ruim com a alta concentração de gases de efeito estufa na atmosfera antes do conflito, ficou muito pior quando o planeta perdeu grande parte de sua cobertura vegetal. Com todas as alterações drásticas, vieram a fome e a sede, e quando falta o pão, todo mundo briga e ninguém tem razão. Falava-se muito de um conflito global decorrente de disputas de poder, por território, riquezas, tecnologia ou por energia, mas a despeito de toda evolução tecnológica e social, o homem voltou a guerrear por água e comida. Como você pode constatar, de nada adiantou a evolução genética: os sapiens voltaram a se matar pelo mesmo motivo que os australopitecos, os habilis e os erectus.

A imersão naquele vívido cenário futuro e as narrativas de Noah dispararam vertigens que se intensificavam à medida que meu conhecimento sobre a história futura do planeta aumentava. A cada explicação de Noah, eu ficava mais tonto com o que via e ouvia e me perguntava como algo tão real e rico em detalhes podia ser uma projeção mental. Além disso, me intrigava a ausência de populações em grande parte do globo e me perguntava se a grande concentração de vidas nas altas latitudes sul não levariam aquelas regiões ao colapso. Percebendo minha agonia, Noah comentou:

— Sozinho, você não foi capaz de criar uma projeção mental rica em detalhes e tão real quanto a mais bela praia que conheceu no planeta? Sua projeção estava vazia de pessoas porque aquele era o seu momento de

introspecção e estar sozinho era o que desejava naquele instante. Embora não tenha se dado conta, em um nível de consciência muito elevado, você permitiu que eu adentrasse o seu mundo particular. Foi só por este motivo que nos encontramos naquele cenário idílico. Se um só indivíduo consegue produzir aquilo, imagine do que é capaz a combinação de bilhões de mentes cujos padrões de pensamento são convergentes. E digo mais: pense na enorme quantidade de mundos que você já criou nos seus sonhos, dos quais muitas consciências, que vibravam numa frequência equivalente à sua, já participaram. Enquanto você sonha, cria mundos e, enquanto está em vigília no espaço-tempo, o que lhe garante que em um nível elevado de consciência você não esteja sonhando, projetando e criando? Resumindo: o que testemunha é o resultado da projeção inconsciente de bilhões de almas. Com relação à população do planeta, posso dizer que ela atingiu o pico de 12 bilhões, mas a maior parte sucumbiu devido aos acontecimentos narrados. Cerca de 2 bilhões de pessoas vivem atualmente nas altas latitudes sul, sendo que a maioria se encontra na Antártida, cujos biomas foram alterados em função do aquecimento. A pressão sobre o ecossistema que hoje sustenta a maior parte da vida é grande, mas não tanto quanto imaginou devido às regras rígidas de conduta sustentável impostas à população, que visam garantir a sobrevivência de humanos e não humanos nos frágeis e restritos ecossistemas que restaram no planeta. Todos vivem uma vida espartana e grande parte do planeta é vetada à maioria da população. Como era comum no passado, o veto não visa reservar espaços a privilegiados que podem pagar para acessá-los, até porque a sociedade atual, como você poderá constatar, é igualitária e todos são conscientes de seus papéis na grande recuperação. As restrições visam criar condições otimizadas para que o orbe se recupere o mais rápido possível. Embora a humanidade tenha aprendido muito com o grande sofrimento autoinfligido, a maior parte da população se encontra deprimida sob o peso gigante da culpa pelas loucuras das gerações passadas. Embora a violência na sociedade tenha diminuído drasticamente e o fantasma da guerra tenha sido exorcizado, a energia psíquica do planeta é negativa: entre os sobreviventes reina a culpa, o medo, a solidão e a sensação de abandono. Esta sensação de abandono se intensificou quando o planeta finalmente recebeu a visita formal de seus irmãos de outras instâncias galácticas. Quando tais visitas ocorreram, muitos acharam que os visitantes tinham vindo em socorro dos que aqui padeciam e celebraram para, em seguida, chorarem e rangerem os dentes. Com as visitas, não só as religiões ruíram como o homem finalmente percebeu que tinha que assumir a responsabilidade por seus atos. A mensagem deixada pelos nossos irmãos de outras paragens mais venturosas foi objetiva e franca: vocês são os únicos responsáveis pela destruição e pela reconstrução do planeta, e não pensem que não estamos ajudando, até porque tudo teria sido bem pior se não estivéssemos atuando nas várias dimensões afetadas pelo descaminho dos que habitavam o planeta no fatídico momento. Uma vez emitida e disseminada a não tão boa-nova, eles partiram e os contatos formais cessaram. Pode-se dizer que tais visitas foram o marco da transição do homem da fase juvenil para a fase adulta, momento no qual começamos a enxergar quem realmente somos e nos damos conta de nossas responsabilidades. Desde então, aqueles que são escolhidos para jornadas no planeta têm sido, na sua maioria, os mesmos que foram responsáveis por alimentar as energias psíquicas que danificaram a outrora formosa Terra e que agora lutam aguerridamente para soerguê-la premidos por um senso de urgência e oprimidos pelo remorso e pela culpa. Atualmente, não há bolsões de pobreza, desigualdade de condições, violência e criminalidade e a tecnologia é empregada com parcimônia e em prol do bem-estar da maioria, mas muitos sofrem com doenças psíquicas e as taxas de suicídio têm sido elevadas, principalmente no inverno. Ou seja, decorridos séculos após o seu tempo, a Terra ainda não assegurou seu ingresso na grande fraternidade cósmica, pois há um enorme trabalho de arrumação e limpeza que ainda durará séculos. Compreende?

Respondi que sim com um leve balançar de cabeça, enquanto sentia duas lágrimas escorrerem, uma em cada lado da face. Noah, então, falou:

— Vamos agora conhecer um ambiente um pouco mais alegre.

E continuamos nossa marcha acelerada em direção ao continente Antártico.

Ainda sobre o continente sul-americano, já na Patagônia, vi grandes plantações coalhadas de máquinas colheitadeiras, sistemas de irrigação e usinas solares. Naquela região, agora destinada à produção de alimentos em larga escala, pude sentir uma energia mais leve que emanava das poucas consciências humanas que ali habitavam, na sua maioria trabalhadores na agricultura.

De repente, após a breve travessia da passagem de Drake, avistei o majestoso continente Antártico, agora verde e cheio de cidades pequenas e médias conectadas por linhas férreas de alta velocidade e algumas rodovias, embora a maior parte dos veículos de transporte se movimentasse pelo ar.

Tudo era muito bonito, mas aquelas cidades futurísticas repletas de arranha-céus cobertos por vidros espelhados existentes em nosso imaginário não faziam parte do cenário: as edificações tinham no máximo cinco ou seis pavimentos e os centros urbanos eram coalhados de parques cobertos por uma vegetação diversificada.

As cidades não se destacavam no ecossistema onde estavam inseridas. As construções eram feitas de um material sintético cuja textura lembrava a do isopor, suas formas mimetizavam as formas de estruturas biológicas, sendo raro encontrar linhas retas em suas fachadas, e suas cores variavam conforme a incidência de luz, de maneira a não destacar o que era feito pelo homem do que brotava, com muito esforço, do solo.

Embora a população do continente fosse grande e a verticalização das cidades fosse limitada, não se observavam aglomerações com grandes áreas construídas: o continente possuía uma extensa malha de pequenos

e médios centros urbanos interconectados. A maioria das cidades contava com áreas e centros de convivência e, com exceção das residências de seus habitantes, todo o resto era público e de livre acesso.

Tudo era muito uniforme, não havia zonas urbanas marcadas pela pobreza e pelo abandono nem tampouco espaços reservados à ostentação daqueles que possuem mais recursos do que a média da população, até porque eles não existiam naquela sociedade pós-apocalíptica.

A beleza simples das casas, dos parques e do traçado urbano racional, o clima ameno, o céu azul, a harmonia entre as construções e o ambiente e a integração comunitária levariam qualquer um a crer que estivesse diante de um verdadeiro paraíso repleto de pessoas felizes, mas pairava no ar uma vibração inexplicável de culpa, de saudade de outros lugares e tempos mais felizes e de remorso de tal intensidade que tive que me conter para não chorar.

Percebendo minha condição, Noah falou:

— Se a vibração de agora o afetou desta maneira, experimente visitar o continente no inverno quando o Sol nunca dá as caras e toda iluminação, inclusive a que consegue manter viva parte da vegetação dos parques e residências, é artificial. Este é o período em que a taxa de suicídio aumenta. O esforço de recuperação do planeta tem sido grande, os resultados ainda são incertos e espero que nunca atinjamos o que estamos observando. No entanto, meu caro Elias, embora nossa viagem esteja sendo muito educativa, já é hora de voltarmos. Se continuarmos a viajar pelo globo, veremos mais do mesmo. Além do mais, creio que você já tenha entendido o motivo de nossa preocupação com o rumo das coisas no planeta de nosso tempo: é chegada a hora de atuarmos com garra e otimismo e promovermos pequenas alterações que, somadas aos esforços de milhões, promoverão as necessárias mudanças na trajetória de Gaia. Antes do retorno definitivo, porém, faremos uma pequena parada para que conheça alguém muito especial. Tudo bem?

Respondi que sim, certo de que já vira o bastante daquele futuro nada promissor.

— Ficarei muito feliz em retornar ao passado – respondi.

E lá fomos nós novamente no expresso cronológico que já me era bem familiar. Nos deslocamos novamente pelo túnel, ambos em silêncio, e eu, soturno e pensativo, nem sequer me dei ao trabalho de imaginar quem nos receberia na próxima parada.

Em vez de retornar a Nova Atenas, o expresso parou no espaço a meia-distância entre a Lua e a Terra. Do local em que estávamos, eu podia ver a Terra, majestosa e azul-brilhante na direção dos meus pés. Acima de nossas cabeças, pairava um grande disco prateado reluzente, com cerca de 50 metros de diâmetro e aproximadamente 20 metros de espessura no centro. Sua espessura diminuía gradativamente até a extremidade, onde deveria ter não mais do que 3 metros.

Diante do meu fascínio pela visão dos objetos acima e abaixo de mim, Noah falou:

— Prepare-se, pois nosso ilustre anfitrião nos espera dentro da nave que você vê acima de nós.

Aquele comentário disparou meu coração. Arregalei os olhos e só conseguir dizer:

— Sério? Vamos entrar?

— Seríssimo. Vamos? – respondeu Noah.

Antes que eu respondesse, já nos encontrávamos dentro de uma ampla sala, que imaginei se encontrar no centro da nave cujo interior era sóbrio e elegante.

Na sala em que nos encontrávamos, retangular de cantos arredondados, com paredes reluzentes que emitiam uma luz branca suave e sem janelas, pude observar uma mesa elíptica escura feita de um material vítreo, com seis cadeiras metálicas no seu entorno, e um painel translúcido, fino como uma folha de papel, posicionado à meia-altura

em uma das paredes. Devia ser uma espécie de dispositivo para projeção de imagens, concluí.

No teto da sala destacava-se um mosaico com figuras hexagonais brancas que deixava o teto com ares de uma grande colmeia de abelhas. Os hexágonos emitiam uma luz suave azulada que tinha um efeito hipnotizador e relaxante.

Durante algum tempo, mantive o olhar naquele painel azulado e não percebi quando nosso anfitrião adentrou a sala. Na verdade, nem saberia dizer como sua entrada se dera.

A visão daquele ser gigante, de cerca de dois metros e meio de altura, cuja face parecia ter sido criada por um desenhista de mangá, me deixou maravilhado. Seus olhos eram lilases e proporcionalmente bem maiores que os nossos, seu nariz e lábios eram delicados, sua mandíbula era estreita e seu queixo era comedido, nem tão pronunciado nem retraído. Seus cabelos eram curtos e prateados, seus braços e pernas eram delgados e suas mãos tinham três dedos que se opunham a um polegar quase do tamanho do dedo mais próximo. A figura impressionante, que se postava a cerca de três metros de mim, usava um macacão prateado rente ao corpo, sapatos pretos e mais nada: nem sua roupa tinha qualquer detalhe adicional digno de nota nem se podia notar qualquer ornamento nos seus dedos, cabeça ou pulso.

Senti sua presença em todo o meu ser. Era como se ele preenchesse todo e qualquer espaço da sala, fazendo me sentir pequeno. De seus olhos emanavam vibrações de acolhimento, embora seu rosto fosse sério e ele não esboçasse o menor sorriso para seus convidados. Nesse momento, lembrei-me de minha avó, que me repreendia toda vez que eu não me mostrava sorridente para as visitas inesperadas, quando passava férias na sua casa durante minha infância. Aquele ser teria levado um belo puxão de orelhas da minha querida avó, pensei.

Durante alguns segundos que pareceram uma eternidade, mantive-me focado naquela figura imponente, porém simples, sem emitir uma palavra sequer, até que o silêncio mental foi quebrado.

— *Seja bem-vindo, Elias! Pode me chamar de Altair, até porque receio que você não conseguiria pronunciar meu verdadeiro nome. Tenho consciência de sua crença inabalada na existência fora da Terra de vida capaz de compreender o universo e moldá-lo, física e mentalmente, conforme seus desejos e capacidades. Diria até que não se trata de crença, mas de intuição sobre algo que faz mais sentido do que crer na existência de um único planeta em todo o universo capaz de gerar e sustentar vida inteligente, criada à forma e semelhança do Criador. No entanto, não importa se e quantos creem na nossa existência, mas sim o fato de que existimos, que a vida oriunda da Fonte Criadora está em todo canto e em todas as dimensões ainda desconhecidas do homem. Estamos em todos os lugares e formamos uma fraternidade cuja escala o homem jamais sonhou, que trabalha em prol do progresso de todas as dimensões em direção à Fonte Primordial. Dele, surgimos e a Ele retornamos, como você bem o sabe. O trabalho mencionado envolve seu planeta cuja trajetória evolutiva se encontra num ponto de inflexão e tudo pode terminar em choro, culpa e remorso, conforme você acaba de observar, ou na felicidade pela superação da barreira à sobrevivência que desafia todas as civilizações do espaço-tempo em algum momento de suas caminhadas evolutivas. Nosso trabalho envolve a cooperação e o auxílio, mas nunca a imposição, sendo, por isso, muito importante que apoiemos integralmente programas pelos quais você passou e que são comuns em outras regiões menos desenvolvidas da galáxia. Tendo atuado para o melhor desfecho possível para o programa, julgamos conveniente que você, o único ao qual será dada a permissão para narrar os acontecimentos após seu retorno, nos conhecesse, testemunhando assim a materialização do amor da Fonte Criadora para com todas as criaturas: ninguém nunca está só e ninguém jamais fica desamparado.*

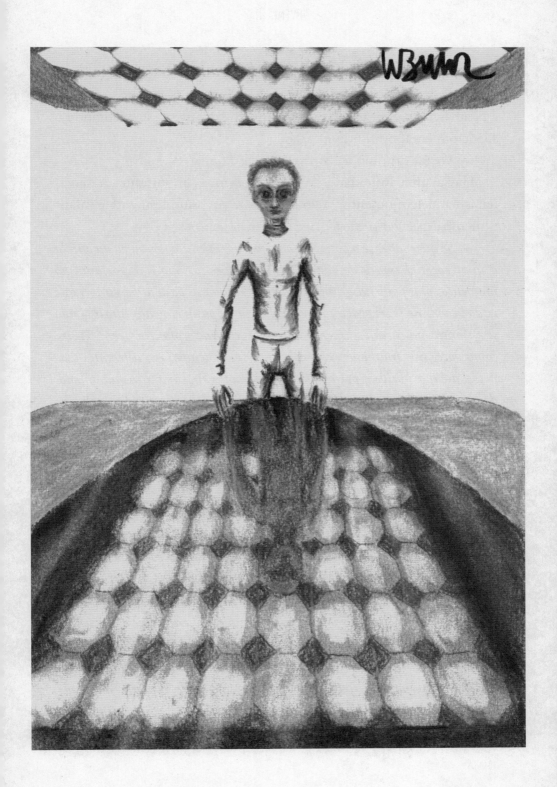

Só algum tempo depois que Altair concluiu a breve apresentação, fui capaz de emitir algumas palavras. Ciente de minha estupefação, ele e Noah aguardaram pacientemente que me manifestasse quebrando o silêncio mental profundo na sala.

— Você é oriundo da constelação de Áquila?

Havia uma infinidade de perguntas mais importantes a serem feitas naquele momento, creio eu, mas resolvi simplesmente e infantilmente especular sobre a origem daquele ser.

— *Se quer saber se o ponto de minha origem está no entorno da estrela a qual vocês chamam de Altair, digo-lhe que isto não é importante no momento, mas posso adiantar-lhe algumas respostas para as perguntas que está em vias de fazer. Meu lar* – continuou impassivelmente Altair – *não se encontra na mesma dimensão em que se situa o planeta Terra. Assim como você, tive inúmeras existências no espaço-tempo, em diferentes planetas, até que obtive a permissão para jornadas em uma dimensão menos densa destinada aos seres que conseguiram alcançar um estágio evolutivo mais avançado. Assim como todas as civilizações do universo, enquanto no espaço-tempo, também habitei planetas que enfrentaram a barreira da sobrevivência e conseguiram superá-la. Esta barreira é proporcional à discrepância entre a evolução moral e a tecnológica de cada povo quando este atinge a capacidade de promover transformações em escala planetária ou além dela. Essa capacidade está, por sua vez, associada à possibilidade de manipulação de energia e matéria em níveis capazes de causar a redenção ou a completa destruição da civilização que a adquire. Isso deve lhe soar familiar, não é mesmo? Para superar a barreira da sobrevivência no nosso tempo, contamos com a ajuda invisível de outros seres mais avançados e agora é nossa vez de ajudar a Terra e seu entorno. Apesar de habitarmos e nos movimentarmos em uma dimensão superior a de vocês, temos a capacidade de transpor a barreira entre as dimensões e é dessa maneira que nos tornamos visíveis para alguns na Terra em ocasiões especiais. A movimen-*

tação em dimensões superiores nos permite quebrar a barreira do tempo e da velocidade como a conhecem hoje. Nem nosso posicionamento está limitado ao seu presente nem nossa velocidade está limitada à velocidade das ondas eletromagnéticas no vácuo. Quando nos movimentamos em sua dimensão, manipulamos a gravidade de tal forma que nossos corpos, menos densos que o de vocês, resistam às forças inerentes aos movimentos bruscos. Como pode notar, quando penetramos no espaço-tempo, nos submetemos às mesmas leis naturais que vocês. A diferença entre nós é que temos artifícios tecnológicos para lidar com as restrições baseados em uma ciência ainda longe do alcance do homem. Para ajudar a entender a diferença entre nossas dimensões, você pode se basear na seguinte alegoria: imagine que nosso mundo seja a atmosfera, o ar do seu planeta, e que seu mundo seja o ambiente aquático do mesmo planeta. Os dois são mundos similares, mas com características distintas marcantes. É possível transitar de um mundo para outro sob condições específicas e assim como os humanos podem visitar os seres aquáticos da Terra no seu ambiente, nós temos os aparatos que nos permitem penetrar e viver nos oceanos, seu mundo, mas vocês não possuem nem a tecnologia para adentrar o nosso nem tampouco nele sobreviveriam se fosse possível transportá-los para a nossa dimensão menos densa. Quando digo adentrar a outra dimensão, me refiro à transposição da barreira entre os mundos pelo corpo físico e não somente pela consciência, até porque nós e vocês podemos nos visitar sem aparato algum quando nossas consciências estão livres de nossos corpos. Embora seja possível transpor livremente a barreira que separa as dimensões quando a consciência está livre do corpo, nem todos do meu mundo e do seu possuem o preparo para fazê-lo. A visitação livre requer evolução moral e intelectual de ambos os lados e a preparação se inicia com o despertar, ou seja, com a expansão da consciência. Mesmo quando a visitação é física, por meio de veículos como este no qual nos encontramos no momento, é preciso que o visitante atenda aos requisitos mínimos morais e intelectuais. Por isso, somente uma pequena fração de nós pode visitá-los por qualquer meio que seja. Por pequena que seja, a fração de nossos habitantes que têm a autorização para visitar a Terra é muito maior do que a fração de vocês que pode nos visitar, uma vez que existe uma grande disparidade na evolução de nossos mundos e povos. Embora vivamos numa atmosfera mais leve e tenhamos desenvolvido maneiras muito mais eficientes de nos locomovermos, ao adentrar seu mundo, enfrentamos as mesmas restrições ao movimento que vocês. Assim sendo, para irmos de um ponto ao outro no ambiente aquático será sempre mais rápido e menos oneroso sair da água, percorrer a distância entre os dois pontos no ar e, em seguida, penetrar novamente na água no ponto desejado. Ao realizar essa movimentação, para um habitante da água, vocês no caso, será como se sumíssemos do ponto inicial e aparecêssemos no ponto final como num passe de mágica. É por isso que nossas aparições no seu mundo são elusivas. Outro ponto que nos favorece quando estamos no seu mundo é que somos capazes de captar pensamentos e intenções daqueles que nos veem, ou seja, daqueles que estão cientes de nossa presença. Essa comunicação não intencional por vocês nos permite antecipar a qualquer ação ameaçadora que nos coloque em risco e evitar qualquer manobra nossa que os coloquem em risco. No entanto, é preciso deixar claro que nem sempre conseguimos evitar acidentes, pois somos avançados, mas não deuses como muitos de vocês supõem. Como você pode observar, nós dois possuímos corpos, sendo o nosso muito menos denso, e, por consequência, muito mais frágil que o de vocês. Assim sendo, todo cuidado de nossa parte é pouco quando os visitamos fisicamente. Na verdade, tais visitas são manobras que embutem riscos e que devem ser muito bem planejadas. Como bem sei, você ainda se encontra ligado ao seu corpo físico, ao qual deverá retornar em breve, sendo por isso que nosso encontro se dá entre sua consciência e um ser físico: eu. Nosso povo evoluiu bastante, mas ainda não prescinde de um corpo físico para continuar aprendendo, ou seja, ainda não somos inteligência pura como outros irmãos bem mais avançados e nascemos, envelhecemos e morremos como vocês. Quando nosso corpo morre, nossa consciência passa a habitar mundos muito mais evoluídos do que aquele que você denominou Nova Atenas, enquanto aguarda novas oportunidades de aprendizado e oportunidades de servir em nome da Fonte Criadora. Se ainda temos nossas jornadas físicas, isto quer dizer que ainda carecemos de evolução até que estejamos prontos para nos livrarmos de vez da necessidade de jornadas físicas. Nossas jornadas são mais longas e venturosas que as de vocês. Nosso ambiente é mais benigno que o de vocês e já nos livramos das doenças físicas há muito tempo, mas ainda restam aprendizados morais e emocionais a serem alcançados até que sejamos amor e inteligência pura. Embora a morte do corpo físico seja uma realidade para nós, a encaramos como uma transição necessária e não sofremos com isso. Além do mais, devido à nossa evolução, nossa capacidade de comunicação com os que completaram a transição é tal que se tornou um sentido a mais que todos possuímos. No nosso atual estágio de desenvolvimento moral e intelectual, realizamos tudo o que desejamos pelo comando mental, sem a intermediação de dispositivos responsáveis por traduzir nossas intenções para os aparelhos que usamos. Como vocês anteciparam nas trocas que realizaram, é a inteligência atuando sobre a matéria, ainda que seja matéria muito mais sutil do que a que você conhece. Esta nave, por exemplo, se torna uma extensão de nossas consciências quando a usamos, sendo por este motivo que você não vê muitos objetos ou aparelhos aqui. A capacidade de manipulação do universo ao nosso redor requer responsabilidade e bom julgamento, o que pressupõe amor pelo Criador e suas criaturas, que possuem, cada uma delas, características que são comuns a todas as demais e outras, que são próprias de cada espécie. Entre as comuns, está a capacidade de evoluir indefinida, moral e intelectualmente, rumo à Fonte Criadora, e de amar de forma incondicional. É como se fôssemos irmãos de uma mesma família, filhos de um mesmo pai, uns mais velhos e experientes e outros mais jovens, que se amam, que receberam a mesma educação e que comungam dos mesmos valores, mas que guardam diferenças físicas, de capacidades e de personalidade. No caso de vocês, há uma característica específica de sua espécie que admiramos e respeitamos, mas que ainda não conseguimos compreender muito bem: o humor. Vocês lançam mão do humor quando estão tristes, alegres e desconcertados, quando são agredidos ou estão em dificuldades e em um sem-número de situações, muitas vezes contraditórias, o que nos dificulta o entendimento de como, quando e por que ele está sendo usado. Para ilustrar minha afirmação, digo que sei que esperava que eu sorrisse ao encontrá-los por aqui, mas não consegui compreender por que a agressão física de sua avó, ao me repreender pela falta do sorriso, não seria vista como tal e me ajudaria a compreender a necessidade de sorrir para lhe deixar mais confortável.

Se já não conseguia falar na presença de Altair, ter sido pego em flagrante me deixou mais retraído ainda. Sentindo a face queimar, me esforcei para não perder o foco em suas palavras. Percebendo meu desconforto, ele fez uma breve pausa para que me recompusesse e seguiu com a explanação...

— *O humor é característica marcante do homem como espécie, Elias. O humor, quando combinado com o amor, se torna ferramenta poderosa de superação das dificuldades inerentes a toda jornada evolutiva. No entanto, o humor é tímido e, assim como o amor entre vocês, se recolhe ao primeiro sinal de que a sociedade entrou em uma espiral descendente, como em alguns momentos escuros da sua história. Então, o que nos resta como missão é ajudá-los a recuperar o amor e o humor retraídos nas horas mais graves, mantendo a certeza e a confiança de que estes se recolhem nas dificuldades, mas nunca desaparecem da bela criação divina chamada homem. Ao visitar o futuro possível e atualmente provável, você testemunhou uma sociedade que reaprendeu a amar depois do grande conflito, mas que perdeu a capacidade de se alegrar e se encontra não de mau humor, mas com o humor totalmente retraído, e vocês nunca conseguiriam superar a barreira da sobrevivência se atingissem aquele estado de coisas e não pudessem usar a poderosa ferramenta que os caracteriza: a alegria de viver, o bom humor. Assim sendo, espero que a visita ao futuro tenha ajudado a reforçar nossa mensagem de que é preciso alterar o estado de coisas no seu planeta para que o futuro visitado nunca venha a se tornar o presente. Caso o que viu e sentiu realmente ocorra, até porque a liberdade de escolha lhes é garantida, será preciso que as gerações responsáveis pela limpeza recuperem o humor, a alegria de viver, mesmo porque as condições de desequilíbrio no planeta requererão o esforço, a resiliência, a paciência e a confiança em dias melhores de muitas gerações, por séculos e séculos. No entanto, saiba que estamos trabalhando bastante para que a trajetória do planeta no tempo seja mais venturosa do que a que parece provável e que, caso o pior cenário prevaleça, todos nós, em várias dimensões, teremos muito trabalho para realocar bilhões de almas em sítios que se assemelham à Terra de muitos milhares de anos atrás. Imagine a energia psíquica negativa de todo esse contingente de degredados, já fazendo alusão a uma situação que você conhece bem... Bom, assumindo que respondi às perguntas que já estavam se formando na sua mente, receio que já seja a hora de darmos por encerrado este encontro para que você retorne para os que ama. Desejo-lhe sucesso, reafirmando que contará sempre com nosso apoio e amor incondicional na sua missão, que tanto nos alegra e enche de esperança. Mantenha-se mentalmente conectado à Fonte da Vida, em todos os momentos de sua jornada, e nunca titubeará, seja no que for.*

Nas minhas comunicações com Noah, eu tinha sido capaz de captar a mensagem que ele desejava me transmitir assim que ela se formava em sua mente, mas jamais imaginara que alguém chegaria a responder perguntas que eu sequer formulara em minha mente. No entanto, por mais estranho, quase assustador, que fosse, Altair havia me dito tudo que eu desejava ter ouvido naquele encontro, de modo que não sabia exatamente o que dizer naquele momento.

Foi então que ouvi Noah pela primeira vez na inusitada reunião:

— Não há necessidade de dizer nada, Elias, Altair já se foi.

O comentário de Noah me pegou de surpresa. Era como se eu tivesse me desconectado por alguns segundos. Noah então adicionou:

— Sim, você se distraiu por alguns segundos para digerir o que acabara de ouvir, que não foi pouco. Percebendo sua introspecção, eu e Altair nos despedimos e ele se foi por uma porta que se abriu naquela parede. Outra coisa importante é que Altair não foi ao futuro recolher perguntas que você provavelmente faria. Ele simplesmente teve acesso a seus pensamentos recorrentes a respeito do assunto. Lembre-se: tudo que pensamos e sentimos jamais desaparece.

Olhei para a parede para a qual Noah apontou e não vi indício algum de porta ou coisa que o valha. Intrigado, franzi o cenho. No entanto, minha curiosidade acerca da entrada e saída de Altair já não era mais importante, até porque não demoraríamos mais naquela belíssima espaçonave.

Noah não conteve o riso diante da minha reação ao olhar para a suposta porta e disse:

— Vamos, amigo, ou iremos parar a anos-luz da Terra.

Assenti com um leve movimento da cabeça e, antes que abandonássemos aquela nave que desejava tanto conhecer nos mínimos detalhes, ainda houve tempo de pensar que não fora daquela vez que pude testar a ergonomia e o conforto de uma cadeira interestelar metálica: ansioso e maravilhado com o encontro, não havia percebido que permanecêramos de pé durante todo o interlóquio.

Assim que as paredes da sala onde ocorreu nossa reunião desapareceram, vi-me novamente no ponto mais elevado para o qual a esfera prateada nos transportara na primeira vez em que vi a Nova Atenas.

Havia chegado a hora de me despedir, abracei Noah emocionado, mas não resisti a fazer uma última pergunta:

— Noah, por que eu fui escolhido para narrar tudo isso e por que o nome Elias?

Noah sorriu e respondeu:

— Sabia que você não iria partir antes dessa pergunta, mas não quis dar uma de Altair e respondê-la por antecipação. Existe um ponto de convergência entre os cinco do seu grupo, Elias: os encontros comigo nas diversas jornadas que tiveram. Tenho acompanhado todos vocês durante séculos e todos demonstraram avanço, mas você é, sem sombra de dúvidas, o que se mostrou mais maleável e aberto às orientações das camadas superiores, tendo sido responsável, embora não se recorde completamente, por avanços alcançados por terceiros. Nós dois sabemos que ainda há um longo caminho a percorrer para vencer de vez a rebeldia, o egoísmo e a arrogância que tanto lhe incomodam, mas atire a primeira pedra quem não tem deveres de casa a cumprir. Se Altair ainda necessita de jornadas físicas, imagine nós, pobres sapiens sapiens do planeta Terra, esfera azul que vaga insegura pelo braço de Órion! No entanto, como disse há pouco, você é livre para decidir o que fazer com as lembranças que ocorrerão no devido momento. Respeitarei qualquer decisão sua e meu apreço por você em nada diminuirá se optar por não se expor quando voltar à arena das lutas contra homens e feras. Com relação ao nome Elias, você já o usou em uma de suas jornadas que não foi revisitada durante nosso programa. Você gosta do nome por causa desta jornada e, inconscientemente, devido ao seu significado, que você deve pesquisar quando retornar. No entanto, posso adiantar que poucos têm a chance de "subir aos céus em uma carruagem de fogo".

Assim que Noah concluiu a frase, vi-me, mais uma vez, em queda vertiginosa.

O COMEÇO

> *Quem conta um conto, aumenta e ganha um ponto.*
> *Já quem deixa de contar, pode perder muitos.*

...

Luzes, um teto branco, sons de máquinas e vozes humanas é o que vi e ouvi quando abri os olhos. Permaneci atônito por cerca de quinze minutos olhando para todos os lados, totalmente confuso. Não sabia onde e por que estava ali. Olhei para meus braços esquálidos e quase não os reconheci. Para onde olhava, via aparelhos, macas e pessoas sobre elas, imóveis, conectadas aos aparelhos por cabos e tubos. De repente, uma moça de cabelos negros curtos vestindo um pijama verde-claro, que mantinha sua atenção voltada para uma maca próxima à minha, se aproximou o suficiente para que me encorajasse a me dirigir a ela.

— Moça, onde estou?

Minha voz soou fraca, quase um sussurro, mesmo assim ela se assustou, se voltou para mim e, como se estivesse vendo um fantasma, exclamou:

— Oh, meu Deus, finalmente você voltou!

Em seguida, ela sorriu, saiu apressada e ressurgiu depois de alguns segundos acompanhada de quatro pessoas que começaram a examinar minha condição por meio de testes demorados e enfadonhos. Ao constatarem que me encontrava bem física e mentalmente, explicaram tudo o que acontecera comigo desde o dia 16 de novembro de 2022.

Surpreso e assustado, pedi para falar com minha esposa e filhos e perguntei-lhes a data. O médico responsável pela unidade de terapia intensiva, um senhor de nome Alceu, respondeu:

— Hoje é dia 14 de fevereiro de 2023. Há noventa dias, o senhor deu entrada neste hospital e desde então trabalhamos e esperamos pelo milagre que acaba de ocorrer. Mesmo sendo médico intensivista há bastante tempo, não posso deixar de acreditar que estou diante de um milagre, pois alguns de nós, e me incluo neste grupo, já haviam perdido a esperança na sua recuperação. Por onde o senhor andava esse tempo todo? – perguntou-me sorrindo, tentando descontrair o ambiente carregado.

— Não sei. - respondi, assustado – Há alguns segundos, eu estava no meu carro a caminho do trabalho e, de repente, despertei, completamente perdido, amarrado a um leito de hospital, com dificuldades de falar...

Percebendo meu incômodo com toda aquela situação, doutor Alceu procurou me acalmar contando tudo que ocorrera de maneira pausada, ressaltando alguns momentos críticos em que todos que me acompanhavam deixaram de acreditar na minha plena recuperação. Enquanto narrava, eu tentava me imaginar vivendo aquele processo complicado e desgastante e não fosse pela transfiguração de meu corpo, uma transição de uma compleição física robusta para uma figura pálida e definhada, teria sido difícil acreditar que eu passara por tudo aquilo.

Assim que me tranquilizei, todos me deixaram a sós e foram cuidar de seus afazeres enquanto eu aguardava a visita tão esperada. Do momento do despertar na unidade de terapia intensiva até a chegada de Cris, no horário permitido, contei cada segundo do intervalo mais angustiante de minha vida.

Durante duas horas, repassei a história algumas vezes tentando encontrar alguma memória relacionada ao período relatado, algum registro de diálogo entre as pessoas que cuidavam de mim que porventura eu tivesse captado e registrado na memória enquanto jazia no leito, sem sucesso. Embora soubesse que tinha estado em coma durante 90 dias, sempre acreditara que fosse possível, para a maioria das pessoas, manter algum nível de consciência, mesmo que temporariamente, nos estados comatosos, mas nada me ocorria entre o acidente e o despertar.

Depois de duas horas de agonia, finalmente a vi entrando na sala fria, abatida, mas linda. Com lágrimas nos olhos, feliz, ansiosa e aliviada.

Cris se postou ao lado do meu leito, mas eu mal conseguia entender o que ela dizia entre lágrimas e soluços enquanto segurava fortemente minha mão esquerda entre suas mãos quentes e macias. O calor transmitido por suas mãos me trouxe conforto e a certeza da vida em um lugar normalmente associado à morte.

Após algum tempo dominada pela emoção, Cris conseguiu se acalmar e relatou tudo o que a família vivenciara durante 90 dias. Em seguida, ela me beijou demoradamente na testa, colou seu rosto no meu e me agradeceu, ao pé do ouvido, por retornar para ela e as crianças, ao que repliquei que eu é que deveria agradecê-la por tudo e que estaria eternamente em débito com ela, as crianças e todos os que contribuíram para minha recuperação.

Embora meu raciocínio estivesse claro, tudo aquilo era muito confuso. Passados noventa dias, era como se eu tivesse acabado de deixá-los em casa para me dirigir ao trabalho, ou seja, três meses haviam sido suprimidos da minha vida e eu havia sido poupado dos dramas responsáveis por um grande sofrimento em todos. Consciente da disparidade entre nossas percepções daquele evento trágico, procurei ser o mais empático possível.

Cris ficou ao meu lado até ser praticamente expulsa da sala. Enquanto esteve comigo, ela continuou a falar sem parar, alternando suas falas com breves momentos de choro. No meio de seu monólogo, ela me fez dizer, com algum esforço, algumas palavras de conforto para Ana e Pepa, enquanto me filmava sorrateiramente com o aparelho celular contrabandeado para dentro do recinto controlado.

Depois que Cris se foi, supliquei para que me dessem algo que me ajudasse a dormir, uma vez que me encontrava, novamente, excitado e ansioso. Queria que o tempo passasse o mais rápido possível até minha saída daquele local e dormir mais algumas horas não seria nada para quem já havia dormido noventa dias.

No dia seguinte ao meu despertar, fui transferido para um quarto e iniciou-se a etapa de recuperação fora da unidade de terapia intensiva. Três dias depois, para a grata surpresa de todos, recebi alta do hospital e retornei para casa.

Durante o período em que permaneci em casa a fim de garantir o completo restabelecimento físico e psicológico, adquiri o hábito de caminhar por entre as árvores e me entregar a reflexões nos bancos de um pequeno parque situado a três quarteirões de casa. Naqueles momentos de introspecção e ócio aos quais me entregava sem culpa, refletia sobre minha vida até aquele momento, o propósito de tudo, nossa fragilidade e transitoriedade, sobre as relações humanas e uma série de outros temas profundos aos quais pouca atenção dera na fase adulta de minha existência.

Por cerca de duas semanas, permiti-me refletir livremente, sem julgamentos, sobre qualquer assunto que me ocorresse, deixando que os sentimentos que brotavam com cada momento relembrado fluíssem sem restrições. Embora as manhãs no parque fossem, na sua maior parte, deliciosas, elas sempre terminavam com um sentimento de insegurança e angústia oriundas da incerteza sobre minha capacidade de me encaixar novamente no meu mundo do passado.

Na última sexta-feira, antes de retomar as atividades profissionais, por volta das nove horas da manhã, dirigi-me ao parque para mais uma caminhada e para a tão aguardada sessão de reflexões e descobertas. O outono já dava ares de sua presença, o céu estava azul, sem nuvens e soprava uma brisa fresca e suave.

Após caminhar por uma hora, sentei-me em um banco posicionado debaixo de uma sibipiruna alta cujas folhas caíam no chão como confete. Me sentia leve e em paz comigo mesmo, feliz por estar vivo e finalmente recuperado sem qualquer sequela, quando percebi um senhor que caminhava em minha direção.

Quando já estava bem próximo do banco, o tal senhor, cujo semblante me era estranhamente familiar, cumprimentou-me com um aceno de cabeça, sentou-se ao meu lado e passou a observar tudo à sua volta em silêncio. Após algum tempo, percebi, com o canto do olho direito, quando ele se virou e perguntou:

— Você costuma vir aqui todos os dias?

Não me sentia disposto a estabelecer um diálogo com um desconhecido naquele momento tão particular, mas, mantendo o olhar voltado para um grupo de crianças que brincavam a distância, respondi à pergunta da maneira mais completa possível esperando que ele se desse por satisfeito e se fosse ou se sentisse desencorajado a fazer novas perguntas.

— Na verdade, não. Passei a vir aqui recentemente após um acidente que sofri há alguns meses. O objetivo era fazer exercícios e me distrair um pouco, mas acabei me encantando com as árvores, com as crianças e os cachorros que estão sempre por aqui. Há momentos em que sinto que poderia ficar aqui por toda eternidade, tão intensa é minha paz interior quando sento nesse banco e me ponho a observar tudo à minha volta em silêncio. Procuro captar todos os detalhes do que me cerca, mas como só consigo ouvir os ruídos das conversas, fico imaginando os diálogos entre as crianças, acompanho as brincadeiras e a comunicação entre os cães, o balançar das folhas das árvores ao vento e tudo mais. Ao observar a inocência das crianças e dos animais e cada uma das árvores, que nada me cobram para me proteger dos raios de Sol mais agressivos, celebro a vida e me torno parte de tudo sem que ninguém note minha presença.

Esperava que minha menção àqueles momentos tão meus, de pura introspecção e silêncio, o desencorajasse a sustentar o diálogo. No entanto, ele ouviu minha resposta, manteve-se em silêncio por alguns segundos e, em seguida, lançou-me outra pergunta:

— Entendo, mas por que gostaria de ficar aqui a vida inteira se há tanto para ver e sentir, se é possível ir além do que você sente aqui?

Sua pergunta aparentemente sem sentido me causou uma sensação estranha e inexplicável; era como se eu já tivesse vivenciado aquela situação antes. Intrigado, virei-me para meu interlocutor e me deparei com olhos castanhos que transmitiam paz e com alguém cuja postura, curvada para frente, com a cabeça levemente inclinada, como se preparasse para ouvir um segredo, demonstrava a procura de uma resposta honesta para uma pergunta feita com interesse genuíno no que o outro teria a dizer.

Mantive-me em silêncio fitando-o por alguns segundos, pensando no que responder. Como nada que parecesse fazer sentido me ocorreu, desviei meu olhar novamente para as crianças que brincavam no pequeno cercado cujo solo havia sido coberto com areia.

Ainda sem saber o que responder, olhei novamente para aquele estranho que aguardava pacientemente por minha resposta.

Percebendo meu embaraço, ele pousou sua mão esquerda sobre meu ombro direito e disse:

— Não se preocupe em encontrar a melhor resposta agora. Tudo acontece no momento certo.

Assim que ele completou a frase, ainda com a mão no meu ombro, senti um formigamento intenso em todo o corpo e uma paz profunda tomou conta de mim. Sem saber o que estava acontecendo, simplesmente segui a intuição, fechei os olhos e me entreguei ao fluxo de energia que percorria meu corpo em ondas que oscilavam dos pés à cabeça.

Depois de algum tempo, que não saberia precisar, abri os olhos e me vi sentado no mesmo banco, ainda ao lado do estranho, à beira-mar, na praia mais linda que jamais vira em toda minha vida. Olhei intrigado para meu companheiro, que, sorrindo, me disse:

— Há sempre muito o que ver, aprender e sentir por aí, mas há também o momento para darmos nosso testemunho de amor, fé e esperança. Chegou a hora de decidir se dará o seu, meu querido amigo Elias...